NACH GEFRAGT

Stefanie Hiekmann

NACH GEFRAGT

30 Spitzenköche verraten ihre Küchengeheimnisse

Mit Alfons Schuhbeck, Tim Raue, Roland Trettl, Maria Groß, Alexander Herrmann, Christian Hümbs und anderen

EIN BUCH DER
EDITION MICHAEL FISCHER

Inhalt

Vorwort

Von Gerichten, die
im Gedächtnis bleiben
und etwas verändern

8

14

LUCKI MAURER

„Wie gelingt das perfekte Steak?"

Das perfekte Steak
mit feinem Karamelleffekt

18

32

SASCHA STEMBERG

„Wie geht der perfekte Braten?"

Schweinebraten mit Wurzelgemüse und Kartoffeln

36

20

ALEXANDER HERRMANN

„Wie gelingt das perfekte
Fleischpflanzerl?"

Fleischpflanzerl aus Kalbfleisch
und Brezen

24

38

SARAH HENKE

„Was mache ich mit
Schweinebauch?"

Schweinebauch mit Kimchi
und grünem Apfel

42

26

HEINZ REITBAUER

„Wie macht man ein echtes
Wiener Schnitzel?"

Original Wiener Schnitzel mit
wunderbar lockerer Panade

30

44

TIM RAUE

„Wie kocht man die perfekten
Königsberger Klopse?"

Königsberger Klopse mit
Rote-Bete-Salat und Püree

48

JENS RITTMEYER
„Wie geht die perfekte Soße?"
Gemüsespaghetti mit
Zitronenthymian-Soße

54

ANDREE KÖTHE
„Wie koche ich Gemüse, von dem
jeder Nachschlag möchte?"
Geschmorter Lauch mit
Orangen-Olivenöl-Vinaigrette

72

MARIO KOTASKA
„Wie macht man
den perfekten Burger?"
Lieblingsburger
mit Blauschimmelkäse

90

JOHANNES KING
„Wie macht man
Fischstäbchen selber?"
Fischstäbchen,
hausgemacht

60

PAUL IVIĆ
„Wie bereitet man Salat zu, der
satt und glücklich macht?"
Grüner Salat –
Basisrezept

78

ALFONS SCHUHBECK
„Wie geht das perfekte
Thai-Curry?"
Rotes Thai-Curry
mit buntem Sommergemüse

96

THOMAS BÜHNER
„Wie bereitet man Fisch
perfekt zu?"
Fischfilets in aromatischem
Gewürzöl

66

JULIA KOMP
„Wie überrasche ich mit
orientalischen Gewürzen?"
Couscous, inspiriert aus
Tunesien

84

SERKAN GÜZELCOBAN
„Wie kocht man wirklich
in der Türkei?"
Menemen –
türkisches Rührei

102

ROLAND TRETTL

„Wie gelingen echte Südtiroler Knödel zu Hause?"

Südtiroler Knödel
mit Spinat

108

MARIA GROSS

„Was ist das Geheimnis guter Schmorgerichte?"

Schnelles Ofengulasch
mit geröstetem Wurzelgemüse

126

THOMAS IMBUSCH

„Richtig gut kochen mit nur drei Zutaten – geht das?"

Fünf-Minuten-Ei mit Nussbutterbröseln und Schnittlauch

144

BENJAMIN GALLEIN

„Kann ich Klassikern
ein neues Gesicht geben?"

Eis und frittierte Schale
aus Kartoffeln mit Kräuterschaum

114

SEBASTIAN FRANK

„Warum gehört Gemüse
jetzt ins Glas?"

Grüner Spitzkohlsaft
mit Gurke und Apfel

132

INGO HOLLAND

„Wie kocht man herzhaft
mit Vanille?"

Spaghetti mit geschmorten
Vanille-Chili-Tomaten

150

ROBIN PIETSCH

„Wie gelingt die beste
Kartoffelsuppe der Welt?"

Pellkartoffelsuppe
mit Zwiebel-Schinken-Topping

120

HEIKO NIEDER

„Was kochen Sie
für Ihre Kinder?"

Fried Rice,
den Kinder lieben

138

JAN HARTWIG

„Sauer macht lecker –
stimmt's?"

Fusilli mit Basilikum-
Zitronen-Pesto

156

HEIKO ANTONIEWICZ

„Molekularküche zu Hause – geht das?"

Erdbeermarmelade ohne Kochen

162

ALEXANDER MASSENKEIL

„Wie bekommt man ein ganzes Schiff satt?"

Gazpacho – easy für viele Leute

168

RENÉ FRANK

„Gelingt ein Dessert ohne raffinierten Zucker?"

Mousse au Chocolat ohne raffinierten Zucker

174

ANDY VORBUSCH

„Umami im Dessert – echt jetzt?"

Vanilleeis mit Sojasoße

180

MATTHIAS SPURK

„Wie gelingt das göttlichste Schokoladendessert der Welt?"

Schokoladenkuchen mit flüssigem Kern

186

CHRISTIAN HÜMBS

„Gemüse im Dessert – und das schmeckt?"

Topinamburschaum mit weißer Schokolade, Zwetschgen und Roggen

192

Kochen wir jetzt anders?

Ein Fazit nach 30 Interviews.

194

Glossar

198

Register

200

Über die Autorin

204

Danke

206

Vorwort

Im Restaurant gibt es Gänge, die rauschen nur so an einem vorbei. Sie schmecken sehr gut, sind aber trotzdem schnell wieder vergessen. Und es gibt Gerichte, die etwas verändern. So eines habe ich 2017 bei Sarah Henke gegessen.

Es gibt einfach solche Vorurteile gegenüber bestimmten Lebensmitteln, die sich in unseren Köpfen festsetzen. Obwohl wir sie vielleicht nie richtig probiert haben.

Als ich während der Recherchen für mein Buch *Aufgedeckt: Die Geheimnisse der Spitzenküche* bei ihr im „Yoso" in Andernach zu Besuch war, habe ich Schweinebauch bestellt – was untypisch für mich ist. Schweinebauch lag bei mir in der Schublade „fett, schwer, altbacken". Es gibt einfach solche Vorurteile gegenüber bestimmten Lebensmitteln, die sich in unseren Köpfen festsetzen. Obwohl wir sie vielleicht nie richtig probiert haben. So war es bei mir und dem Schweinebauch. Bis Sarah Henke mich eines Besseren belehrt hat.

„Schweinebauch | Kimchi | Apfel" stand auf der Karte, und ich war neugierig, was sich hinter dieser Zusammenstellung wohl verbirgt. Das Fleisch war bei gerade einmal 64 Grad sous-vide im heißen Wasserbad über 36 Stunden butterzart gegart worden. Dann wurde es gewürfelt, kurz angebraten, in einer koreanischen Paste gewälzt und mit hausgemachtem Kimchi und dünnen Scheiben von grünem Apfel sowie kleinen Radieschen auf dem Teller angerichtet.

Schon der erste Bissen machte bei mir „bam!". Das Spiel aus Schärfe, Süße, Säure und auch dem vielen Fett – alles zusammen hat dieses Gericht rund gemacht. Was für ein Aromenfeuerwerk! Was für ein Nachhall am Gaumen! Ein Teller, der lange in Erinnerung bleibt.

Ich habe als Food- und Gastrojournalistin das große Glück, viel Zeit in Küchen verbringen zu dürfen. Ich darf Köche für meine Artikel, Reportagen und Bücher mit meinen Fragen löchern. Und ich darf viel probieren. Zugegeben: Es gibt schlimmere Jobs! Ich genieße es sehr, viel unterwegs zu sein, neue Restaurants, neue Küchenstile und neue Gerichte mit neuen Zutaten zu entdecken. Und wenn ich dann durch die Bilder auf meinem Smartphone scrolle, um die letzten Restaurantbesuche noch einmal Revue passieren zu lassen, merke ich, welche Teller Erinnerungen geschaffen haben. Aromenkombinationen, die nach wie vor am Gaumen haften und die mit dem Bild auf dem Handy sofort wieder abgerufen werden. Das sind die Gänge, die nicht einfach nur vorbeirauschen. Das sind Teller, die Erinnerungen schaffen. Und der Schweinebauch von Sarah Henke war so einer.

Das sind die Gänge, die nicht einfach nur vorbeirauschen. Das sind Teller, die Erinnerungen schaffen.

Ich habe mich gefragt, wie wir zu Hause mehr von diesen Wow-Momenten zaubern können. Was müssen wir tun, damit unsere Alltagsküche besonders wird? Wie können wir dafür sorgen, dass sich unsere Gäste noch lange und gern an das Essen erinnern, das wir ihnen serviert haben? Wie können wir aus einfachen Zutaten – wie eben Schweinebauch – etwas richtig Gutes kochen?

So ist die Idee entstanden, einmal 30 Spitzenköchinnen und -köche ganz gezielt zu den Gerichten und den Themen zu interviewen, die ihnen besonders am Herzen liegen: Signature Dishes und Lieblingsgerichte, für die sie als Experten stehen.

Dabei denke ich an den Schweinebauch von Sarah Henke, die legendären Königsberger Klopse von Tim Raue, das Original Wiener Schnitzel von Heinz Reitbauer, das perfekte Fleischpflanzerl von Alexander Herrmann, die herrlich knusprigen und innen doch wunderbar glasigen Fischstäbchen von Johannes King und die Mousse au Chocolat von René Frank, die ganz ohne raffinierten Zucker oder Sahne auskommt.

Wie können wir aus einfachen Zutaten etwas richtig Gutes kochen?

Als ich die Fragen für dieses Buch zusammenstellte, flogen mir einige Ideen nur so zu. Es waren die Erinnerungen an Momente, wenn eine Speise nicht einfach gegessen wird, sondern man schon beim Essen spürt, dass etwas zurückbleiben wird. So wie die dampfenden Spaghetti mit herrlich dunkelroter Tomatensoße, die es in der Kindheit in der Küche meiner Eltern gab.

Es gibt Tage, da würde ich für diese einfachen Nudeln, genau für diese, jedes Menü in einem Sternerestaurant stehen lassen.

Auch an einen wunderbaren Fisch wurde ich durch die Arbeit an diesem Buch erinnert. Ich habe ihn, ehrlich gesagt, direkt aus dem Topf gegessen. Und zwar in der „la vie"-Küche von Thomas Bühner in meiner Heimatstadt Osnabrück; 2016 war das, als ich bei ihm und seinem Team ein Praktikum absolvieren durfte. Zu dieser Zeit gab es eine Bouillabaisse auf der Karte, für die eine Rotbarbe in Gewürzöl bei 54 Grad confiert wurde. Die wunderbaren Aromen von Safran, Zitrone und Orange, die das kleine Stück Fisch bei seinem gerade einmal drei Minuten langen Ölbad angenommen hatte – sagenhaft! Daran werde ich noch lange denken. Natürlich habe ich Thomas Bühner für dieses Buch gefragt, wie man den perfekten Fisch zubereitet.

Alle Interviews nehmen eine Doppelseite ein, darauf folgt das passende Rezept, sodass die Tipps und Inspirationen in der Praxis direkt umgesetzt werden können. Einige Rezepte – wie zum Beispiel den Schweinebauch – habe ich so umgewandelt, dass sie auch zu Hause wunderbar funktionieren – ohne Sous-vide-Gerät oder andere Profi-Apparaturen. Andere Rezepte – wie zum Beispiel Thomas Bühners Fisch in Gewürzöl – wurden exakt so im Restaurant umgesetzt. Wieder andere sind im Gespräch mit den Köchen ganz neu entstanden und dann extra rezeptiert worden.

Ich wünsche Ihnen viele neue Entdeckungen, Überraschungs- und vor allem Erinnerungsmomente mit diesem Buch. Tauchen Sie ein in die verschiedenen Themenwelten, die sich hinter den Interviews offenbaren, und nutzen Sie die darin enthaltenen Inspirationen. Es lohnt sich!

Stefanie Hiekmann

INTERVIEWS

„WIE GELINGT DAS PERFEKTE STEAK, LUCKI MAURER?"

Lucki Maurer – oder auch: der Fleisch-Papst. Es gibt wenige Spitzenköche, die so sehr für das Thema Fleisch stehen wie Ludwig „Lucki" Maurer. Nach vielen Jahren in der Spitzengastronomie ist der Bayer selbst unter die Fleischzüchter gegangen. Ganz logisch, dass er weiß, wie ein Steak perfekt gelingt.

? Nachgefragt: Wie gelingt das perfekte Steak?

Diese Frage kann man nicht pauschal beantworten. Das ist so unterschiedlich wie mit Frauen. Da ist es ja auch so: Der eine mag eher Brünette, der andere Blonde. Lieber schmal oder kurvig? Vom Charakter mal ganz zu schweigen ... Und genauso ist es beim Steak: Der eine mag es mager, der andere lieber dicker und richtig kernig.

Manchmal ist es ja auch stimmungsabhängig: Mal habe ich Lust auf ein saftiges, fettes Wagyū-Steak, ein anderes Mal bin ich vielleicht etwas feiner unterwegs, da darf es dann auch mal ein Lady's Cut sein. Es ist nicht so, dass ein perfektes Steak haargenaue Eckdaten hat.

Ich möchte kein Tier essen, das aus Massentierhaltung stammt. Dann esse ich lieber gar kein Fleisch. Fleisch ist ein Lebensmittel – kein Produkt.

Es gibt eben – wie bei Frauen auch – nicht den einen ausschlaggebenden Punkt. Da sind viele kleine Zahnrädchen, die ineinandergreifen. Eine Frau sollte vielleicht witzig sein, etwas Charme haben, sie sollte attraktiv sein, und wenn sie kochen kann, dann ist es auch nicht schlimm. (lacht)

Beim Fleisch ist es ähnlich. Das geht schon beim lebenden Tier los. Die Genetik, das Alter, die Haltung, die Fütterung, das Geschlecht und dann natürlich die Schlachtung, die Reifung, die Zubereitung. Das macht es am Ende schon alles zusammen aus.

DAS HEISST, IN DER KÜCHE KÖNNEN WIR GAR NICHT MEHR SO VIEL DREHEN – ES STEHT UND FÄLLT MIT EINEM GUTEN GRUNDPRODUKT?

Genau so ist es, richtig! Natürlich darf die Verarbeitung nicht schiefgehen – da nützt einem dann das schönste Stück Fleisch nichts. Aber das, was man vom Metzger holt, das ist definitiv schon mal die halbe Miete!

Für mich ist es immer wichtig, dass das Tier ein schönes Leben hatte – auch wenn das seltsam klingen mag. Aber ich möchte kein Tier essen, das aus Massentierhaltung stammt. Dann esse ich lieber gar kein Fleisch. Fleisch ist ein Lebensmittel – kein Produkt.

Wenn Fleisch extrem billig ist – nicht kaufen! Das kann einfach nichts Gescheites sein.

Das sage ich bewusst so. Das sollten wir uns öfter mal vor Augen führen. Es geht nicht um Masse. Lieber wenig Fleisch essen, dafür sehr gutes.

WOHER BEKOMMT MAN ZU HAUSE GUTES FLEISCH?

Ich würde mir einen Metzger des Vertrauens suchen, der die Tiere idealerweise noch vom Bauern holt, den er kennt. Manchmal hat man auch bei Hofläden Glück. Bei uns in Bayern findet man immer wieder welche, die richtig gut sind. Es kann auch Sinn machen, sich Fleisch im Internet zu bestellen. Ein Tipp: Fleisch aus Irland ist in der Regel eine sichere Bank. Es gibt dort so gut wie keine Mastanlagen, da stehen alle Rinder auf der

Weide. Das ist einfach ein wichtiger Faktor. Und: Wenn Fleisch extrem billig ist – nicht kaufen! Das kann einfach nichts Gescheites sein.

STARTEN WIR MIT DER ZUBEREITUNG: WIE BRINGE ICH DAS STEAK AUF 54 GRAD KERNTEMPERATUR?

Da scheiden sich natürlich auch wieder die Geister. Es gibt viele Möglichkeiten. Wenn ich privat für mich und meine Frau ein Steak brate, dann nehme ich das Fleisch eine gute halbe Stunde vor der Zubereitung aus dem Kühlschrank. Das ist wichtig, damit das Fleisch langsam Raumtemperatur annimmt. Dann würze ich es von beiden Seiten mit der gleichen Menge Salz und Zucker. Und dann nehme ich mir eine beschichtete Pfanne und brate das Steak von beiden Seiten kurz scharf an, bis die Farbe passt. Dann schalte ich die Platte schon wieder ab und lasse das Fleisch einfach in der warmen Pfanne fünf bis zehn Minuten gar ziehen, bis der Kern bei 54 Grad gelandet ist. Es ist übrigens auch keine Schande, ein Kernthermometer zu verwenden. Dazu gibt es die Dinger, und man ist auf der sicheren Seite – das lohnt sich!

UND PFEFFER ZUM SCHLUSS, DAMIT DIE ÄTHERISCHEN ÖLE NICHT VERFLIEGEN?

Ganz genau! Und dann war's das auch schon! Für zwei Steaks ist das der perfekte Weg. Natürlich könnte ich auch den Grill anmachen, aber dazu habe ich zu Hause ehrlich gesagt gar keine Lust. Der ganze Auf- und Abbau, die Reinigung … Da nehme ich lieber die Pfanne, die kann ich hinterher in den Geschirrspüler stellen und ich habe mein Steak in weniger als 15 Minuten auf dem Tisch. Die gewonnene Zeit kann ich nutzen, um mit meiner Frau eine schöne Flasche Wein zu trinken. (lacht)

UND WENN NICHT ZWEI, SONDERN ZWÖLF LEUTE AM TISCH SITZEN?

Dann würde ich es rückwärts machen – so nennen wir die Zubereitung eines Steaks, wenn man im Ofen startet. Dann legen wir die gewürzten und temperierten Steaks auf den Rost, das Blech unten drunter, und lassen sie bei 54 Grad eine Stunde im Rohr. Hier gibt's die Grundregel: „1 Zentimeter braucht 1 Stunde." Wichtig ist, dass man den Rost nimmt, so kann das Steak schön schweben. Nach einer Stunde kontrolliere ich die Kerntemperatur, die im besten Fall gerade unter 54 Grad liegen sollte. Dann kommen die Steaks sehr kurz für wenige Sekunden ins heiße Öl in die Pfanne, damit sie die Röstaromen bekommen. Ab auf den Teller – fertig.

WELCHES FETT SOLLTE MAN NEHMEN?

Ich nehme ganz normales Pflanzenfett, das hoch erhitzbar ist. Mit Butter kann man im Zweifelsfall ein bisschen nachbraten. Aber wenn man ein richtig hochwertiges Steak hat, dann lassen wir das alles weg, dann braucht es nichts außer etwas Salz, Zucker und Pfeffer. Dann wollen wir ja den puren Fleischgeschmack haben.

APROPOS ZUCKER: DAS HÖRT MAN IM STEAK-KONTEXT NICHT ALLE TAGE …

Das ist nicht meine Erfindung. Die stammt von meinem kulinarischen Ziehvater Stefan Marquard, bei dem ich elf Jahre gearbeitet habe. Der Zucker sorgt beim Braten für einen feinen Karamelleffekt, das passt wunderbar! Wenn man es einmal ausprobiert hat, dann wird man es wieder machen …

DAS PERFEKTE STEAK
mit feinem Karamelleffekt

Der wichtigste Tipp für ein gutes Steak: runter mit der Temperatur. Nach dem kurzen, scharfen Anbraten wird die Platte abgestellt oder zumindest auf sehr geringe Hitzezufuhr reguliert. So kann das Fleisch schonend in der Restwärme gar ziehen. Perfekt medium ist das Steak bei einer Kerntemperatur von 54 Grad.

Zutaten

FÜR 2 PERSONEN ALS HAUPTSPEISE

2 Hüftsteaks (oder andere Steaks nach Wahl), je etwa 200 g

Salz

Zucker

3 EL Sonnenblumenöl

Pfeffer

Fingersalz

Zubereitung

1.
Das Fleisch etwa 1 Stunde vor Beginn der Zubereitung aus dem Kühlschrank nehmen und temperieren lassen.

2.
Das Fleisch von beiden Seiten mit Salz und Zucker würzen. Der Zucker sorgt für einen feinen Karamelleffekt.

3.
Das Öl in einer Pfanne erhitzen und die Steaks von beiden Seiten scharf anbraten, sodass sie gut Farbe annehmen. Die Platte abschalten und die Steaks in der warmen Pfanne in 10 Minuten gar ziehen lassen. Wer mit dem Kernthermometer kontrollieren möchte: Das Steak sollte jetzt im Kern 54 °C haben – dann ist es perfekt medium.

4.
Die Steaks mit Pfeffer würzen und mit ein wenig Fingersalz bestreut servieren. Dazu passen zum Beispiel mediterranes Ofengemüse und Röstkartoffeln.

Tipp

Wer Steaks für mehr als drei oder vier Personen zubereitet, sollte die „Rückwärtsmethode" nehmen. Dabei gart das Fleisch erst bei niedriger Hitze im Backofen und kommt anschließend für die Röstaromen für wenige Sekunden in die heiße Pfanne.

02
„WIE GELINGT DAS PERFEKTE FLEISCHPFLANZERL, ALEXANDER HERRMANN?"

Fernsehkoch, Juror, Moderator und Spitzenkoch: Alexander Herrmann gehört zu den bekanntesten Köchen Deutschlands. Ein Gericht, das dem Franken sehr am Herzen liegt, sind Fleischpflanzerl. Oder Buletten, Frikadellen – in jeder Region tragen sie einen anderen Namen. Was sind die Dos, was sind die Don'ts?

Nachgefragt: Wie gelingt das perfekte Fleischpflanzerl?

Dass mir das Fleischpflanzerl so am Herzen liegt, hat vor allem damit zu tun, dass ich in den vergangenen Jahren, in denen ich als Juror oder auch als betreuender Moderator neben den Kandidaten stand, fast ausschließlich schlechte Fleischpflanzerl bekommen habe. Sie waren immer gespickt mit Fehlern, die sich fast nahtlos bei allen durchgezogen haben: Zwiebeln, Brot und Hitze.

Bitte immer die Zwiebeln anschwitzen und kurz mit der Milch aufkochen – das reicht schon aus, damit die Zwiebeln leicht vorgegart sind.

Fangen wir mal mit den Zwiebeln an: Ich würde niemals eine rohe Zwiebel in ein Fleischpflanzerl geben! Wenn das Fleisch saftig bleiben soll, dann wird die Zwiebel darin niemals durchgaren, dann bleibt sie immer roh, zumindest zum Teil. Und wenn du dann noch ein Fleischpflanzerl aufhebst und erst am nächsten Tag isst, schmeckt es nur noch nach dieser inzwischen gegärten Zwiebel ... Deshalb: Bitte immer die Zwiebeln anschwitzen und kurz mit der Milch aufkochen – das reicht schon aus, damit die Zwiebeln leicht vorgegart sind.

Der nächste Punkt ist das Brot. Die meisten nehmen ein viel zu hartes Brot und legen es dann am besten noch in Wasser ein, sodass es ganz matschig wird. Das muss nicht sein. Das hat man früher mal gemacht, als man die älteste Semmel noch mitverwerten musste. Heute würde ich sie, wenn es irgendwie geht, nicht mehr für ein Fleischpflanzerl verwenden. Alte Semmeln kann man besser raspeln und als Semmelbrösel weiterverwenden. Für ein gutes Fleischpflanzerl sollte man lieber ein fein geschnittenes altbackenes Brot nehmen – oder noch besser ein Brot, das ein bisschen Aroma mitbringt, also zum Beispiel eine Breze oder – wenn es ins Mediterrane gehen darf – auch ein Ciabatta; da wäre ich mit dabei. Wenn es nur altbacken und nicht komplett trocken ist, dann braucht man auch nicht so viel Milch.

Und, was viele auch vergessen: Die Menge ist entscheidend! Viele Leute machen ein Mischungsverhältnis von 90 Prozent Fleisch und 10 Prozent Brot. Da bleibt das Fleischpflanzerl unter seinen Möglichkeiten! Vom Volumen, nicht vom Gewicht (Brot ist leichter als Fleisch), kann man locker das Verhältnis 50:50 nehmen. Denn es sind gleich drei wichtige Sachen, die das Brot macht: Es macht das Fleischpflanzerl saftig und locker und sogar noch preisgünstiger. (lacht)

Langsam braten ist viel besser! Dann bleibt das Fleisch saftig und bekommt mit der Zeit eine wirklich schöne Kruste ohne verbrannte Stellen.

Je mehr man das Fleisch würzt, desto eher entsteht ein Einheitsgeschmack!

Und dann würde ich schauen, dass die ganze Geschichte nicht zu breiig wird. Das Brot kann ruhig noch ein bisschen Konsistenz, ein paar Stücke mitbringen. Wichtig: Immer schneiden, nicht raspeln, keine allzu kleinen Stücke nehmen; so zwei Millimeter dürfen die Stücke durchaus haben.

Was jetzt so eine persönliche Geschichte ist: Ich würde nicht wer weiß wie viele Kräuter und Gewürze reinhauen in das Fleischpflanzerl. Denn je mehr man jetzt würzt, desto eher entsteht ein Einheitsgeschmack. Lieber im Anschluss, wenn man das Fleischpflanzerl gebraten hat, noch einen schönen Senf oder eine Mayonnaise dazugeben. Oder in die aufgeschäumte Butter in der Pfanne noch etwas Orangenschale oder frische Kräuter geben, je nachdem, was herauskommen soll. Das gibt einen viel schöneren Geschmack und bleibt differenzierter.

UND WAS LÄUFT BEI DER HITZE SCHIEF?

Die ist grundsätzlich zu hoch! Die Leute gehen meistens hin und legen die Fleischpflanzerl in eine große Portion heißes Fett. Das ist falsch. Erst mal werden Fleischpflanzerl gebraten und nicht frittiert – sie müssen nicht im Fett schwimmen. Und dann bitte die Temperatur auch nicht so hochdrehen. Langsam braten ist viel besser! Dann bleibt das Fleisch saftig und bekommt mit der Zeit eine wirklich schöne Kruste ohne verbrannte Stellen.

Bitte, bitte den Mut haben, die Temperatur unten zu lassen, und dem Fleisch die Zeit geben, die es braucht. Zwischendurch zwei- bis dreimal in der Butter wenden, dann wird man mit wunderbaren Fleischpflanzerln belohnt, die auch wirklich noch nach Fleisch schmecken.

IST DAS MISCHUNGSVERHÄLTNIS BEIM VOLUMEN IMMER 50:50 – UNABHÄNGIG VON DER WAHL DES FLEISCHES?

Ja, das ist immer so. Durch das Brot werden dann auch reine Rinder-Fleischpflanzerl nicht zu trocken. Übrigens lohnt es sich auch, mal Fleischpflanzerl mit Wild zu machen. Auch Lamm ist wunderbar. Durch den hohen Brotanteil kommt es dann immer noch fein rüber und nicht zu kräftig. Und kurz vor Schluss kann man dann noch mit Gewürzen oder Kräutern in der Nussbutter spielen und kreativ sein. Da hat man wirklich alle Möglichkeiten, wenn man ein paar Punkte beachtet. Dann kann so ein rustikales Fleischpflanzerl auch wirklich eine Delikatesse sein.

FLEISCHPFLANZERL
aus Kalbfleisch und Brezen

Zwiebeln, Brot und Hitze – das sind laut Sterne- und Fernsehkoch Alexander Herrmann die drei großen Fehlerquellen beim Fleischpflanzerl. Zwiebeln nie roh verwenden, Brot bitte immer in ausreichender Menge zum Fleisch geben und die Hitze nie zu hoch wählen – dann sollte das perfekte Fleischpflanzerl gelingen!

Zutaten

FÜR 4 PERSONEN ALS HAUPTSPEISE

- 200 g Laugenbrezen (1–2 Tage alt)
- 1 kleine Zwiebel
- 2 EL Sonnenblumenöl
- 150 ml Milch
- 500 g Kalbshackfleisch
- 2 Eier
- 5 Stängel glatte Petersilie
- Salz
- Pfeffer
- evtl. 2–3 EL Semmelbrösel
- 4 EL Sonnenblumenöl zum Braten
- 2 EL Butter zum Verfeinern
- 6 Zweige Thymian
- 4 Stücke Bio-Zitronenschale

Zubereitung

1.
Die Laugenbrezen in dünne Scheiben schneiden und in eine Schüssel geben. Die Zwiebel schälen, fein würfeln und in 2 Esslöffel Sonnenblumenöl glasig anschwitzen. Nach etwa 6 Minuten mit der Milch ablöschen, aufkochen und den warmen Milch-Zwiebel-Mix über die Brezenscheiben gießen und vermengen. Wichtig: Die Masse bitte nicht zu sehr durchmatschen, es sollten noch erkennbare Brezenstücke erhalten bleiben.

2.
Nun das Kalbshackfleisch zur Brezenmasse geben und kurz mit den Händen unterkneten. Die Eier aufschlagen. Die Petersilie waschen, trocken tupfen, die Blätter von den Stängeln zupfen und fein schneiden. Eier und Petersilienblätter zur Fleischmasse geben, alles vermengen und mit Salz und Pfeffer abschmecken. Sollte die Masse zu feucht oder klebrig sein, einfach noch 2–3 Esslöffel Semmelbrösel unterkneten.

3.
Die fertige Masse zu etwa 50 g schweren Pflanzerln formen, in einer großen Pfanne mit wenig Pflanzenöl langsam ringsum anbraten. Nun 1 Stich Butter darin aufschäumen lassen, die gewaschenen Thymianzweige und die Zitronenschale zugeben, den Deckel auflegen und die Pfanne von der Platte ziehen: Im aufsteigenden Dampf der Butter ziehen die Pflanzerl jetzt schonend und saftig gar.

4.
Nach etwa 6 Minuten den Deckel entfernen und die Fleischpflanzerl bei mittlerer Hitze braten, bis das kondensierte Wasser verdampft ist und sich feine Röststoffe bilden.

5.
Die Fleischpflanzerl zum Beispiel mit Kartoffelpüree und einem grünen Salat anrichten und am besten frisch aus der Pfanne servieren.

Tipp
Hackfleisch variieren

Anstelle von Kalbshackfleisch kann auch Rinderhackfleisch verwendet werden.

„WIE MACHT MAN EIN ECHTES WIENER SCHNITZEL, HEINZ REITBAUER?"

Er gehört zu den bekanntesten und erfolgreichsten Köchen der Welt – und er ist Wiener. Wer könnte also besser das Wiener Schnitzel erklären als Zwei-Sterne-Koch Heinz Reitbauer? Den österreichischen Klassiker findet man übrigens auch dauerhaft auf der Karte in seinem Sternerestaurant „Steirereck" im Wiener Stadtpark.

Nachgefragt: Wie macht man ein echtes Wiener Schnitzel?

Es ist wie bei allen Dingen: Im ersten Schritt ist die Qualität der Zutaten entscheidend. Beim Wiener Schnitzel geht es da natürlich vor allem um das Kalbfleisch. Je nach Qualität, nach Alter und Reifegrad gibt es durchaus starke Unterschiede. Prinzipiell gilt: Je jünger das Kalb, desto zarter das Fleisch – und desto dicker kann man das Schnitzel auch schneiden. Ich bin kein Fan von so ganz hauchdünnem Fleisch. Wir schneiden die Schnitzel etwa fünf Millimeter dick und plattieren sie auch nur wenig. Dafür legt man es am besten zwischen zwei Bogen Pergamentpapier oder Klarsichtfolie. Geeignet sind Stücke aus der Nuss, aus der Schale – und natürlich auch aus dem Rücken. Da gibt es keine feste Regel. Das steht und fällt alles mit der Qualität des Kalbs.

GIBT ES EIN GEHEIMNIS FÜR DIE PANADE?

Ich finde schon. Man muss auch hier auf die Zutaten schauen. Wir reiben unsere Semmelbrösel selbst: Einen Teil reibt man feiner, einen Teil lässt man gröber und mischt dann beides ab – das ist zum Beispiel ein sehr wichtiger Punkt. Die Zeit sollte man sich einfach nehmen, es zahlt sich am Ende wirklich aus! Aber gehen wir einmal Schritt für Schritt vor.

Zuerst kommt das Salz, unser Fleisch muss ja leicht gesalzen werden. Dann kommt das Mehl. Da gibt es unterschiedliche Auffassungen, ob nun glattes oder griffiges Mehl besser ist. Das muss jeder für sich entscheiden. Wir verwenden glattes Mehl. Dann verschlägt man ganze Eier und wälzt das Fleisch rundherum darin. Obers oder Milch kann man übrigens weglassen. Da bin ich der Meinung, das braucht's nicht. Und dann kommen im nächsten Schritt ja schon die Brösel. Und die, das ist noch recht wichtig, sollte man nicht zu stark andrücken.

UND DANN GEHT'S IN DIE PFANNE …

Genau. Am besten nimmt man eine mit einem steilen, höheren Rand, eher größer als zu klein. Der Rand ist wichtig, damit das Fett bei den Bewegungen später nicht rausschwappt. Und, das ist fast noch wichtiger: Die Wärmeverteilung ist so viel gleichmäßiger. Wir arbeiten mit einer Fettmischung aus Butterschmalz (also geklärter Butter) und einem neutralen Pflanzenöl. Man kann als groben Richtwert das Mischverhältnis 50:50 nehmen, wobei wir eine Spur mehr Butterschmalz nehmen. Das Öl sollte neutral sein, also Sonnenblumenöl oder Rapsöl, damit das Butterschmalz geschmacklich im Vordergrund bleibt.

Das Fett sollte das Schnitzel immer wieder überspülen – so erhält man die „soufflierte" Panier.

Mit der Temperatur bitte immer erst vorsichtig sein. Ich kenne jetzt niemanden, der beim Schnitzel mit einem Kernthermometer arbeitet, aber man sollte trotzdem schauen, dass das Fett nicht wer weiß wie heiß wird. Eine Temperatur von 140 Grad wäre geradezu perfekt, um das Schnitzel in die Pfanne zu legen. Wobei man wirklich nicht messen muss. Stattdessen hält man das

Schnitzel an einer Ecke in das heiße Fett und schaut, ob es anfängt zu backen und kleine, feine Bläschen aufsteigen. Dann wäre die Temperatur genau richtig. Nun liegt das Schnitzel im Fett, und man dreht die Temperatur der Herdplatte auf die höchste Stufe. Und jetzt halte ich die Pfanne ständig in Bewegung. Das Fett sollte das Schnitzel immer wieder überspülen – so erhält man die „soufflierte" Panier.

Die Flüssigkeit aus dem Schnitzel verdunstet, sammelt sich unter der Panade und hebt sie an. So entstehen die Luftpolster, die wir vom Wiener Schnitzel kennen.

Nach etwa 45 Sekunden wendet man das Schnitzel. In diesem Moment sollte die Panier unbedingt noch elastisch sein – sonst kann sie sich später nicht mehr wölben, und das wäre natürlich verheerend beim Wiener Schnitzel! Nach dem Wenden sollte die Temperatur des Fetts etwa 170 Grad erreicht haben. Die Pfanne jetzt unbedingt weiterschwenken, sodass das Fett immer wieder über das Schnitzel nappiert. Was jetzt gerade passiert, ist das, was das Wiener Schnitzel ausmacht: Die Flüssigkeit aus dem Schnitzel verdunstet, sammelt sich unter der Panade und hebt sie an. So entstehen die Luftpolster, die wir vom Wiener Schnitzel kennen. Das ist eigentlich schon das ganze Geheimnis …

SCHAUEN WIR NOCH MAL KURZ IN DIE PFANNE: WIR HABEN EINE ORDENTLICHE MENGE BUTTERSCHMALZ UND ÖL. EIN, ZWEI ESSLÖFFEL FETT HABEN NICHTS MIT EINEM ECHTER WIENER SCHNITZEL ZU TUN – RICHTIG?

So ist es! Das wäre ein ganz anderes Produkt! Man muss natürlich auch schauen, dass das Schnitzel nicht trieft und quasi frittiert wird – das wäre auch nicht richtig. Es sollte immer Kontakt zum Pfannenboden haben und auch nicht im Fett untergehen. Je professioneller und geübter man ist, desto weniger Fett braucht man.

WAS IST DER SCHLIMMSTE FEHLER BEIM AUSBACKEN?

Wenn man das Fleisch zu spät umdreht! Wenn die Panade keine Grundelastizität mehr hat, dann kann sie auch nicht soufflieren, dann bleibt alles platt. Das Soufflieren beginnt erst nach der ersten Hitzeentwicklung. Deshalb langsam starten, umdrehen, und dann geht es los!

ORIGINAL WIENER SCHNITZEL

mit wunderbar lockerer Panade

Das A und O eines Wiener Schnitzels: gutes Kalbfleisch, eine lockere Panade und ordentlich Bewegung in der Pfanne. Dann fließt das Fett immer wieder über das Schnitzel, und nach wenigen Sekunden fängt die Panade an zu soufflieren. Die typischen „Luftkissen" machen das Wiener Schnitzel zu einem echten Original.

Zutaten

FÜR 4 PERSONEN ALS HAUPTSPEISE

4 Kalbsschnitzel, plattiert

Salz

Für die Panade

300 g Mehl

4 Eier

300 g Semmelbrösel (am besten selbst gemacht)

Zum Ausbacken

500 g Butterschmalz

500 ml Sonnenblumenöl (je nach Pfannengröße kann auch mehr Fett benötigt werden)

Zubereitung

1.

Die Schnitzel einige Minuten bei Raumtemperatur temperieren lassen. Dann das Fleisch rundherum salzen.

2.

Für die Panierstraße das Mehl, die verschlagenen Eier und die Semmelbrösel jeweils in große Schalen geben. Die Schnitzel erst im Mehl wenden, dann durch die verschlagenen Eier ziehen und zuletzt in den Bröseln wälzen. Die Brösel nur leicht andrücken.

3.

Butterschmalz und Öl in einer tiefen, steilen Pfanne langsam erhitzen. Mit einem kleinen Stück Schnitzel testen, ob es bereits die richtige Brattemperatur (rund 140 °C) erreicht hat: Wenn dem so ist, steigen kleine Bläschen auf.

4.

Dann die Schnitzel nacheinander ausbacken. Dazu die Pfanne und das Fett ständig in Bewegung halten. Nach 20–30 Sekunden fängt die Panade an, leicht zu bräunen. Jetzt das Schnitzel wenden und die Pfanne dabei unbedingt weiter in Bewegung halten. Zwischen dem Fleisch und der Panade breitet sich die austretende Feuchtigkeit aus, und kleine Luftpolster entstehen – die Panade beginnt zu „soufflieren". Dabei sollte durch die Bewegung immer wieder das flüssige Fett über das Schnitzel schwimmen. Nach etwa 1½–2 Minuten ist das Schnitzel fertig und sollte vorher kurz auf einem Bogen Küchenkrepp ruhen, damit das überschüssige Fett aufgesaugt wird.

5.

Das Schnitzel mit Petersilienkartoffeln und grünem Salat oder mit Kartoffel-Gurken-Salat und Preiselbeeren servieren – wie man es am liebsten mag!

„WIE GEHT DER PERFEKTE BRATEN, SASCHA STEMBERG?"

Es gibt wenige Sterneköche, die gleichzeitig für so rustikale und so hochwertige Küche stehen wie Sascha Stemberg. Er führt den Familienbetrieb „Haus Stemberg" in Velbert in fünfter Generation. Neben dem Fine-Dining-Menü kommt auch immer mal wieder ein ordentlicher Braten auf den Tisch – alles zu seiner Zeit.

Nachgefragt: Wie geht der perfekte Braten?

Der perfekte Braten fängt für mich mit dem perfekten Stück Fleisch an. Und das ist in diesem Fall immer ein relativ großes Stück Fleisch jenseits der Ein-Kilo-Marke, definitiv. Und neben der perfekten Qualität gehört natürlich Zeit dazu, viel Zeit.

ALSO NIX MIT SCHNELLER KÜCHE?

Nein, ein Braten braucht wirklich viel Zeit, viel Liebe und Zuwendung.

WELCHE FLEISCHSTÜCKE KOMMEN DENN INFRAGE?

Ich mag unheimlich gern Schweinebauch. Leider ist Schweinefleisch ja mittlerweile sehr verschrien in Deutschland. Dabei gibt es wirklich wunderbare Züchter von frei lebenden Schweinen. Da fällt mir nicht nur der Bauch ein, auch der Nacken, die Schulter, die Keule. Also alles Stücke, die einfach ein bisschen mehr Zeit brauchen.

Sämtliche Stücke vom Rind sind auch perfekt. Ich finde Rinderbrust zum Beispiel klasse. Leider trauen sich die wenigsten heran, weil sie so groß und so fettdurchzogen ist. Aber genau das macht den Reiz aus! Dieses harte Fett so umzuwandeln, dass es richtig sanft wird und dem Gericht Power gibt, das macht es aus! Bei Amerikanern ist es das Brisket, das kennt manch einer vielleicht vom BBQ oder aus der Gastronomie. In der Zubereitung ist es ganz ähnlich wie Pulled Pork, nur dass es da eben der Nacken vom Schwein ist.

Beim Braten geht es immer wieder darum, ein großes Stück Fleisch so zart zu garen, dass es beinahe von selbst auseinanderfällt. Ob man es nun offen im Ofen röstet, im Sud schmort oder stundenlang im Smoker gart, ist eigentlich egal. Das schmeckt alles für sich ganz wunderbar.

WIE BEREITEST DU BRATEN DENN AM LIEBSTEN ZU?

Ich mache ihn am liebsten ganz klassisch offen geröstet im Ofen mit viel Gemüse. Die Temperatur niedrig halten, dafür etwas mehr Zeit investieren und dann ganz einfach mit schönem Wurzelgemüse, Schalotten und dem eigenen Fleischsaft – da braucht man nicht mal eine Soße!

WAS IST DAS GEHEIMNIS EINES RICHTIG SAFTIGEN BRATENS?

Niedrige Temperatur und Zeit. Ich würde nicht über 150 bis 160 Grad gehen. Je nach Fleisch können bei Lamm und Wild auch mal 120 Grad ausreichen. Wenn man etwas im Ofen röstet, arbeitet man ohne Deckel – wenn der Braten im Sud geschmort wird, immer einen Deckel drauflegen. Die Temperatur ist immer die gleiche – auf keinen Fall zu hoch! Im Kern sollte ich bei Bratenstücken auf eine Temperatur von 78 bis 80 Grad kommen. Dann ist das Fleisch schön saftig und keinesfalls zu trocken.

DARAN SIEHT MAN AUCH SCHON DEN UNTERSCHIED DER FLEISCHSTÜCKE: KURZGEBRATENES, WIE STEAKS ODER FILET, SIND BEI 54 GRAD KERNTEMPERATUR PERFEKT, BEIM BRATEN KLETTERT DAS THERMOMETER RUND 25 GRAD HÖHER …

Genau, das ist der Unterschied! Wir gehen an Bratenstücke ganz anders heran. Eine Gemeinsamkeit ist allerdings der Knochen. Mein liebstes Steak ist das

Rib-Eye-in-Bone, also das Ribe-Eye-Steak am Knochen. Das liegt daran, dass der Knochen eine Menge Saftigkeit und Geschmack gibt. So ist es auch beim Braten. Wer eine Lammkeule oder irgendeinen anderen Braten mit Knochen hat, der lässt ihn für die Zubereitung immer dran. Dadurch kann das Fleisch nur gewinnen! Und den Knochen danach auch nicht wegwerfen, sondern noch für eine Brühe verwenden, die kann man immer gebrauchen.

LASS UNS MAL EINEN PERFEKTEN BRATEN DURCHSPIELEN!

Dann nehmen wir Schweinenacken, der ist immer lecker und wirklich einfach, weil er eine ordentliche Portion Fett mitbringt. Das hilft immer, wenn wir saftiges Fleisch haben wollen. Ich hole mir ein gutes Stück Fleisch vom Metzger meines Vertrauens und pariere es. Silberhaut und Sehnen dürfen weg, ein bisschen Fett lasse ich gern dran. Dann reibe ich das Fleisch mit Öl und Salz ein und setze es in einen Bräter oder auf ein tiefes Blech. Unten gebe ich etwas Öl rein.

Und dann kommt es auch schon das erste Mal bei 155 Grad für knapp anderthalb Stunden in den Ofen. Dann nehme ich es einmal raus, lege gesalzenes Wurzelgemüse, geviertelte Schalotten und kleine Kräuterbündchen von Thymian und Rosmarin aufs Blech, setze das Fleisch wieder drauf und lasse es noch 40 bis 50 Minuten laufen. Jetzt gehen die ätherischen Öle aus den Kräutern ins Fleisch über, und auch der Fleischsaft unten auf dem Blech wird aromatisiert, sodass wir am Ende gar keine Soße mehr brauchen. Nach dem Rösten sortiere ich die Kräuter raus, tranchiere das Fleisch, richte es mit dem Gemüse und den Schalotten auf etwas Kartoffelpüree an, träufele etwas von dem Sud darüber – und schon habe ich ein Bomben-Essen! Das gleiche Rezept könnte ich übrigens auch mit anderen Stücken durchspielen. Eine Kalbshaxe funktioniert zum Beispiel genauso!

KLINGT SUPER! WELCHE FEHLER BEOBACHTEST DU HÄUFIG IN DER BRATENKÜCHE?

Schlechtes Fleisch, zu hohe Temperaturen und eine falsche Garzeit.

Es ist wirklich so, dass ein gutes Stück Fleisch Geld kostet – und das ist auch richtig so. Wer Fleisch von Tieren kauft, die zu schnell wachsen mussten, der wird schnell einen zu trockenen Braten haben, weil die Tiere kein Fett eingelagert haben – sie mussten eben zu schnell wachsen. Wer dann noch 180 bis 200 Grad oder mehr im Ofen einstellt und das Fleisch drei Stunden drin lässt – der wird leider keine Freude mehr am Braten haben. Es ist schon wichtig, sich da etwas Zeit zu nehmen. Man muss ja nicht jede Woche Braten essen.

WOBEI ER EIGENTLICH WENIG ARBEIT MACHT – DIE MEISTE ZEIT ARBEITET JA DER OFEN …

Richtig, absolut! In der Zeit kann ich schon mal Beilagen machen oder einfach eine gute Flasche Wein trinken … (lacht)

SCHWEINEBRATEN

mit Wurzelgemüse und Kartoffeln

Schweinebauch, Schweinenacken, Rinderbrust oder Kalbshaxe: Das Fleisch kann nach Herzenslust variiert werden. Wichtig nur: Zeit und Liebe mitbringen. Ein guter Braten braucht seine Zeit. Lieber die Temperatur mit 155 Grad etwas geringer wählen und dafür zwei, drei Stündchen Garzeit investieren – das zahlt sich aus!

Zutaten

FÜR 4 PERSONEN ALS HAUPTSPEISE

- 1 kg Schweinenacken am Stück
- Sonnenblumenöl zum Einreiben und für die Form
- Salz zum Einreiben
- 1 kg gemischtes Wurzelgemüse (Möhren, Pastinaken, Petersilienwurzeln, Rote Bete)
- 500 g Kartoffeln mit Schale
- 200 g Schalotten
- 1 TL Salz
- 3 EL Sonnenblumenöl für das Gemüse
- 5 Zweige Thymian
- 3 Zweige Rosmarin
- Fingersalz zum Servieren

Zubereitung

1.
Den Backofen auf 155 °C (Umluft) vorheizen.

2.
Den Schweinenacken mit Sonnenblumenöl und Salz einreiben und auf ein leicht mit Öl bestrichenes Blech setzen. Den Schweinenacken im heißen Ofen 1 Stunde 20 Minuten ziehen lassen.

3.
Währenddessen das Wurzelgemüse putzen, waschen, schälen und in Stifte oder Würfel schneiden. Die Kartoffeln ebenfalls putzen, waschen und je nach Größe vierteln oder achteln. Die Schalotten von der Schale befreien und vierteln. Das Wurzelgemüse mit den Kartoffeln und den Schalotten in eine Schüssel geben und alles mit 1 Teelöffel Salz und 3 Esslöffel Sonnenblumenöl vermengen.

4.
Nach 1 Stunde 20 Minuten Garzeit das Gemüse rings um den Braten verteilen, die Kräuterzweige ebenfalls mit aufs Blech legen und den Braten zusammen mit den Beilagen weitere 40–50 Minuten garen. Wer ein Kernthermometer hat, kann jetzt einmal die Temperatur im Inneren des Bratens messen: Sie sollte bei etwa 78 °C liegen.

5.
Den Braten aus dem Ofen nehmen, die Kräuterzweige entfernen und den Knochen sauber herausschneiden. Alternativ die Fleischstücke direkt vom Knochen abschneiden und mit dem Kartoffel-Wurzelgemüse-Mix auf Tellern anrichten. Den Fleisch-Öl-Sud als Soße verwenden, den Braten mit etwas Fingersalz bestreuen und direkt servieren.

Tipp
Fleischbrühe

Den Knochen nicht wegwerfen! Er eignet sich wunderbar für eine kräftige Fleischbrühe.

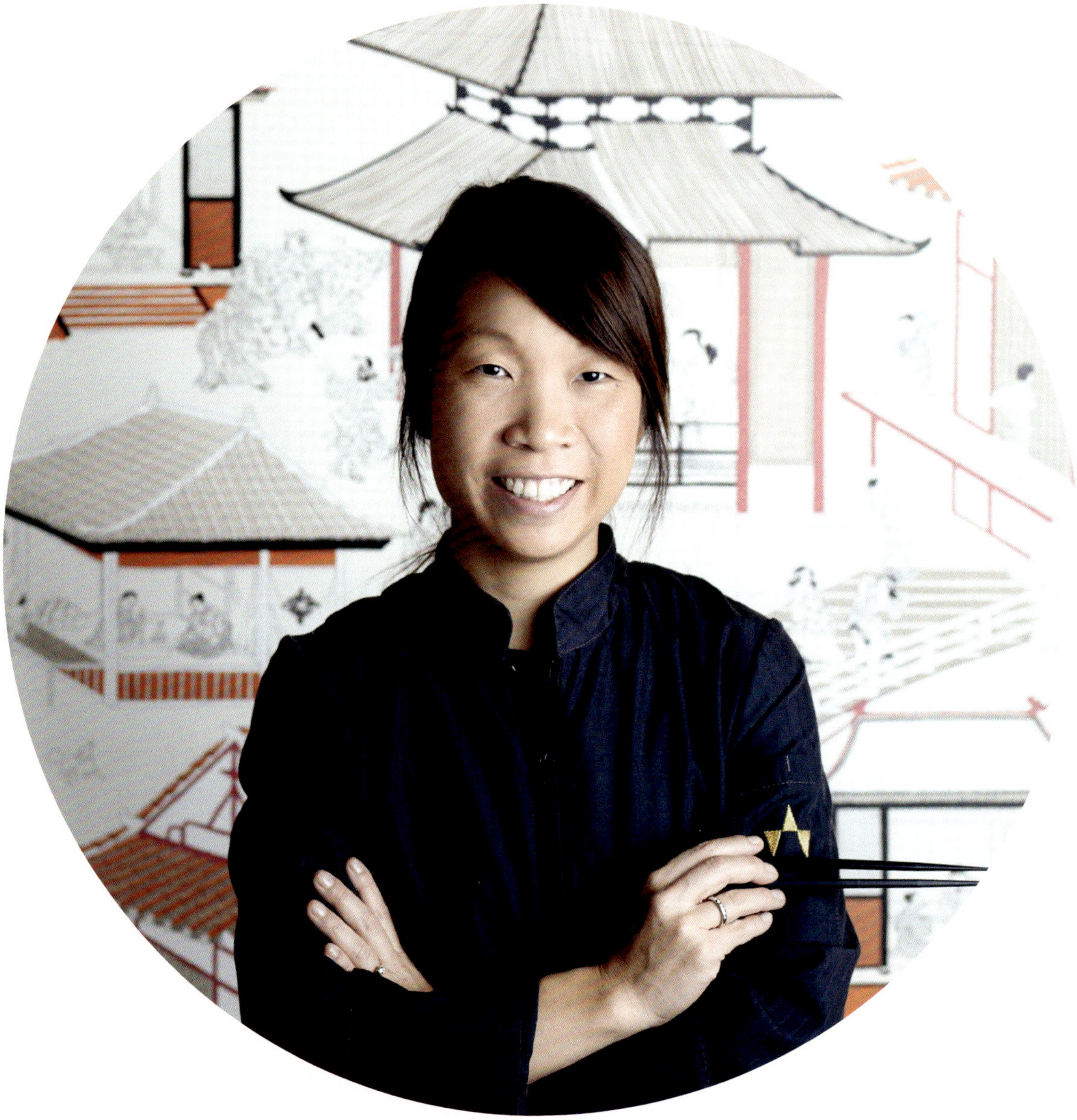

„WAS MACHE ICH MIT SCHWEINEBAUCH, SARAH HENKE?"

Schweinebauch? Echt jetzt?! Das, was beim ersten Hören nach fetter Kost klingt, kann ein wahres Aromenfeuerwerk sein! Im Sternerestaurant „Yoso" in Andernach kocht Sarah Henke ihre ganz eigene asiatische Küche. Nicht wegzudenken ist dort ihr gewürfelter und gebratener Schweinebauch mit scharfem Kimchi und grünem Apfel. Ein Credo für mehr Schweinebauch in der Küche.

Nachgefragt: Was mache ich mit Schweinebauch?

Schweinebauch ist ein wirklich sehr interessantes Produkt! Eigentlich viel spannender als Schweinefilet zum Beispiel. Wenn ich essen gehe und finde Schweinebauch auf der Karte, dann nehme ich ihn ziemlich sicher – einfach weil ich es interessant finde, zu sehen, was sich der Koch damit überlegt hat. Man kann an Schweinebauch viel kreativer und vielseitiger herangehen als zum Beispiel an Schweinefilet – da siehst du viel mehr Handwerk!

Ich kenne Schweinebauch noch ganz klassisch von zu Hause vom Grillen. Da haben wir beim Metzger eingelegte Schweinebauchscheiben geholt und sie dann von beiden Seiten knusprig gegrillt. Das sind so Kindheitserinnerungen.

UND JETZT BEREITEST DU SCHWEINEBAUCH GANZ ANDERS ZU …

Ja klar, ich mache da heute so meinen Sarah-Henke-Style draus! (lacht) In der koreanischen Küche findet man Schweinebauch durchaus sehr häufig, meistens roh aufgeschnitten, dann mariniert und gebraten. Ich mache es etwas anders: Ich nehme mir den Schweinebauch und lege ihn in eine Marinade aus Birnensaft, Sojasoße und Honig ein und lasse ihn mindestens 24 Stunden darin ziehen. Schließlich wird alles im Vakuumierbeutel 36 Stunden bei 65 Grad sous-vide gegart.

Die Marinade sorgt dafür, dass das Fett gar nicht mehr so dominant im Vordergrund ist. Man hat irgendwie das Gefühl, dass das Fett besser eingebunden ist. Nach dem Garen beschwere ich den Schweinebauch, sodass er etwas in Form kommt und sich anschließend besser in Würfel schneiden lässt. Dann brate ich die Würfel rundherum an, wälze sie noch mal in einer typisch koreanischen Paste und richte dann alles mit unserem Kimchi und dünnen Scheiben vom grünen Apfel an.

ERZÄHL MAL VON EUREM KIMCHI!

Wir schummeln da ja etwas … (lacht) In Korea ist es so, dass Kimchi sehr lange fermentiert wird, das braucht richtig viel Zeit und Platz. Ich persönlich mag das sehr gern, aber ich kann mir vorstellen, dass dieser typische Kimchi-Geschmack für den europäischen Gaumen auch etwas ungewohnt sein kann. Wir salzen den Kohl, waschen und trocknen ihn und legen ihn dann einfach in eine scharfe Marinade ein. Das Ganze wird vakuumiert und zieht dann zwei Tage im Kühlschrank durch.

Schweinebauch ist ein Stück Fleisch, an dem man Handwerk und Kreativität erkennen kann.

Wichtig ist noch der grüne Apfel. Der bringt eine feine Süße und die schöne Fruchtsäure mit. So hat man am Ende ein tolles Spiel aus Süße, Säure und Schärfe.

LÄSST SICH DAS GERICHT AUCH ZU HAUSE UMSETZEN?

Klar! Man braucht eben ein Vakuumiergerät und ein Sous-vide-Gerät. Wobei man es theoretisch auch im Backofen machen kann. Wichtig ist ja einfach, dass der

Schweinebauch erst gut mariniert und dann bei niedriger Temperatur sehr lange gegart wird. Das kann man auch machen, indem man den Schweinebauch erstmal 24 Stunden in einer luftdicht verschließbaren Box mit der Marinade einlegt und das Ganze anschließend mit Deckel (zum Beispiel in einem Schmortopf) im Ofen gart. Ich würde nicht über 120 Grad gehen – besser weniger. Vermutlich braucht man dann so neun oder zehn Stunden, um einen ähnlichen Effekt zu erzielen.

UND SONST SO: WIE LÄSST SICH SCHWEINEBAUCH NOCH IN SZENE SETZEN?

Man kann da sehr viel mit machen. Es ist definitiv ein Stück Fleisch, an dem man Handwerk und Kreativität erkennen kann. Man kann mit Fischen oder Krustentieren arbeiten. Mit Gemüse, mit Früchten, mit scharfen und intensiven Gewürzen – der Fettgehalt des Bauchstücks lässt da so einiges zu. Man kann zu Hause zum Beispiel auch einfach mal dünne Scheiben aufschneiden, sie braten und dann mit verschiedenen Gemüsen und einer Marinade als Vorspeise anrichten. Oder man mixt sich einen Sud aus viel Sojasoße und Gewürzen, würfelt den Schweinebauch und lässt die Stücke im Sud langsam offen köcheln. Die saugen sich dann richtig voll mit der Marinade und schmecken sehr intensiv.

Wichtig ist, dass der Schweinebauch erst gut mariniert wird und dann bei geringer Temperatur sehr lange gegart wird.

Ganz klassisch wäre natürlich auch ein Braten. Man reibt den Schweinebauch mit Salz ein, setzt ihn auf ein Blech und schiebt ihn trocken in den Ofen. Man kann dann noch Gewürze zugeben, um das Fleisch zu aromatisieren – muss man aber nicht. Am Ende schaltet man noch die Grillfunktion zu und knuspert die Schwarte etwas ab: Schon hat man einen super Schweinebauch-Krustenbraten – sehr lecker!

Schweinebauch zu Hause

Kein Express-Gericht, aber eines, das sich sehr lohnt! Auf der folgenden Doppelseite befindet sich das Originalrezept von Sarah Henke, angepasst an die technischen Möglichkeiten zu Hause – ohne Vakuumier- und ohne Sous-vide-Gerät. Wichtig: Durch die langen Marinier- und Garzeiten sollte man bereits drei Tage vor dem Essen mit der Zubereitung beginnen.

SCHWEINEBAUCH

mit Kimchi und grünem Apfel

Zugegeben, dieses Rezept gehört nicht zu den schnellsten – doch es lohnt sich! Der sensationell zarte Schweinebauch mit süßlich scharfer Marinade, das leicht feurige, gut bekömmliche Kimchi und der knackig grüne Apfel sind definitiv was Besonderes! Wichtig: Mit der Zubereitung drei Tage vor dem Essen beginnen!

Zutaten

FÜR 4 PERSONEN ALS HAUPTSPEISE

1,5 kg Schweinebauch

Für die Marinade

20 ml Sojasoße

1 TL brauner Zucker

1 EL Honig

1 Stange Frühlingslauch, in feine Ringen

1 Knoblauchzehe, fein gewürfelt

1 gute Prise Salz

1 Prise schwarzer Pfeffer

20 ml geröstetes Sesamöl

500 ml Birnensaft

1 rote Peperoni, mit Kernen, fein geschnitten

Für das Kimchi

1 Chinakohl · 2 EL Salz

75 ml Erdnussöl

1 EL Sambal Oelek

100 g Zucker

50 ml Fischsoße

50 ml süßscharfe Chilisoße

Für die Schweinebauch-Paste

60 g koreanisches Paprikapulver

40 g Paprikapaste

30 g Sojasoße

20 g Austernsoße

20 g Reisessig

30 g Zucker

20 g Knoblauch, fein gehackt

10 g Ingwer, fein gehackt

½ TL zerstoßener schwarzer Pfeffer

20 g geröstetes Sesamöl

15 g geröstete Sesamsamen

40 g Apfelsaft

Außerdem

4 Radieschen

1 grüner Apfel

Zubereitung

1.

Den Schweinebauch in ein fest verschließbares Gefäß legen. Alle Zutaten für die Marinade verrühren und über den Schweinebauch gießen. Falls er noch nicht komplett bedeckt ist, noch etwas Birnensaft nachgießen. Das Gefäß gut verschließen, den Schweinebauch 24 Stunden im Kühlschrank marinieren.

2.

Für das Kimchi den Chinakohl waschen, trocken schleudern und fein schneiden, den Strunk großzügig entfernen. 2 Esslöffel Salz in 500 ml Wasser einrühren, mit dem Chinakohl vermengen. Das Salzwasser gut einmassieren, 1 Stunde ziehen lassen. Den Chinakohl mit kaltem Wasser abspülen, vorsichtig trocken drücken. In einem Kochtopf Erdnussöl und Sambal Oelek leicht erhitzen. Den Zucker in der Fischsoße auflösen und mit zum warmen Öl geben. Die Chilisoße zufügen. Den Kohl mit der Marinade vakuumieren oder einfach luftdicht verpacken; er sollte im Kühlschrank 3 Tage in der Marinade durchziehen.

3.

Am nächsten Tag den Schweinebauch in eine ofenfeste Form umfüllen. Die Marinade mit angießen und darauf achten, dass der Schweinebauch komplett mit der Flüssigkeit bedeckt ist – nur die

Schwarte darf oben leicht rausschauen. Falls nötig, mit Wasser auffüllen. Den Deckel auf die Form setzen und den Schweinebauch in der Marinade 9 Stunden bei 90 °C (Umluft) garen. Am Ende sollte sich das Fleisch leicht vom Knochen lösen. Den Schweinebauch abkühlen lassen und ohne Marinade über Nacht im Kühlschrank fest werden lassen.

4.
Am Tag des Servierens den Schweinebauch würfeln und in etwas heißem Pflanzenöl rundherum bei mittlerer Hitze knusprig braten. Aus den angegebenen Zutaten eine scharfe Paste rühren, zu den Schweinebauchwürfeln in die Pfanne geben und kurz vermengen.

5.
Radieschen und Apfel fein schneiden oder hobeln. Mit etwas Salz marinieren. Den Schweinebauch mit Kimchi, Apfel und Radieschenscheiben anrichten.

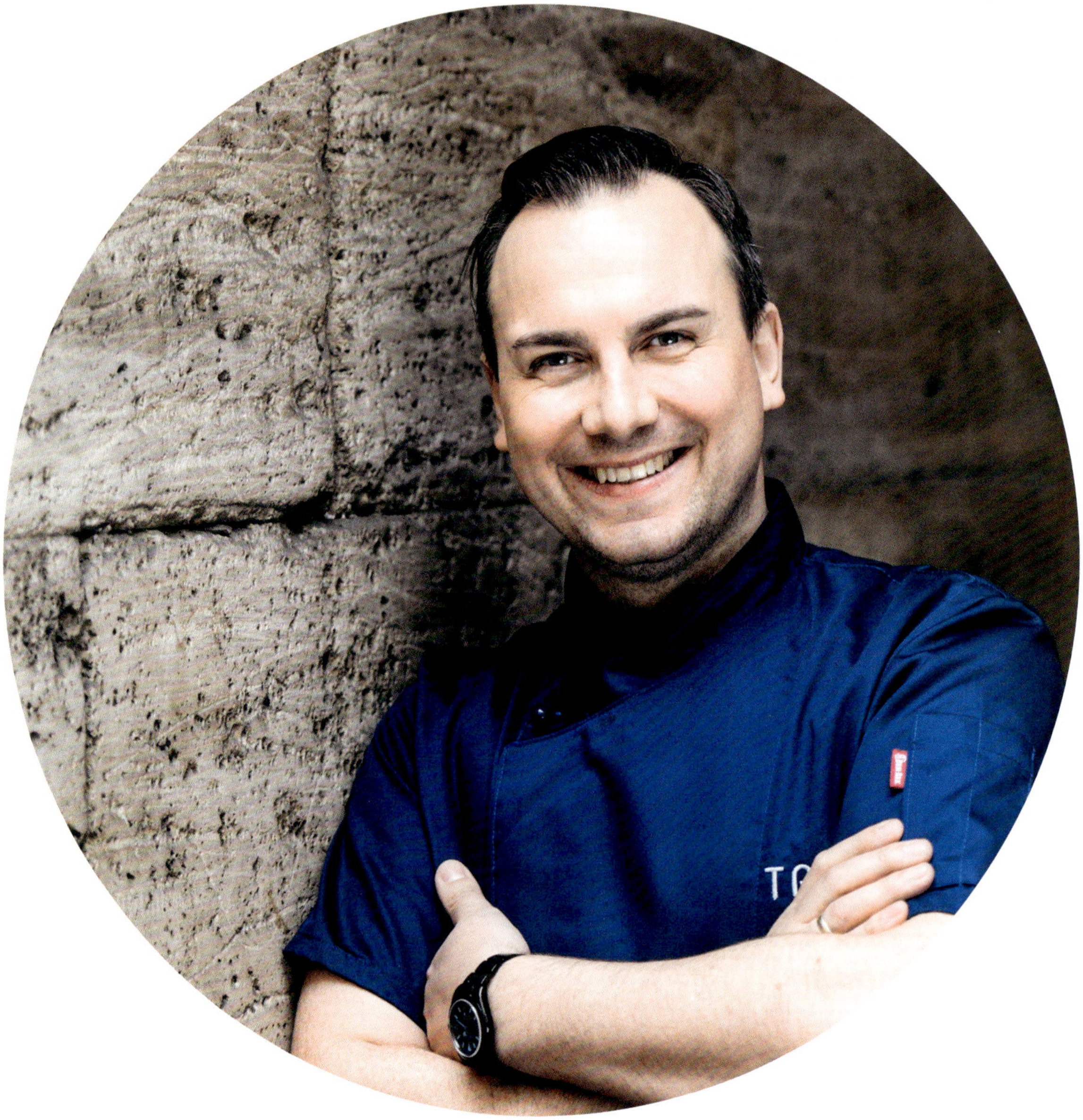

„WIE KOCHT MAN DIE PERFEKTEN KÖNIGSBERGER KLOPSE, TIM RAUE?"

Wenige Spitzenköche führen so viele Restaurants parallel wie Zwei-Sterne-Koch Tim Raue. Mit seinem Hauptrestaurant „Tim Raue" in Berlin hat er einen klar asiatischen Schwerpunkt. Durch das Projekt „La Soupe Populaire" hat er maßgeblich dazu beigetragen, dass Klassiker wieder in aller Munde sind. Ganz vorn mit dabei: seine legendären Königsberger Klopse. Was macht diese Fleischklopse eigentlich so besonders?

Nachgefragt: Wie kocht man die perfekten Königsberger Klopse?

Das weiß ich nicht! Das Wort „perfekt" ist schwierig – jeder muss beim Kochen seinen eigenen, individuellen Weg finden. Parameter, die für mich entscheidend sind, sind zum Beispiel Produktqualität und Aromatik. Und bei der Aromatik fängt es dann schon an. Die hat meines Erachtens viel mit Persönlichkeit zu tun. Je stärker und eindeutiger der Charakter, desto kräftiger gewürzt mag man das, was man isst. Das ist eine Erfahrung, die ich schon sehr häufig bei Menschen gemacht habe. Das heißt: Ob jemand ein stark gewürztes Essen als absolut genial oder als völlig überwürzt wahrnimmt, hat immer auch mit den persönlichen Eigenschaften und dem Charakter desjenigen zu tun, der am Tisch sitzt ... Ja, und dann ist der Zeitfaktor für mich auch entscheidend. Wenn etwas wirklich perfekt sein soll, komme ich nicht umhin, mir sehr viel Zeit für ein gutes Essen zu nehmen. Und dazu sind viele Menschen einfach nicht bereit.

KLINGT, ALS KÖNNTE ES SCHWIERIG WERDEN, SICH DEN PERFEKTEN KLOPSEN ZU NÄHERN ...

Na ja, das würde ich so auch nicht stehen lassen. Aber es kostet in jedem Fall Zeit. Und es wird immer eine Sache der Perspektive und des persönlichen Geschmacks bleiben. Als wir uns vor einigen Jahren intensiv mit diesem Klassiker für unser Restaurant „La Soupe Populaire" beschäftigt haben, war es auch ein langer Weg.

Ich habe damals erst ganz klassisch mit Schweineklopsen angefangen. Ich bin mit der Frage herangegangen, wie man dieses traditionelle Gericht auf höherem Niveau zubereiten kann, ohne ein erbsengroßes Geleepünktchen zu machen. Es sollten Klopse bleiben, keine Dekonstruktionen. Aber eben richtig gute Klopse. Klopse, die einen Nachhall im Mund haben und in Erinnerung bleiben. Wir sind dann recht schnell auf die Idee gekommen, Innereien mit reinzunehmen. Dadurch bekommt man unterschiedliche Texturen, einfach etwas mehr Spannung. Doch das allein reichte noch nicht. Die Mischung aus gutem Schweinefleisch, einigen Innereien und Schweinezunge war schon sehr gut, aber für das Niveau, das wir erreichen wollten, fehlte noch etwas Eleganz. Also haben wir, statt mit Schweinefleisch, angefangen, mit Kalbfleisch zu arbeiten.

Wir wussten auch: Wir brauchen Fett. Ohne Fett gibt es am Gaumen keinen Nachhall. Fett ist dafür da, dass sich Aromen lange halten – ein Geschmacksträger eben. Wir sind auf den Kalbskopf gekommen, Kalbszunge, Kalbsbries. Das allein ist schon als Basis wahnsinnig aufwendig: Bis du Bries verarbeiten kannst, musst du es wässern, die Haut runterpulen, das Bries pochieren und dann entsprechend weiterverarbeiten. Wir haben es über diesen langen, zeitaufwendigen Weg tatsächlich geschafft, Klopse zu machen, die fast 40 Sekunden am Gaumen bleiben. So ein Nachhall ist wirklich enorm.

VERMUTLICH SIEHT DER REST DES TELLERS NICHT WENIGER AUFWENDIG AUS?

Nein, natürlich nicht. Gute Küche hat immer mit Zeit zu tun, da gibt es aus meiner Sicht keine Kompromisse. Wir haben eine Kalbsjus angesetzt und mit einer Rieslingauslese von Dreissigacker verfeinert. Lange Reduzierzeiten sind ohnehin klar, das gehört zu einer guten Soße einfach dazu! Die Kartoffeln haben wir sehr nah am Klassiker gelassen – Kartoffelpüree eben. Nur haben wir auch hier reichlich Butter verwendet. Butter stellt den Eigengeschmack von Kartoffeln einfach noch mal viel besser heraus.

UND DANN GIBT ES NOCH ROTE BETE, ODER?

Ja, das ist hier sehr typisch für die Region rund um Berlin und Brandenburg. Klassisch wird sie süßsauer eingelegt. Das haben wir auch gemacht, allerdings habe ich hier noch meine asiatische Welt einbringen können. Wir haben die Rote Bete nicht einfach mit Essig gesäuert und eingelegt, sondern eine gezielt zusammengesetzte Marinade erstellt, in der wir die Bete vakuumiert und dann gegart haben. Es ist eine Kombination aus Himbeeressig, Johannisbeergelee, eingelegten Jalapeño-Chilischoten und thailändischen Kaffirlimettenblättern. Dieses Säure-Süße-Schärfe-Spiel passt sehr gut zu dem sonst sehr cremigen und fettigen Gericht.

Was wir dann noch gemacht haben, waren die Brösel. Offenbar war meine Oma aber die Einzige, die das so zubereitet hat. Viele kennen es nicht so, wir haben das aber übernommen, weil es absolut Sinn macht: So hat man noch ein knuspriges Element. Meine Oma hat damals frisches Brot genommen, das sie in Butterschmalz gebraten hat. Wir nehmen heute Pankomehl, das wir anrösten – das gibt ein schönes crunchiges Element.

WAS HAT SIE AN KÖNIGSBERGER KLOPSEN SO BEGEISTERT?

Es war immer eines der wenigen Gerichte, die ich von zu Hause kenne, die nicht so gradlinig sind. Es ist nicht alles nur warm, alles nur weich und alles nur eine homogene Masse. Man hat durch die Rote Bete und die Brösel verschiedene Temperaturen und Konsistenzen und vor allem diese spannenden Kontraste aus Süße, Säure und Schärfe. Wir servieren die Rote Bete zum Beispiel ganz bewusst sehr kalt.

AUCH WENN SIE KEINE KOMPROMISSE MÖGEN: GIBT ES TROTZDEM EINE MÖGLICHKEIT, EINE ALLTAGSTAUGLICHE VARIANTE IHRES REZEPTS ZU KOCHEN?

Entweder versucht man, über den Metzger an gutes Kalbfleisch zu kommen, oder man nimmt gutes Schweinefleisch. Ich würde empfehlen, nicht nur das klassische Schweinehackfleisch zu nehmen, das sind meist nicht die besten Stücke. Besseres Fleisch hat man, wenn man sich ein schönes Stück Schweinerücken wolfen lässt, das steigert die Produktqualität schon enorm. Außerdem würde ich es zu 20 Prozent mit gepökelter Schweinezunge mischen, das gibt ein wirklich herausragendes Fleischaroma.

Bei der Roten Bete ist es wichtig, dass man sie erst weich kocht, dann dünn aufhobelt und mariniert. Man kann für die Süße auch Apfelgelee oder Apfelkompott verwenden. Als Schärfelieferant funktioniert auch Wasabi oder Meerrettich. Ein ganz wichtiger Tipp noch für die Soße: Ich würde die Klopse nicht einfach in Wasser kochen. Schon für diesen ersten Schritt würde ich einen guten Fond verwenden, der ja später auch die Basis für die Soße bildet. So bekommt man automatisch sehr viel mehr Geschmack und Intensität in die Soße!

KÖNIGSBERGER KLOPSE

mit Rote-Bete-Salat und Püree

Soulfood. Es gibt wohl kein besseres Wort, um dieses Wohlfühlessen zu beschreiben. Die cremigen Fleischklopse, das buttrige Kartoffelpüree und die süßlich scharfe Rote Bete sind nicht nur ein absoluter Klassiker, sondern in dieser Variante auch ein Sonntagsessen vom Feinsten.

Zutaten

FÜR 4 PERSONEN ALS HAUPTSPEISE

Für den Rote-Bete-Salat

Salz
600 g Rote Bete
1 großer Apfel (z. B. Pink Lady)
50 g Johannisbeergelee
50 g Himbeeressig
3 EL grüner Tabasco
weißer Pfeffer

Für das Kartoffelpüree

600 g mehligkochende Kartoffeln
150 g Sahne
150 ml Milch
80 g gesalzene Butter

Für die Fleischklopse

750 g Schweinehackfleisch
6 EL süßer Senf
2 EL scharfer Senf
3 Eigelb
50 ml Milch
150 g frisch geriebenes Weißbrot
½ rote Zwiebel
1 EL Butter
50 g feinste Kapern
20 g Kerbel
Salz

Für den Sud und die Soße

1 Liter Geflügelfond
375 ml Rieslingauslese von Jochen Dreissigacker
150 g Sahne
100 g Butter
Mondamin fix hell oder Maisstärke

Zubereitung

1.

Die Roten Beten waschen, putzen und mit der Schale im kochenden Salzwasser (je nach Größe) 1–2 Stunden garen, dann abkühlen lassen. Die Knollen schälen und wahlweise dünn hobeln oder würfeln. Den Apfel in feine Scheiben oder Würfel schneiden und mit den Beten vermengen. Das Johannisbeergelee kurz aufkochen, abkühlen lassen und mit Himbeeressig, grünem Tabasco und etwas weißem Pfeffer glatt rühren. Die Marinade unter den Rote-Bete-Apfel-Mix geben, mit Salz abschmecken und mindestens 4 Stunden im Kühlschrank ziehen lassen.

2.

Für das Püree die Kartoffeln waschen, schälen, würfeln, mit etwas Salzwasser aufsetzen und in 15 Minuten weich kochen lassen. Das Kochwasser abgießen, die Kartoffelwürfel durch die Presse drücken. Sahne und Milch aufkochen, den Kartoffelschnee unterheben. Das Püree mit der gesalzenen Butter abschmecken.

3.

Für die Klopse Hackfleisch, Senf und Eigelbe vermengen. In einer separaten Schüssel Milch und Weißbrot verrühren, dann unter die Fleischmasse kneten. Die Zwiebel fein würfeln und in der aufgeschäumten Butter glasig dünsten. Die Hitze reduzieren, die Zwiebel in 5 Minuten weich dünsten. Mit den Kapern und den gewaschenen, fein geschnittenen Kerbelblättern unter die Masse heben. Salzen. Etwa 12 Klopse formen.

4.
Für den Sud Geflügelfond und Weißwein aufkochen, die Klopse portionsweise hineingeben. Die Temperatur senken, die Fleischklopse je 7 Minuten im heißen Sud gar ziehen lassen. Dabei verdichtet sich der Sud, der jetzt für die Soße genutzt wird: Den Sud durch ein Haarsieb passieren, die Klopse währenddessen abgedeckt warm halten. Den Sud mit Sahne aufkochen und mit etwas Speisestärke zur gewünschten Konsistenz abbinden. Die Soße nun nicht mehr kochen, nur noch mit der gesalzenen Butter verfeinern und abschmecken.

5.
Die Königsberger Klopse mit der Soße, dem Kartoffelpüree und dem kalten Rote-Bete-Salat servieren.

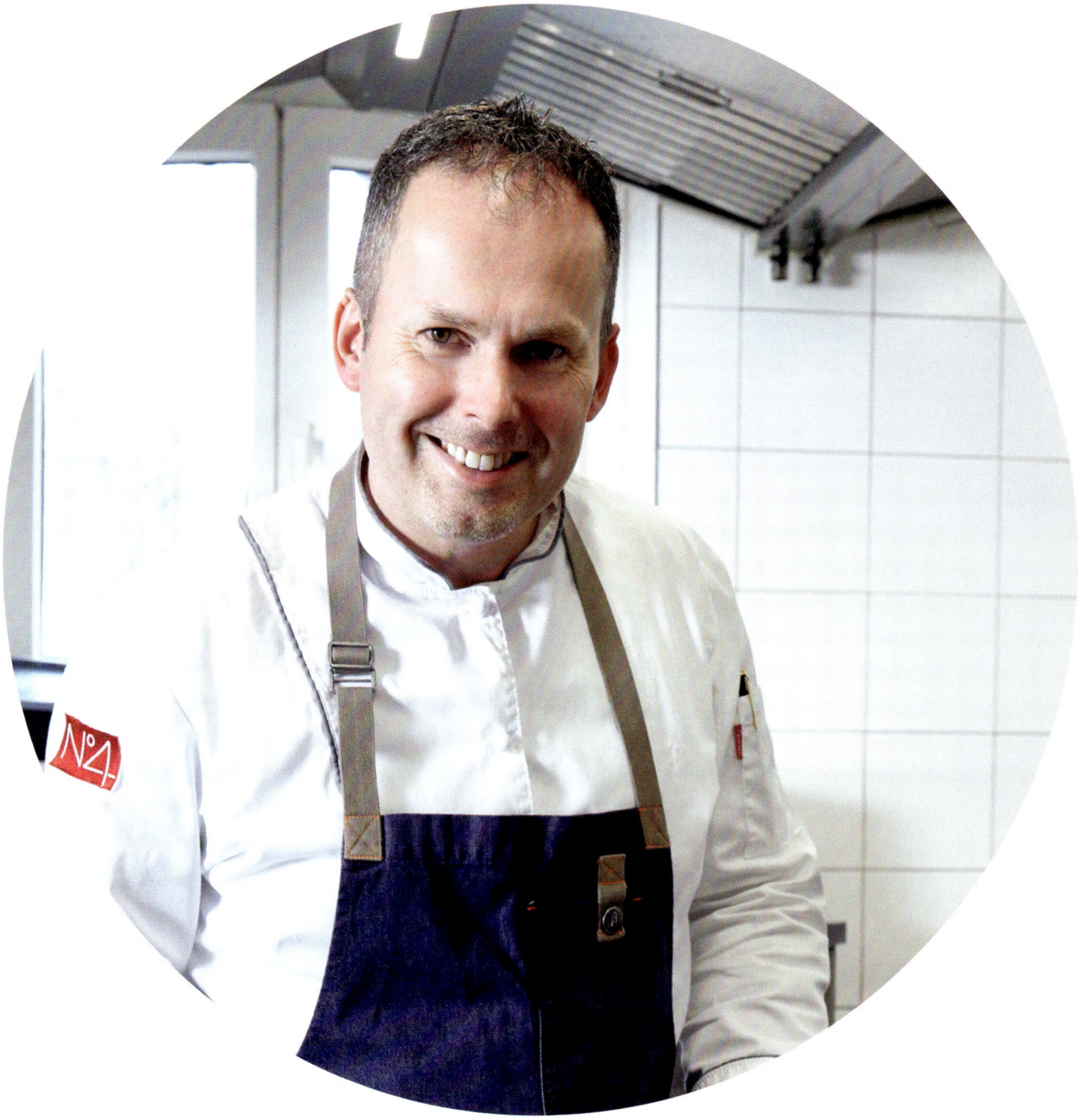
N°4

„WIE GEHT DIE PERFEKTE SOSSE, JENS RITTMEYER?"

Ein Teller ohne Soße? „Ohne Soße kein Vergnügen", sagt Jens Rittmeyer. Und: keine Soße ohne Liebe, Leidenschaft und richtig viel Zeit. Der Sternekoch aus dem Restaurant „No. 4" in Buxtehude bei Hamburg hat ein großes Herz für gute Soßen. Das Tolle: Er verrät sogar, wie zu Hause getrickst werden darf ...

Nachgefragt: Wie geht die perfekte Soße?

Das ist eine wirklich schwierige Frage! Vor allem deshalb, weil sie sich nicht in ein paar Sätzen beantworten lässt. Es ist einfach so, dass eine perfekte Soße richtig viel Zeit braucht – richtig, richtig viel Zeit! Weitere Hauptzutaten sind Liebe und Leidenschaft. Da kommt es tatsächlich drauf an! Eine komplett selbst gekochte Soße ist nichts für mal eben nebenbei. Auch wenn diese Antwort jetzt nicht jedem gefallen mag – es ist einfach so. Für eine dunkle Kalbsjus können wir gut und gern zweieinhalb Arbeitstage einplanen …

DAS IST ORDENTLICH …

So ist es. Und wenn ich mir dann vorstelle, dass jemand zu Hause im Ofen Kalbs- oder Rinderknochen röstet, so wie wir es hier im Restaurant für jede dunkle Soße machen … na ja, das ist schon eine ordentliche Sauerei … (lacht)

GIBT ES EINEN TRICK, DEN WEG ZU HAUSE ABZUKÜRZEN?

Klar, das kann man schon machen – auch wenn ich grundsätzlich immer sagen würde, dass es sich lohnt, einen eigenen Geflügelfond, Wurzelgemüsefond oder Rinderfond zu kochen, je nachdem, was für eine Soße man haben möchte. Aber im Alltag fehlt dazu natürlich meist die Zeit – und manchmal auch der Platz. Wer die komplette Geschichte mit Knochenrösten, Einkochen, Reduzieren, Soße-reifen-Lassen und Kühlen zu Hause machen möchte, der braucht auch einfach etwas mehr Raum. Eine kleine WG-Küche könnte da schon etwas knapp werden.

DAS HEISST, MAN DARF SICH EINEN GUTEN FOND DURCHAUS AUCH KAUFEN?

Ja, das geht auf jeden Fall. Man sollte eben darauf achten, dass es ein guter ist. Aber dann kann man das schon machen. Man kann sich bei noch weniger Zeit auch eine fertige Jus kaufen, die man dann zu Hause veredelt – auch das ist eine Option.

DAS KLINGT SPANNEND! ERZÄHL MAL!

Ich würde eine Handvoll Schalotten nehmen, sie fein würfeln und in schaumiger Butter glasig anschwitzen. Dann gebe ich ein paar Kalbsabschnitte dazu, röste beides bei hoher Temperatur, sodass es wirklich brät und nicht kocht. Dann nehme ich eine Mischung aus Weißwein, Madeira und Sherry und lasse alles offen einköcheln. Dafür muss gar nicht viel Hitze im Spiel sein. Besser ist es, wenn die Temperatur gerade unter dem Siedepunkt ist. Die Flüssigkeiten sollten mindestens zur Hälfte reduziert sein. Dann gieße ich meine gekaufte Jus an und lasse beides noch einige Minuten offen köcheln, sodass sich der Ansatz mit der Jus verbindet.

Eine perfekte Soße braucht viel Zeit – richtig, richtig viel Zeit! Weitere Hauptzutaten sind Liebe und Leidenschaft.

Und wenn man mag, gibt man der Kalbsjus jetzt durch einige Zweige Thymian, Rosmarin oder auch Gewürze wie Zimt, Nelke oder Wacholder eine individuelle Note. Einfach die Gewürze eine Zeit lang in der fertigen Jus ziehen lassen, wieder rausnehmen und abschmecken. Da hat man dann auch eine ziemlich gute Soße!

UND WENN ES EINE HELLE SOSSE WERDEN SOLL?

Dann haben wir es per se deutlich einfacher und schneller! Eine meiner Lieblingssoßen ist eine Zitronenthymian-Soße. Die passt zu Geflügel, zu Fisch, zu Gemüse, zu Pasta – und sie ist absolut alltagstauglich!

DANN BRAUCHEN WIR DAS REZEPT!

Man würfelt ein paar Zwiebeln und schwitzt sie in Butter glasig an. Dann löscht man mit trockenem Weißwein ab. Aber nicht nur ein bisschen; da braucht man schon eine ordentliche Menge Weißwein! Mindestens auf die Hälfte einkochen lassen – wer mag, gibt auch noch etwas Noilly Prat mit dazu, das ist auch sehr schön.

Der Wein muss mindestens auf die Hälfte reduziert sein, dann gießt man einen Geflügelfond an. Auch der wird dann wieder auf die Hälfte reduziert. Nun kommt Sahne dazu, alles wird einmal aufgekocht und sofort passiert. So bleibt die Farbe schön hell, und die Zwiebeln färben unsere Soße gar nicht erst ein. Nun wird die Soße noch mit Butter und eventuell etwas Maisstärke bis zur gewünschten Konsistenz gebunden.

UND WANN KOMMT DER ZITRONENTHYMIAN DAZU?

Jetzt ganz zum Schluss! Man nimmt einen dicken Bund gewaschenen Zitronenthymian, gibt ihn in die Soße und lässt ihn 40 Minuten darin ziehen. Nach dem Ziehen noch mal passieren – fertig ist die selbst gemachte Zitronenthymian-Soße!

KLINGT SUPER! BLEIBT NOCH DIE FRAGE NACH EINER REIN VEGETARISCHEN SOSSE …

Man setzt einen Wurzelgemüsefond aus Zwiebeln, Staudensellerie, Knollensellerie und Fenchel an. Senfsaat, Lorbeer und vielleicht ein paar Fenchelsamen dazu, Weißwein und Noilly Prat angießen, mit Wasser auffüllen, einmal aufkochen und dann mehrere Stunden am Siedepunkt köcheln lassen. Das Gemüse muss richtig gut auslaugen. Dann den Fond passieren, ihn leicht mit etwas Maisstärke binden und ein Kräuteröl herstellen. Dazu das Öl auf 60 bis 70 Grad erhitzen und mit frischen Kräutern fein mixen.

Basilikum ist toll für eine Basilikumsoße, man kann aber auch einen Mix aus Minze, Basilikum und Koriander nehmen. Dann mixt man den Fond mit dem Kräuteröl auf – nicht mehr kochen! – und hat eine tolle Soße zu Gemüse oder Pasta. Und wer sie kalt mit etwas Essig abschmeckt, der hat gleich noch eine tolle Vinaigrette!

GEMÜSESPAGHETTI
in Zitronenthymian-Soße

Eine wunderbare Alternative zur Tomatensoße: Die cremige und doch frühlingsfrische Zitronenthymian-Soße passt perfekt zu dieser Mischung aus „echten" Nudeln und den gemüsigen Spaghetti aus Möhren und Zucchini. Wer mag, brät noch ein Lachsfilet oder ein paar Scampis dazu!

Zutaten

FÜR 4 PERSONEN ALS HAUPTSPEISE

Für die Zitronenthymian-Soße

5 weiße Zwiebeln

2 EL Butter · 1 Lorbeerblatt

300 ml Weißwein

70 ml Noilly Prat

700 ml Geflügelfond

100 g Sahne

Salz · weißer Pfeffer

5 Zweige Zitronenthymian

2–3 EL Butter

Für die Gemüsenudeln

2 Schalotten, fein gewürfelt

2 EL Butter · 500 g Möhren

500 g Zucchini · Salz

300 g Spaghetti

Zum Abschmecken und Abrunden

Salz · Pfeffer

50 g Parmesan

Zubereitung

1.
Für die Zitronenthymian-Soße die Zwiebeln schälen und in Streifen schneiden. Die Butter in einem Topf auf mittlerer Stufe erhitzen und die Zwiebelstreifen darin zusammen mit dem Lorbeerblatt glasig dünsten. Mit Weißwein und Noilly Prat ablöschen und den Alkohol gut einkochen lassen. Den Fond angießen, wiederum reduzieren und erst jetzt die Sahne angießen und alles nach Geschmack mit Salz und Pfeffer würzen. Nun die Zitronenthymianzweige hineingeben und die Soße etwa 30 Minuten am Herdrand ziehen lassen. Nach Ablauf der Zeit durch ein sehr feines Sieb passieren, mit Butter verfeinern und gegebenenfalls nochmals nachwürzen.

2.
Für die Gemüsenudeln die Schalotten schälen und fein würfeln. Die Butter in einem Topf auf mittlerer Stufe erhitzen und die Schalottenwürfel in der warmen Butter in rund 5 Minuten glasig dünsten. Die Schalotten beiseitestellen.

3.
Die Möhren putzen, waschen, schälen und mithilfe eines Spiralschneiders zu Spaghetti verarbeiten. Die Zucchini ebenfalls putzen, waschen und zu Spaghetti verarbeiten. Die Möhren- und Zucchininudeln in eine Schüssel geben und leicht salzen.

4.
Einen großen Kochtopf mit Salzwasser aufsetzen, die Spaghetti darin 8 Minuten sprudelnd kochen und nach 8 Minuten die Gemüsenudeln zugeben. Weitere 3 Minuten mitkochen, dann das Kochwasser abgießen, die Nudeln gut abtropfen lassen und in dem Kochtopf mit der frisch zubereiteten Zitronenthymian-Soße vermengen.

5.
Alles mit Salz und Pfeffer abschmecken und mit frisch geriebenem Parmesan bestreut servieren.

Tipp
Soße aufbewahren

Die Soße lässt sich auch gut am Tag vorher zubereiten und im Kühlschrank aufbewahren.

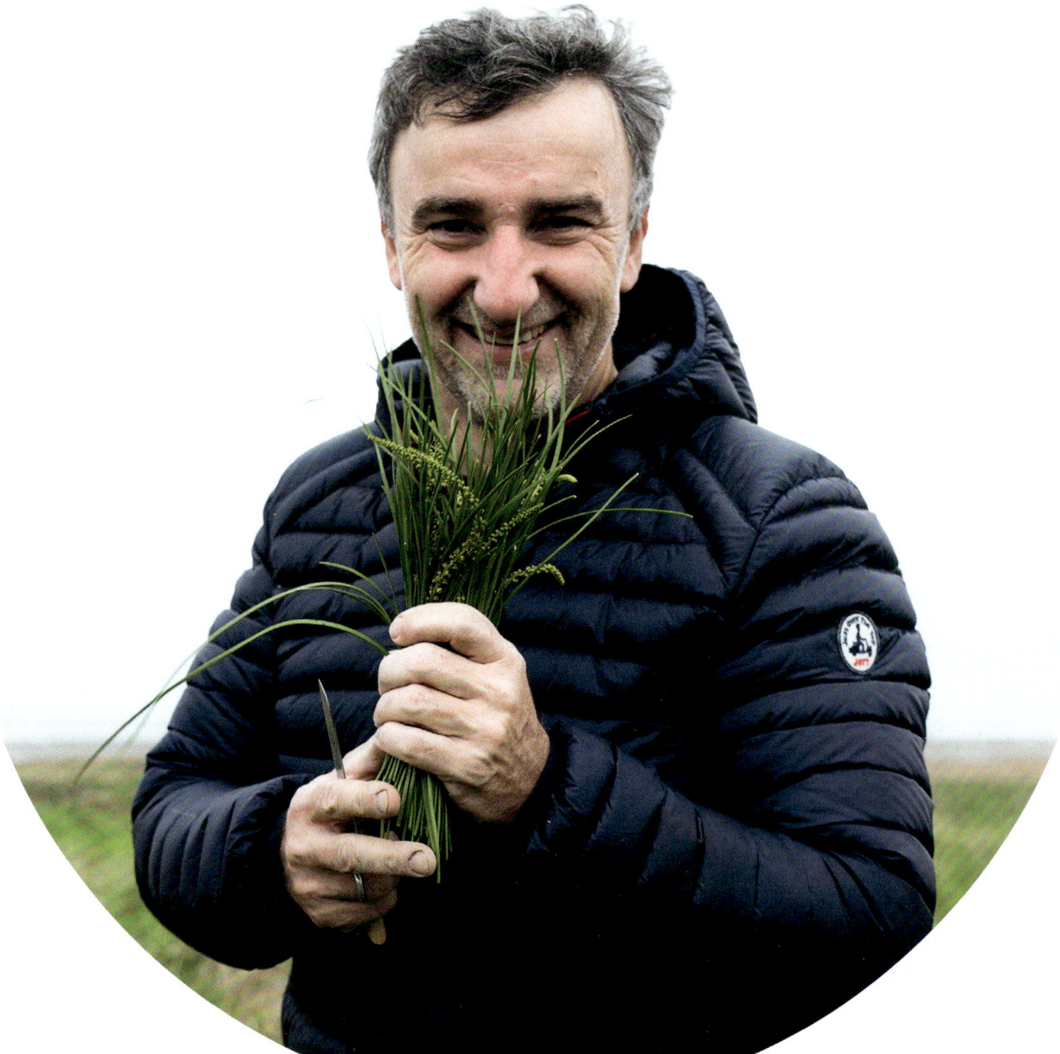

„WIE MACHT MAN FISCHSTÄBCHEN SELBER, JOHANNES KING?"

Wenn in seiner Küche Fischstäbchen brutzeln, dann kriegt er selbst auch immer welche ab – und zwar frisch aus der Pfanne! Zwei-Sterne-Koch Johannes King hat eine Schwäche für die kleinen, knusprig gebackenen Fischecken. Sie müssen nur gut gemacht sein.

Nachgefragt:
Wie macht man Fischstäbchen selber?

Fischstäbchen kann man wirklich auch in lecker machen! Das, was es da fertig zu kaufen gibt, das sind panierte Panzerplatten – so nenne ich das immer. Dabei braucht man gar nicht viel dazu, wenn man es mal richtig lecker haben möchte!

WAS SOLLTE MAN BEACHTEN?

Das Wichtigste ist die Panade! Auf keinen Fall darf man die feine Bäckerpanade nehmen, diese durchgemahlenen Brötchen oder das fertig gekaufte Paniermehl. Man muss Panade raspeln, sodass man Brotchips hat. Denn wenn man eine Panade mal unter einer Lupe angucken würde, dann sind das alles kleine, runde Kügelchen. Und wenn Sie die runden Kügelchen aneinanderpanieren, dann haben Sie eine Pressplatte. Wenn Sie aber Brotchips haben, dann liegen die kreuz und quer, ineinander und übereinander. Das ist viel luftiger, viel knuspriger, es wird viel schneller gar und es saugt viel weniger Fett auf! Das ist eigentlich das Entscheidende!

Dass man selbstverständlich guten Fisch nehmen muss, ist klar! Ich persönlich finde Kabeljau am besten, aber wer es mal so ein bisschen dekadenter mag, der kann auch Steinbutt nehmen. Heilbutt schmeckt ebenfalls fantastisch. Auch Wittling haben wir für Fischstäbchen schon genommen. Für zu Hause kann man aber sagen: Kabeljau eignet sich am besten!

Wir schneiden die Filets dann in zwei Finger dicke Balken, die nur minimal mit Salz und Pfeffer gewürzt werden. Dann braucht man nur ein Ei aufzuschlagen – bitte auch kein Mehl verwenden, das braucht es gar nicht, sondern nur aufgeschlagenes Vollei. Man wälzt die Fischstücke zuerst da durch und dann durch das geraspelte Brot. Die Brotchips ein wenig andrücken, und dann geht's weiter in die Pfanne: Die Fischstäbchen in geklärter Butter, also reinem Butterschmalz, fast schwimmend ausbacken. Das geht in 20, 30, höchstens 40 Sekunden. Und schon sind die Fischstäbchen fertig! Wenn man die Pfanne immer ein bisschen in Bewegung hält, sodass der Fisch nicht auf einer Seite festklebt, sodern sich auch dreht, wird es ringsherum wunderbar knusprig und der Fisch im Innern schön glasig. Anschließend den Fisch aus der Pfanne nehmen, sofort auf ein Stück Küchenkrepppapier legen, damit das überschüssige Fett gleich wieder aufgesogen wird.

Wichtig: Jetzt nehmen wir das beste Salz, das wir haben – grobes Meersalz –, und streuen davon ein bisschen drüber. Deswegen auch vorher bitte nur minimal würzen – lieber hinterher, nach dem Backen, etwas vom besten Salz obendrauf!

UND WENN MAN DIE STÜCKE BEIM ERSTEN MAL VIELLEICHT ETWAS ZU DICK GESCHNITTEN HAT UND SIE IM INNERN NICHT GANZ GAR SIND?

Dann sollte man sie einfach noch mal im Backofen so für 5 Minuten bei 140 Grad nachgaren lassen, das ist kein Problem!

WELCHE TEMPERATUR BRAUCHE ICH DENN ZUM AUSBACKEN?

Geklärte Butter verbrennt bei 180 Grad, und unter 160 Grad passiert da nichts. Deswegen ist 170 Grad eine perfekte Temperatur. Wir machen es so, dass wir eine

Pfanne nehmen und die geklärte Butter etwa ein bis zwei Zentimeter hoch hineingeben – also eine ordentliche Portion.

Am besten man nimmt ein kleines Stück Fisch zum Testen und gibt es ins Fett. Wenn es sofort knuspert, ist es genau richtig. Wenn es zu heiß ist, raucht es schon. Das merkt man, das ist unverkennbar. Und dann: Auf jeden Fall erst mal die Pfanne von der Platte ziehen und etwas abkühlen lassen, erst dann den Fisch hineingeben.

Ein Trick noch: Wenn ich den Fisch reingebe, kühlt das Fett automatisch leicht runter. Also am besten mit der Zugabe des Fisches die Hitze noch etwas anziehen, sodass die 170 Grad gehalten werden und die Temperatur nicht abfällt.

UND WAS GIBT'S DAZU?

Ich mag am liebsten grünen Salat dazu, einfach Feldsalat oder Kopfsalatherzen – fertig! Für mich ist aber auch der Dip noch sehr wichtig! Das kann in völlig unterschiedliche Richtungen gehen. Da kann man eine Gurkenremoulade machen, indem man ganz viel geschälte, entkernte und fein gewürfelte Salatgurke nimmt, sie unter eine Mayonnaise hebt und alles mit etwas Sauerrahm abschmeckt. Dann noch ein bisschen geraspelte Zitronenschale, Salz, Pfeffer, einen kleinen Spritzer Weißweinessig dazugeben, und schon hat man einen fantastischen Dip!

Wenn bei uns im „Söl'ring Hof" Fischstäbchen zubereitet werden – meistens dann, wenn Kinder da sind –, dann werden übrigens immer gleich vier gemacht: drei für das Kind und eins für mich! (lacht)

DAS HEISST: AUCH EIN STERNEKOCH MAG MAL WAS FRITTIERTES?!

Ja natürlich, wir frittieren häufiger mal! Das ist eine Grundzubereitungsart, die wir für viele Dinge verwenden. Unsere gebackenen Austern auf Champagnerkraut werden genauso wie die Fischstäbchen zubereitet, auch mit dem geraspelten Brot. Das ist unschlagbar gut und hat – wenn man es mit der geklärten Butter so in der Pfanne macht – nichts mit einer Fritteuse zu tun! Frittieren ist nicht gleich Frittieren … Das fängt schon beim Grundprodukt an: Butterschmalz ist einfach um zehn Klassen besser als alles, was Sie sonst zum Frittieren kaufen. Butterschmalz hat Aroma, es ist nussig und hat einen tollen Eigengeschmack.

WELCHES BROT EMPFEHLEN SIE DENN FÜR DIE PANADE?

Trockenes Baguette finde ich am besten! Dann hat man außenrum die Röstkrumen und innen das Helle. Die Mischung finde ich am besten!

Ich würde immer eine Raspel mit der groben Reibe nehmen und das ganz Feine etwas aussieben und das ganz Grobe noch mal durch die Hand quetschen, sodass es nicht zu grob ist. So hat man eine Mischung aus feinen und gröberen Stücken. Und wenn die Zeit dann doch mal knapp ist, nimmt man Pankomehl, das funktioniert ebenfalls sehr gut!

FISCHSTÄBCHEN
hausgemacht

Der Kindheitsklassiker in richtig gut. Doch seien Sie gewarnt: Selbst gemachte Fischstäbchen machen süchtig – unabhängig davon, wie jung oder alt man ist. Am allerbesten schmecken sie, wenn sie, kross gebacken, direkt aus der Pfanne auf dem Teller landen!

Zutaten

FÜR 4 PERSONEN ALS HAUPTSPEISE

4 Kabeljaufilets
(je etwa 150–200 g)

1 Baguette (2 Tage alt)

2 Eier

Meersalz

schwarzer Pfeffer

250 g Butterschmalz

Zubereitung

1.
Die Kabeljaufilets etwa 20 Minuten vor der Zubereitung aus dem Kühlschrank nehmen und temperieren lassen. In der Zwischenzeit das Baguette auf einer groben Reibe raspeln. Die kleinen Brotchips in einem tiefen Teller zum Panieren bereitstellen. Die Eier mit einem Schneebesen gut verquirlen und ebenfalls in einem tiefen Teller bereitstellen.

2.
Aus den Kabeljaufilets knapp zweifingerdicke Balken schneiden, leicht salzen und pfeffern. Die Fischstäbchen nun jeweils erst im Ei wenden und anschließend in den Brotchips wälzen und die Panade leicht mit den Fingern andrücken.

3.
Die Fischstäbchen auf einem Teller vorbereiten und 250 g Butterschmalz in einer tiefen Pfanne erhitzen. Die optimale Temperatur zum Ausbacken der Fischstäbchen ist 170 °C. Wer kein Thermometer zur Hand hat, nimmt einfach eine kleine Ecke vom Fisch, hält sie in das heiße Fett und testet: Steigen kleine Bläschen auf, ist die Temperatur ideal. Steigt Rauch auf, ist sie zu hoch – in diesem Fall die Pfanne von der Platte nehmen und etwas runterkühlen.

4.
Die Fischstäbchen nacheinander (meist passen 5–8 Fischstäbchen zusammen in die Pfanne) im heißen Butterschmalz ausbacken und die Pfanne dabei immer in Bewegung halten, sodass die Fischstäbchen nicht am Pfannenboden ankleben. Die Fischstäbchen etwa 20–40 Sekunden (je nach Dicke der Filetstücke) im heißen Fett ausbacken, dann direkt auf einen mit Küchenkrepp belegten Teller geben, sodass sich das überschüssige Fett absetzt.

5.
Die warmen Fischstäbchen mit etwas Meersalz bestreuen und zu grünem Salat und einem Gurken-Sauerrahm-Dip (siehe Tipp) servieren.

Tipp

Gurken-Sauerrahm-Dip

1 Salatgurke schälen, entkernen, sehr fein würfeln. Die Würfel in einer Schüssel mit 200 g Sauerrahm, 2 EL Mayonnaise, 1 Msp. abgeriebener Bio-Zitronenschale, ¼ TL Weißweinessig sowie etwas Salz und Pfeffer abschmecken.

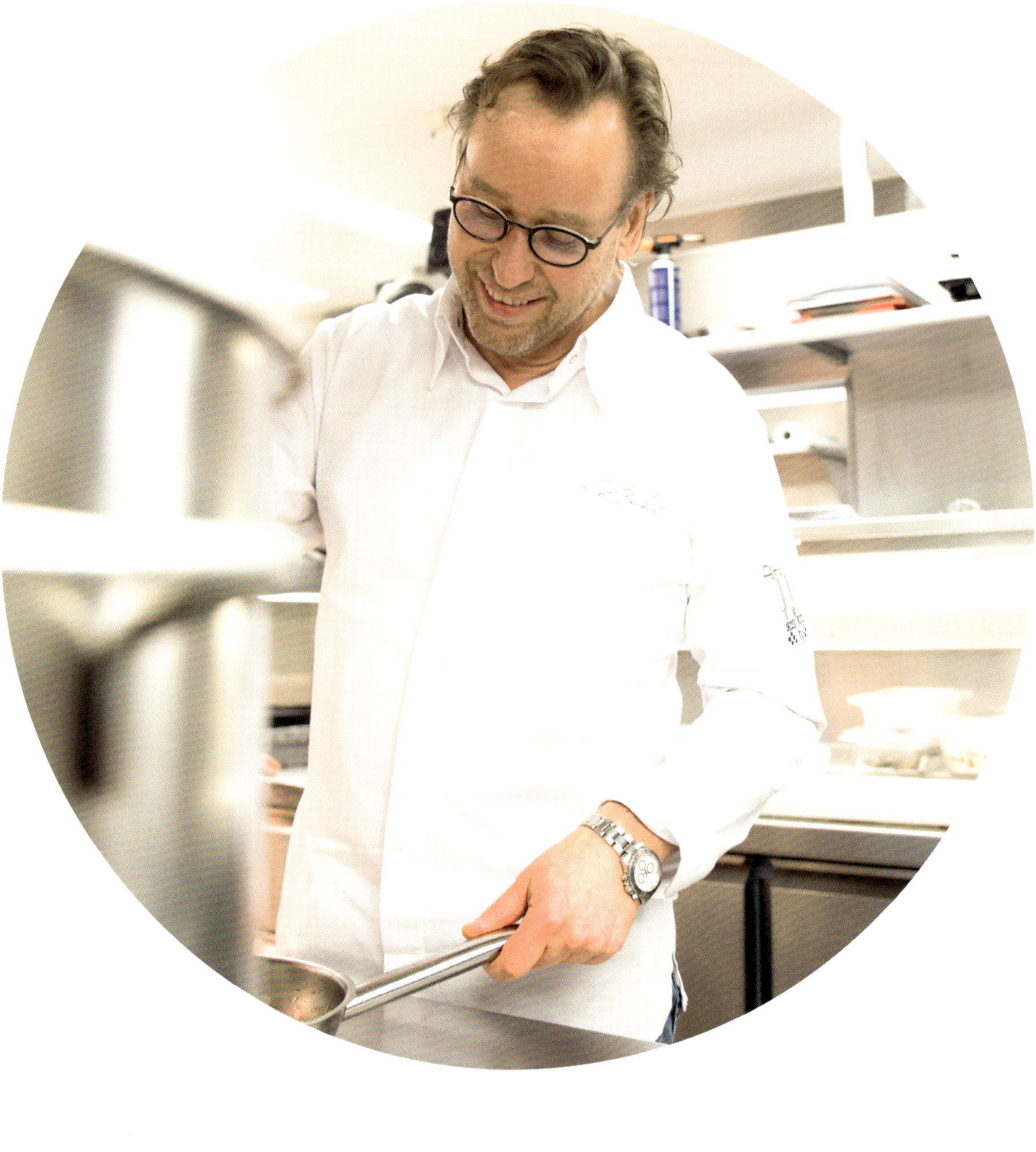

„WIE BEREITET MAN FISCH PERFEKT ZU, THOMAS BÜHNER?"

Braten, dünsten, confieren – oder gleich roh essen? Welche Zubereitungsmethode für welchen Fisch perfekt ist, das muss er wissen: Drei-Sterne-Koch Thomas Bühner hat jeden Abend am Fischposten (als „Poissonnier") in der Küche des Osnabrücker „la vie" gestanden und Loup de Mer, Steinbutt, Rotbarbe & Co. auf den Punkt zubereitet. Spannend: Es sind nicht zwingend die Edelfische, die am besten schmecken ...

? Nachgefragt: Wie bereitet man Fisch perfekt zu?

Der perfekte Fisch hängt natürlich in erster Linie von der Frische ab. Aus einem schlechten Produkt kann man nichts Gutes machen, die Geschichte ist sehr schnell erzählt. Aber natürlich ist die Verarbeitungsqualität auch ein Riesenthema.

Wir haben im „la vie" bei den Vorbereitungen immer sehr gute Erfahrungen gemacht, wenn wir den Fisch einmal für zehn Minuten eingesalzen haben, ihn dann abgewaschen und gut trocken getupft haben. Wenn ich ihn im Kühlschrank lagern muss, dann ist es günstig, wenn ich den Bakterien schon mal die Nahrungsgrundlage entzogen haben. Das ist also ein guter Trick, bevor ich den Fisch überhaupt zur kurzen Lagerung in den Kühlschrank lege. Auf einer trockenen Oberfläche haben Bakterien einfach ein deutlich schwereres Spiel.

Es müssen übrigens auch nicht immer Edelfische sein. Es gibt Orte auf der Welt, da ist der Steinbutt sicher nicht der beste Fisch. Da ist vielleicht die Forelle viel besser, weil sie frisch aus dem klaren Wasser kommt.

Ich bin ein großer Freund davon, immer zu schauen, wo man gerade ist und was es dort in bester Qualität gibt. Terroir ist wirklich ein so wichtiges Thema, das wird oft vergessen. Man kann nicht pauschal von „dem besten Produkt" sprechen. Das hat immer auch damit zu tun, wo man gerade ist, wo man kochen möchte.

Was man sich für Fisch allerdings merken kann: Je kälter das Wasser, desto besser der Fisch. Diese Regel gilt weltweit. Wenn das Wasser zu warm ist, leidet der Fisch. Es hatte deshalb in den Siebzigerjahren schon seinen Grund, dass man einen Karpfen, der Silvester in der Badewanne schwimmen musste, erst noch mal ordentlich durchgespült hat … (lacht)

WIE STARTEN WIR MIT DER ZUBEREITUNG?

Erst mal: Ich würde mir den Fisch immer vom Fachmann vorbereiten lassen. Fischschuppen haben durchaus ähnliche Eigenschaften wie Pattex; die möchte man zu Hause einfach nicht von der Küchenwand kratzen müssen. Einmal fachgerecht vorbereiten lassen – fertig.

Der Fisch sollte trocken und abgedeckt im Kühlschrank gelagert werden. Und dann gilt, wie beim Fleisch eben auch: Den Fisch niemals kühlschrankkalt verarbeiten! Je nach der Dicke des Fisches sollte er 30 bis 60 Minuten vor der Zubereitung aus dem Kühlschrank genommen werden, damit er langsam temperiert. Das schont die Zellstruktur des Fisches und hat dann auch deutlich spürbare Auswirkungen auf das Ergebnis.

Ich salze Fisch witzigerweise immer vor der Zubereitung. Bei Fleisch rate ich ja immer davon ab. Warum das bei Fisch anders ist, kann ich gar nicht sagen – ich habe einfach das Gefühl, dass es besser schmeckt, wenn man den Fisch vor dem Garen salzt!

HAST DU EINE LIEBSTE ZUBEREITUNGSART?

Nein, das kann man so nicht sagen. Das kommt immer darauf an, welchen Fisch ich gerade habe. Wenn der Fisch eine Haut hat, die lecker sein könnte, dann mag ich den Fisch gern mit der Haut gebraten. Also Loup de

Mer oder Rotbarbe zum Beispiel. Wenn der Fisch mit der Haut gebraten wird, dann gilt: Grundsätzlich mit der Hautseite zuerst anbraten. Und die Hautseite liegt immer oben, wenn der Fisch serviert wird.

Ich würde allerdings empfehlen, die Haut immer vor dem Braten runterzuschneiden, sie separat bei starker Hitze knusprig zu braten und den Fisch bei niedriger Hitze schonend zu braten. So ist man immer auf der sicheren Seite und kann beides anschließend wieder zusammenfügen.

Der Fisch sollte trocken und abgedeckt im Kühlschrank gelagert werden. Den Fisch niemals kühlschrankkalt verarbeiten!

Für gebratenen Fisch würde ich immer Butter nehmen und dann – das ist ein schöner Trick! – noch etwas flüssige Sahne zugeben. Die ersetzt quasi das Mehl, das man früher an weißen Fisch gegeben hat. Mehl besteht aus Stärke, die im Prinzip nur die Aufgabe hat, Röstaromen an den Fisch zu geben. Klarer Nachteil: Mehl und Feuchtigkeit ergeben eine eher unschöne, matschige Mischung, die wir vermeiden sollten. Also geben wir zu dem Fisch, den wir in die schaumige Butter legen, ein, zwei Löffel Sahne. Die enthält Milchzucker, der karamelisiert und sorgt so auch für schöne Röstaromen – ohne einen matschigen Brei zu hinterlassen.

GUTER TRICK! WIE FUNKTIONIERT NOCH GLEICH DIE ZUBEREITUNG MIT DEM GEWÜRZÖL?

Das ist auch eine schöne Sache für feste, weiße Fische. Wir nehmen da gern eine Mischung aus Sonnenblumen- und Olivenöl, erhitzen das Öl auf 55 Grad und geben Zitronengras, Ingwer, Szechuan-Pfeffer, Kardamom und etwas Safran zu, um das Öl über Nacht zu aromatisieren. Dann passiert man das Öl, erwärmt es wieder auf 55 Grad, gibt den gesalzenen Fisch rein und hält dabei die Temperatur. Das geht jetzt irre schnell, weil der Fisch ja von beiden Seiten die Temperatur bekommt und nicht nur von einer wie in der Pfanne. Manche Stücke können schon nach einer Minute perfekt glasig sein. Und das Beste: Sie schmecken wunderbar nach den Gewürzen, mit denen man das Öl vorher aromatisiert hat.

PERFEKT FÜR GÄSTE, ODER?

Absolut! Die Geschichte lässt sich wirklich gut vorbereiten. Man kann Kabeljau nehmen, Rotbarsch oder auch Rotbarbe – das funktioniert alles wunderbar! Oder man nimmt Scampis. Dann mischt man Butter mit Limone, erwärmt sie und lässt die Scampis darin bei 55 Grad garen.

KLINGT NACH HÜFTGOLD …?

Nee, gar nicht! Der Fisch nimmt das Fett bei den geringen Temperaturen gar nicht auf. Man nimmt Öl oder Butter, weil Fett die Temperatur deutlich konstanter hält als Wasser. Außerdem gibt es dem Fisch ganz nebenbei ein wunderbares Aroma. Eine Soße braucht da kein Mensch mehr!

FISCHFILETS
in aromatischem Gewürzöl

Es haben sich Gäste angekündigt? Dann ist dieses Rezept genial: Am Abend zuvor bereiten Sie das Gewürzöl zu. Nachts zieht es durch und nimmt die herrlichen Aromen von Ingwer, Zitronengras & Co. an. Am nächsten Tag geht der Fisch bei 55 Grad baden: Ruckzuck ist er perfekt gegart und wartet auf seinen Auftritt!

Zutaten

FÜR 4 PERSONEN

750 ml Sonnenblumenöl

750 ml Olivenöl

1 daumengroßes Stück Ingwer

2 Stangen Zitronengras

¼ Bio-Orange

¼ Bio-Zitrone

3 EL Szechuan-Pfeffer

5–6 Sternanis

1 Msp. Safranpulver

600 g Fischfilet (z. B. Rotbarsch)

Salz

Zubereitung

1.
Sonnenblumenöl und Olivenöl in einem großen Topf verrühren und auf dem Herd leicht erhitzen (auf etwa 55°C) – am besten mit einem Kernthermometer arbeiten.

2.
Den Ingwer schälen und in dünne Scheiben schneiden. Die Zitronengrasstangen andrücken, sodass sie sich leicht öffnen und die Aromen besser entweichen können. Orange und Zitrone heiß waschen, trocken tupfen und die Schale in dünnen Streifen abschneiden (den Saft anderweitig verwenden). Ingwerscheiben, angedrückte Zitronengrasstangen, Orangen- und Zitronenschale sowie Szechuan-Pfeffer, Sternanis und Safran in das warme Öl geben. Die Platte abschalten und das Öl mit den Zutaten über Nacht abkühlen und ziehen lassen.

3.
Das Öl am nächsten Tag passieren (so haften die Gewürze nicht am Fisch) und im Topf wieder auf 55°C erhitzen. Die Fischfilets 30 Minuten vor der Zubereitung aus dem Kühlschrank nehmen, gegebenenfalls entgräten und auf beiden Seiten salzen. Sobald das Gewürzöl eine Temperatur von 55°C erreicht hat, die Fischfilets hineinlegen und je nach Dicke 4–8 Minuten darin ziehen lassen. Am besten mit einem Kernthermometer kontrollieren, wie schnell der Fisch gart: Er sollte im Innern 55°C warm sein, wenn er serviert wird.

4.
Die Fischfilets zusammen mit frischem Pfannengemüse, Kartoffelecken und/oder grünem Salat servieren.

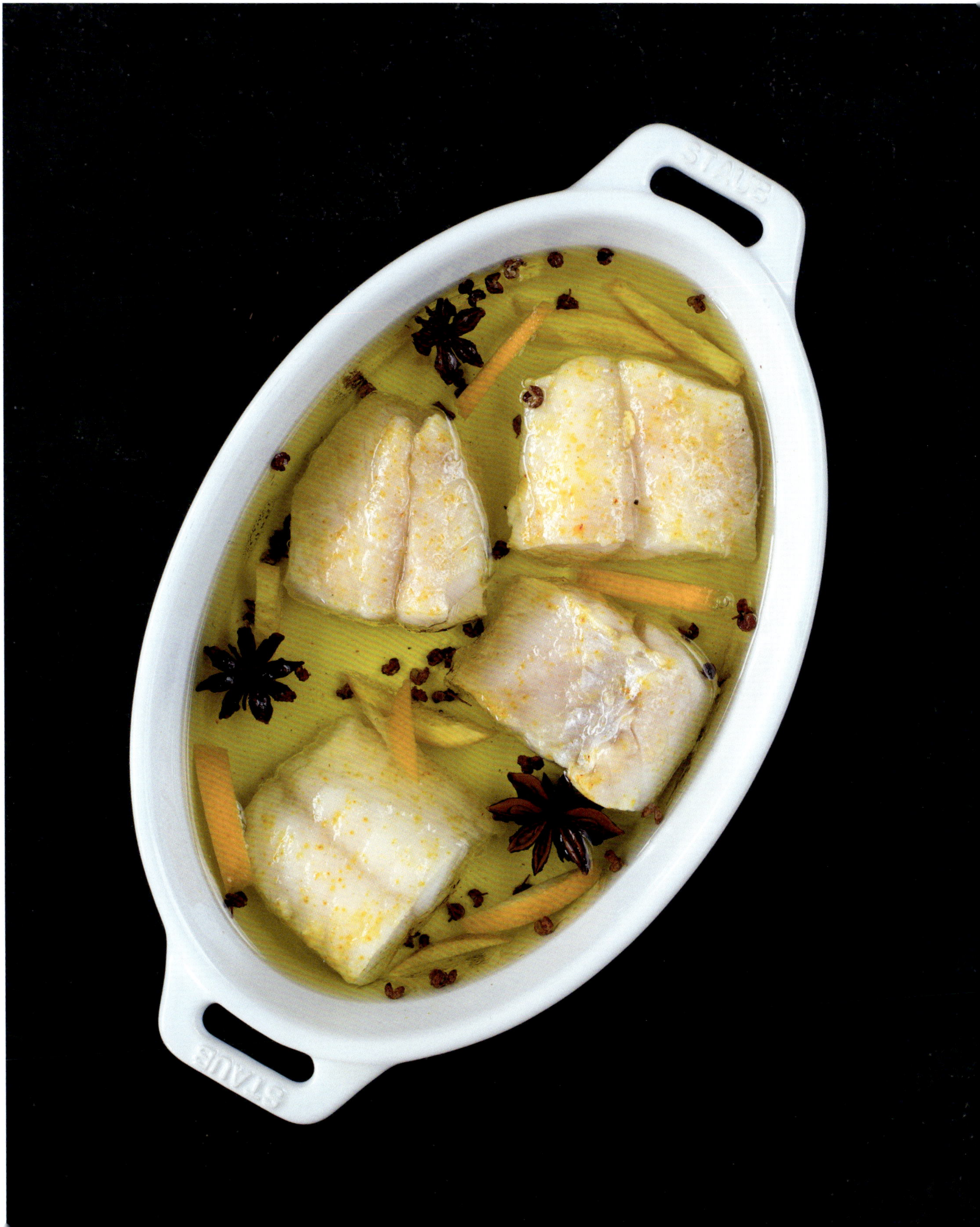
STAUB
STAUB

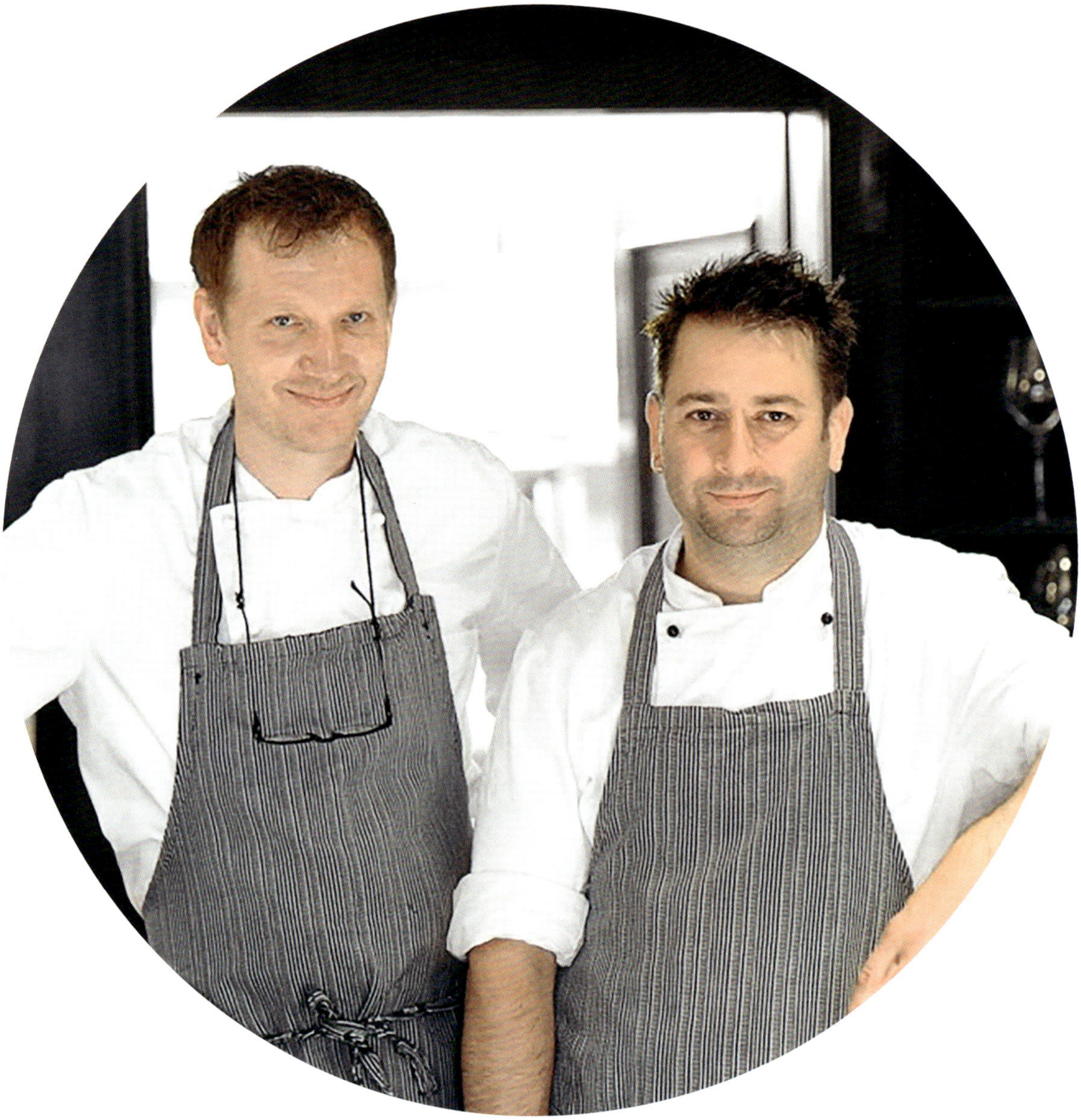

„WIE KOCHE ICH GEMÜSE, VON DEM JEDER NACHSCHLAG MÖCHTE, ANDREE KÖTHE?"

Niemand steht in Deutschland so sehr für kreative Gemüseküche wie Zwei-Sterne-Koch Andree Köthe. Im Restaurant „Essigbrätlein" in Nürnberg geht er stets mit der Saison und schafft ganz neue Bilder aus Möhren, roten Rüben, Lauch & Co.

Nachgefragt: Wie koche ich Gemüse, von dem jeder Nachschlag möchte?

Ich glaube, das hat auch immer viel mit der Jahreszeit zu tun! Es gibt Zeiten, da findet man es total lecker, wenn das Gemüse ganz leicht und fein schmeckt. Und dann gibt es vielleicht andere Zeiten, da mag man es lieber geschmort, fast verkocht oder verschmort. Das hat viel mit der Saison, viel mit der Stimmung und vielleicht auch mit dem Ort zu tun, an dem man sich gerade befindet.

Wir haben Bohnen zum Beispiel mal mit viel Butter verkochen lassen. Die Bohne ist dann natürlich moosgrau – aber sie schmeckt eben auch dementsprechend wie so ein Bohneneintopf; das kann total lecker sein. Aber eben nur dann, wenn einem gerade auch nach Bohneneintopf ist. Wenn man eigentlich Lust auf frische, leicht bissfeste Bohnen hat, die sommerlich mit Olivenöl, Zitrone und Kernen angemacht werden – ja, dann ist es wohl die falsche Zubereitung.

Ich habe selber fünf Kinder und muss sagen: Lecker ist wirklich immer relativ ... (lacht) Die Jahreszeiten beeinflussen sehr stark, das sehe ich bei mir selbst, aber auch bei den Kindern. Was wir mögen, kann sehr unterschiedlich sein. Daher macht es gar keinen Sinn, das Gemüse immer auf dieselbe Art und Weise zuzubereiten.

Wer sagt denn, dass Gemüse immer total bissfest sein muss? Entscheidend ist doch, worauf man wirklich Lust hat!

GIBT ES FEHLER, DIE MAN IN VERBINDUNG MIT GEMÜSE MACHEN KANN?

Nein, eigentlich nicht. Ich glaube, der größte Fehler, den man machen kann, ist der, irgendwelchen Wichtigtuern zu glauben, die seltsame Grundsatzregeln aufbauen wollen. Das schränkt einen nur ein und verhindert Kreativität. Wer sagt denn, dass man Gemüse nicht richtig stark zerkochen darf? Wer sagt denn, dass Gemüse immer total bissfest sein muss? Entscheidend ist doch, worauf man wirklich Lust hat! Und das weiß man in aller Regel am besten selbst. Ich glaube, das Wichtigste beim Kochen ist, seinem eigenen Geschmack zu trauen – dann nimmt man auch Nachschlag!

Was man sich vor der Zubereitung tatsächlich immer fragen sollte, ist: Will ich das Gemüse gerade als Haupt- oder als Nebendarsteller haben? Davon hängt dann nämlich ab, welche weiteren Komponenten ich brauche und auch, wie geschmacksintensiv oder mild ich ein Gemüse zubereiten werde. Wenn ich zum Beispiel mal einen Blumenkohl nehme: Der ist nie so zart, als wenn ich die feinen Röschen einfach nur kurz blanchiere und etwas Salz dazugebe. Da sind sie wirklich ganz, ganz mild. Wenn ich den Blumenkohl aber mit Butter langsam weich koche, dann hat er richtig Kraft. Beides kann gut sein – eben nur zur richtigen Zeit und im richtigen Kontext.

ERZÄHLEN SIE MAL, WIE GEMÜSE ZUM HAUPTDARSTELLER WIRD!

Man kann Lauch auf dem Grill etwa 20 Minuten abgedeckt rösten. Dann nimmt man die schwarze Schale außen weg und serviert die Lauchherzen einfach mit ein bisschen Wacholderbutter – das ist genial!

Oder man nimmt die Lauchherzen und schmeckt sie mit einer Marinade aus abgeriebener Orangenschale, ein paar Tropfen Blutorangensaft und Salz ab. In diesem Fall muss mir klar sein: Ich habe kein knackiges Gemüse, ich habe ganz bewusst weichen, fast verschmorten Lauch. Der hat richtig viel Kraft!

WIE STARK SOLLTE GEMÜSE GEWÜRZT WERDEN?

Auch das ist Geschmackssache! Momentan ist es ja ganz angesagt, alles so abzuschmecken, dass Umami dabei ist. Das Problem, das ich dabei sehe, ist allerdings, dass viel Eigengeschmack verloren geht. Sicherlich schaffen wir es mit ein paar Tricks, an fast alle Gerichte Umami zu bringen. Und sicherlich: Viele Leute essen so auch mehr Gemüse. Es hilft aber nicht zwingend der Natürlichkeit.

Ich glaube, das Wichtigste beim Kochen ist, seinem eigenen Geschmack zu trauen – dann nimmt man auch Nachschlag!

Man kann sich auch einfach mal auf den natürlichen Geschmack einlassen. Sonst weiß man irgendwann auch nicht mehr, worauf man zurückgreifen kann. Ich kann mich nur zwischen mildem und kräftigem Blumenkohl entscheiden, wenn ich weiß, wie beide Varianten schmecken. Wer Gemüse nicht überwürzt, der hat eigentlich mehr Vielfalt, der lernt so viel besser, wie man mit Gemüse spielen kann. Milde und kräftige Varianten, warme und kalte, flüssige und feste – die Bandbreite der ganzen Gemüse bietet uns so viele Möglichkeiten. Oft denken wir viel zu eingeschränkt, sodass wir all diese Möglichkeiten gar nicht nutzen.

HABEN SIE NOCH EINEN PRAKTISCHEN TIPP FÜR MEHR GEMÜSEVIELFALT ZU HAUSE?

Ich gebe ja ungern irgendetwas vor. Aber ich glaube, wenn man einen Dampfgarer zu Hause hätte, an dem man Temperatur und Feuchtigkeit separat einstellen kann, dann würde man zwischen 30 und 40 Prozent mehr Gemüse essen.

WARUM DAS?

Es ist wahnsinnig einfach und wahnsinnig gut. So pur kann man Gemüse sonst eigentlich kaum zu Hause zubereiten.

GESCHMORTER LAUCH

mit Orangen-Olivenöl-Vinaigrette

Der verbrannte Lauch macht Ihnen Angst? Nicht nötig: Denn unter der schwarzen Schicht versteckt sich intensiv geschmorter Lauch. Er ist so kräftig, so weich, so grün und so aromatisch, dass Sie demnächst bestimmt noch häufiger Lauch zubereiten werden.

Zutaten

FÜR 4 PERSONEN ALS VORSPEISE

4–6 Stangen Lauch

Für die Vinaigrette

5 EL Olivenöl

Saft von ½ Orange oder ½ Blutorange (je nach Verfügbarkeit)

abgeriebene Schale von ¼ Bio-Orange

½ TL Ahornsirup oder Honig

½ TL Weißweinessig

Salz

Pfeffer

Zum Anrichten

1 Handvoll Cashewkerne, grob gehackt

Zubereitung

1.
Den Backofen auf 250 °C (Umluft) vorheizen.

2.
Den Lauch sehr gründlich waschen und gut abtrocknen. Alle Stangen nebeneinander auf ein Backblech legen und den oberen, dunkelgrünen Teil abtrennen. Den Lauch nun im heißen Ofen 45–55 Minuten backen, bis die äußere Haut der Lauchstangen nahezu schwarz verbrannt ist.

3.
In der Zwischenzeit aus Olivenöl, Orangensaft, Orangenschale, Ahornsirup, Weißweinessig, Salz und Pfeffer eine glatte Marinade mixen. Dies geht am besten mit einem Stabmixer.

4.
Den verbrannten Lauch aus dem Ofen nehmen, kurz abkühlen lassen und die verbrannten Schichten vorsichtig abziehen: Sie lassen sich leicht trennen – und zurück bleibt hellgrüner, weich geschmorter Lauch. Die Stangen auf einem Teller oder in einer tiefen Schale anrichten und noch warm mit der Vinaigrette beträufelt servieren. Dazu passen einige gehackte Cashewkerne, die für etwas Biss sorgen.

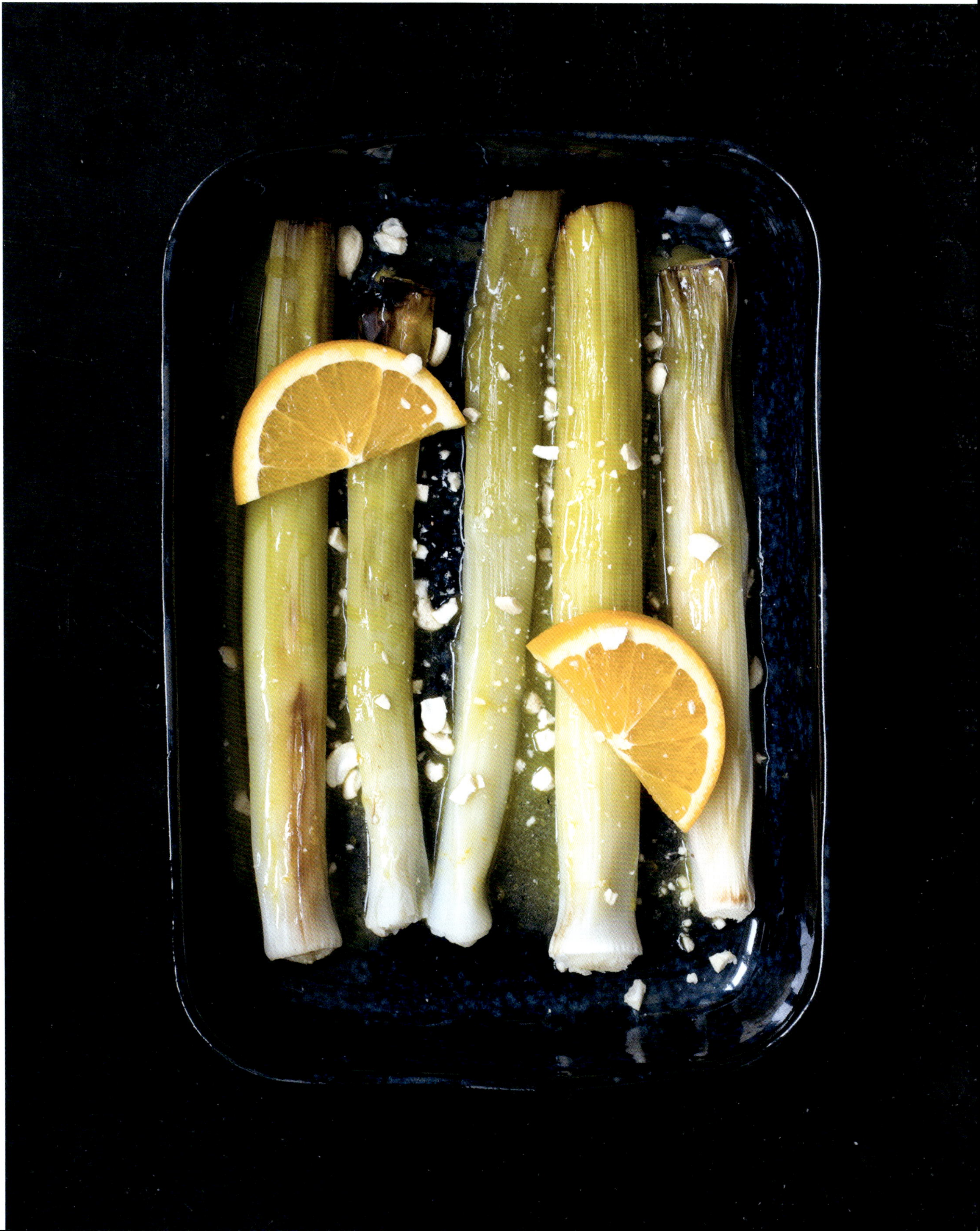

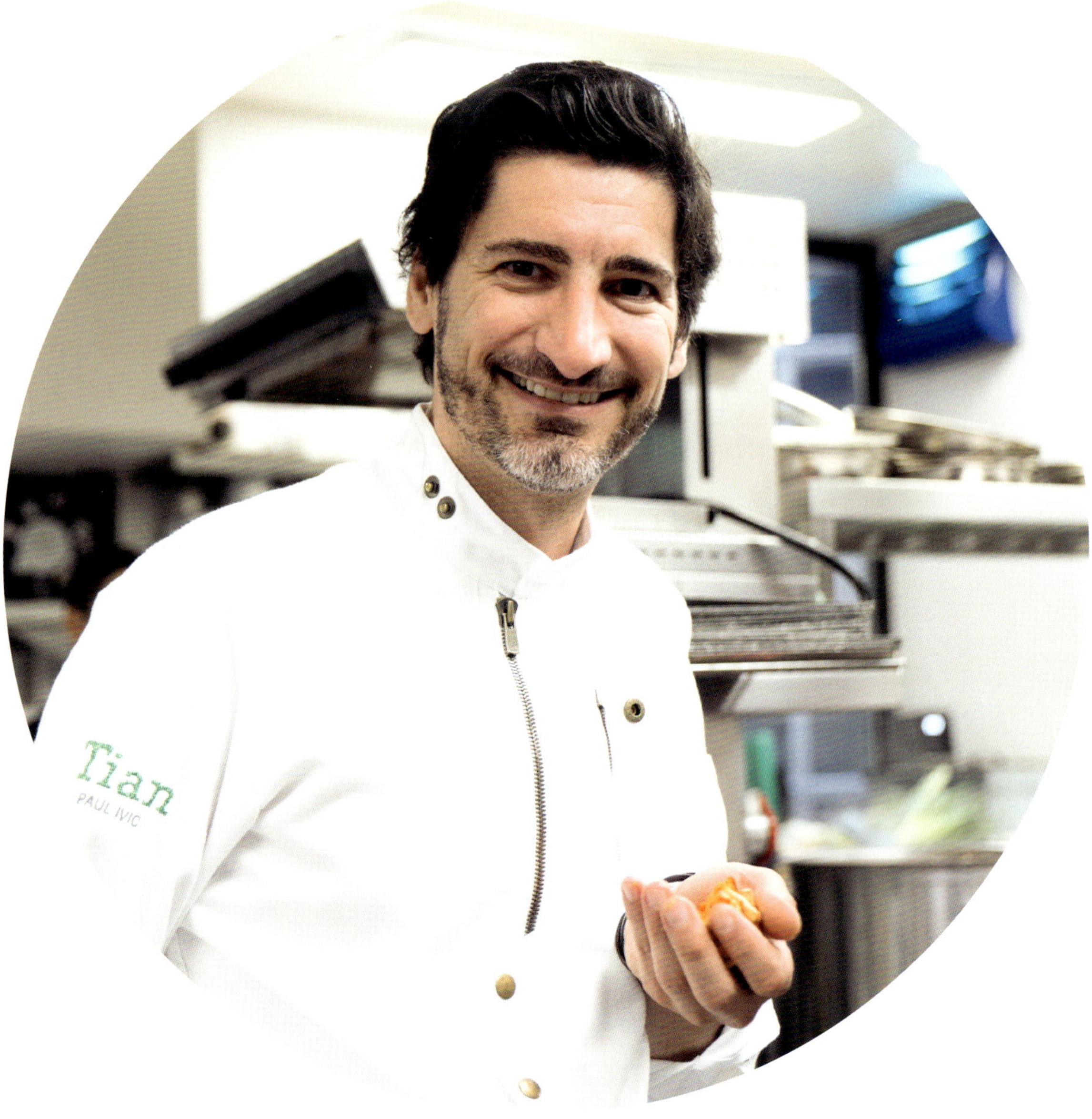
Tian
PAUL IVIC

„WIE BEREITET MAN SALAT ZU, DER SATT UND GLÜCKLICH MACHT, PAUL IVIĆ?"

Spitzenküche ganz ohne Fleisch und Fisch? Das geht! Paul Ivić hat sich mit seiner aromenreichen Gemüseküche im Wiener Haubenrestaurant „Tian" einen Stern erkocht. Und das, obwohl er selbst gar nicht vegetarisch isst! Wer könnte nun also besser erklären, wie man einen Salat zum gefeierten Hauptdarsteller verwandelt?

Nachgefragt: Wie bereitet man Salat zu, der satt und glücklich macht?

Jedes Mal, wenn ich bei meinen Verwandten in Kroatien bin, ernten sie den Salat da richtig frisch. Keine Stunde ist er alt, wenn wir ihn essen. Und das ist wirklich alles andere als langweilig. Da hat der Salat dann richtig Kraft und löst Emotionen aus! Das hat nichts mit dem zu tun, was wir hier teilweise im Supermarkt bekommen. Manchmal ist das ja leider wirklich nur noch Zellulose mit Wasser …

SALAT FRISCH VOM FELD WÄRE NATÜRLICH LUXUS. FÜR DIE MEISTEN LEUTE FUNKTIONIERT DAS IM ALLTAG LEIDER NICHT. WIE KOMMT MAN SONST AN RICHTIG GUTEN SALAT?

Auf dem Wochenmarkt, beim Bauern – oder natürlich auch im Supermarkt des Vertrauens. Man muss einfach schauen, ihn möglichst frisch einzukaufen. Salat, der drei oder vier Tage alt ist, wird nie so gut schmecken wie richtig frischer. Manchmal kann man im Supermarkt auch ein bisschen gucken und fragen. Man muss sich halt kümmern.

WIE BEREITEST DU SALAT AM LIEBSTEN ZU?

Ich entferne den Strunk, nehme die Blätter einzeln ab und wasche den Salat richtig gut. Dann – das ist ganz wichtig – wird der Salat mehrfach geschleudert. Nur wenn er ganz trocken ist, kann er die Marinade wirklich gut aufnehmen.

Und dann ist es eigentlich gar nicht viel, was da drankommt. Im ersten Schritt ein bisschen Salz, alles gut verteilen und vermengen und erst dann ein bisschen Zitronensaft und gutes Olivenöl. That's it! Mehr braucht man nicht, wenn der Salat wirklich gut ist.

Und wenn man die äußeren Blätter nicht so gern verwenden möchte, dann gibt man sie in einen Mixer, mit ein paar Eiswürfeln dazu, damit die Blätter schön grün bleiben, und mixt alles mit Olivenöl, etwas Salz und Pfeffer glatt. So entsteht eine wirklich schöne, erfrischende Creme, die sich gut als Unterlage unter dem Salat macht. Das ist eine richtig schöne, lässige Sache – es lohnt sich!

Eine andere Variante ist auch: Wenn man mal zu viel Rucola hat, gibt man ein bisschen Zitronensorbet dazu, noch etwas gecrashtes Eis und Tonic Wasser, und schon bekommt man ein super Getränk für den Sommer!

ALSO DARF SALAT AUCH RUHIG MAL NEU GEDACHT WERDEN?

Unbedingt! Man muss immer ein gutes Grundprodukt haben und schauen, wie man es am besten in Szene setzen kann. Das kann auch ruhig mal flüssig oder cremig sein – warum nicht?! Beim Rucola kann man gut mit der Schärfe spielen. Das passt für den Sommercocktail sensationell gut!

WAS IST DER GRÖSSTE FEHLER, DEN DIE LEUTE BEIM SALAT MACHEN?

Sie ertränken ihn in der Marinade! Das ist wirklich das, was meistens schiefläuft. Und dann ist es nicht mal ein tolles Dressing. Ehrlich gesagt: Man braucht gar kein Dressing! Salz, Zitrone oder Essig und dann ein gutes Öl – eine leichte Marinade reicht völlig aus. Aber es sind längst nicht nur die Leute zu Hause, die beim Salat Fehler machen. Auch viele Köche schenken dem Salat nicht genug Beachtung. Das ist dann immer so ein Standardgericht, das schon irgendwie mitlaufen muss. Das finde ich sehr schade. Man kann Salat auch richtig gut machen, nicht so lieblos. Es muss immer darum gehen, den Salat durch eine leichte Marinade hervorzuheben, zu unterstreichen. Grüne Blätter, ertränkt in einem unerkenntlichen Dressing – das braucht kein Mensch.

UND WENN ICH MEINEN SALAT BUNT HABEN MÖCHTE – ALSO NICHT NUR SALAT, SONDERN AUCH ETWAS BEIWERK?

Klar, da kann man viel machen. Wildkräuter oder Blüten sind schön. Man kann aber auch mit Gemüse spielen. Ich bin kein großer Rohkostfreund, deshalb würde ich es kurz sautieren und dann erst mit den Blättern vermengen; so ist es auch gleich bekömmlicher.

Man braucht gar kein Dressing. Salz, Zitrone oder Essig und dann ein gutes Öl – eine leichte Marinade reicht völlig aus.

Man kann natürlich auch mal ganz weg vom klassischen Kopfsalat denken. Nimmt man zum Beispiel mal einen Tomaten-Mozzarella-Salat: Wenn man den neu denkt und Marillen zugibt, dann etwas Vanille und weißen Balsamico verwendet, dazu vielleicht ein paar Wildkräuter, Pinienkerne oder Macadamianusskerne – da hast du einen Bomben-Salat!

HAST DU EINEN LIEBLINGSSALAT?

Im Frühjahr mache ich mir gern einen Spargelsalat mit Zitrusfrüchten. Auch ein richtig cooler Caesar Salad ist klasse! Aber am liebsten esse ich schon diesen ganz klassischen Blattsalat – wenn er denn gut ist und gut zubereitet worden ist. Gerade im Sommer gibt es echt nichts Schöneres.

BLEIBT NOCH DIE FRAGE NACH DEM SÄTTIGUNGS-FAKTOR: WIE SCHAFFE ICH ES, DASS DER SALAT AUCH SATT MACHT?

Das ist gar nicht schwer. Wenn du Oliven mit reingibst oder Käse – ganz egal, ob Pecorino, Feta, Mozzarella –, das macht alles gut satt. Oder geröstetes Sauerteigbrot. Ein Tomaten-Brot-Salat schmeckt sensationell und macht auf jeden Fall auch satt. Da gibt es so viele Möglichkeiten …

UND WIE SIEHT'S MIT DEM ÖL AUS? WELCHE SORTEN EIGNEN SICH NEBEN OLIVENÖL NOCH?

Leinöl ist eine tolle Sache! Auch in Kombination mit Zitrone. Beim steirischen Kürbiskernöl würde ich mit einem Weinessig arbeiten. Bei einem schönen Walnussöl mit Himbeeressig. Jede Marinade verändert dann auch den Salat ein bisschen, da hast du dann wirklich zig Möglichkeiten und jedes Mal eine neue Richtung.

GRÜNER SALAT
Basisrezept

Versuchen Sie mal, die wenigen Schritte zu befolgen: Den Salat gründlich waschen und mehrfach schleudern – sonst nehmen die Blätter Salz, Öl und Essig nicht auf und bleiben fad. Erst jetzt salzen, dann Öl und Zitronensaft untermengen. Abschmecken und genießen. Paul Ivić hat recht: Mehr braucht's nicht!

Zutaten

FÜR 4 PERSONEN ALS HAUPTSPEISE

8 Mini-Romana-Salatherzen

Salz

Saft von ½ Zitrone

Olivenöl

Zum Variieren

- Blaubeeren
- Wassermelonenwürfel
- Parmesanbrocken
- Burratakäse
- Kirschtomatenhälften
- gehackte Nüsse
- Feta
- und noch viel mehr!

Zubereitung

1.
Die Salatherzen vom Strunk befreien und die einzelnen Blätter gut waschen. Anschließend gründlich schleudern, da sich die Marinade nur mit wirklich trockenen Blättern verbinden kann! Die Salatblätter in eine Schüssel geben und mit etwas Salz vermengen. Erst jetzt Zitronensaft und Olivenöl hinzugeben und alles zusammen abschmecken.

2.
Nun lässt sich das Basisrezept variieren: mit Blaubeeren, Wassermelonenwürfeln und Cashewkernen im Sommer, mit Walnusskernen, Apfelwürfeln und Trauben im Herbst oder auch einfach nur mit altem, grob gebröckeltem Parmesan und gerösteten Pinienkernen. Die Grundidee dieses Rezepts: Der frische Salat bleibt der Hauptdarsteller und wird lediglich durch saisonale Ergänzungen verfeinert und verändert.

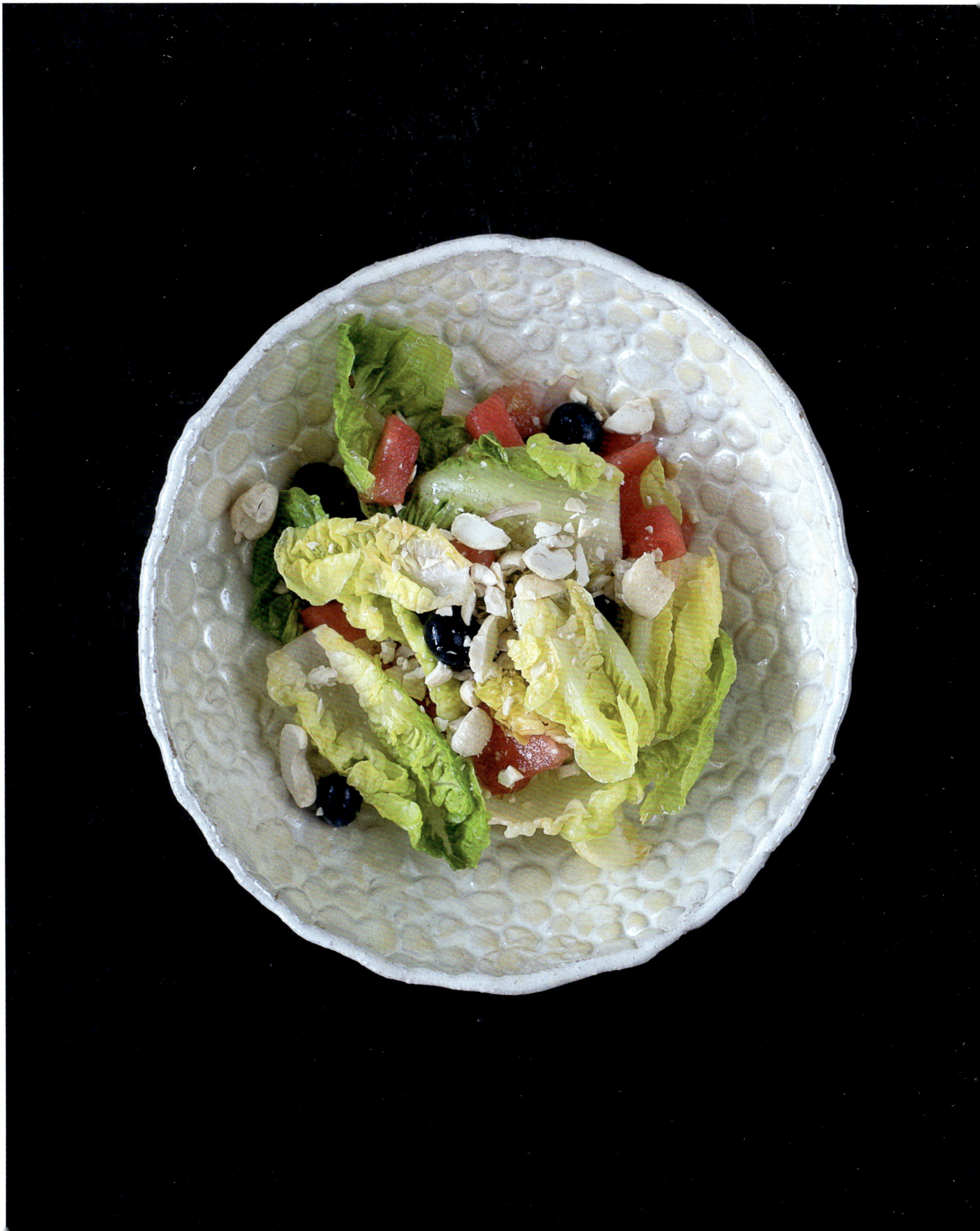

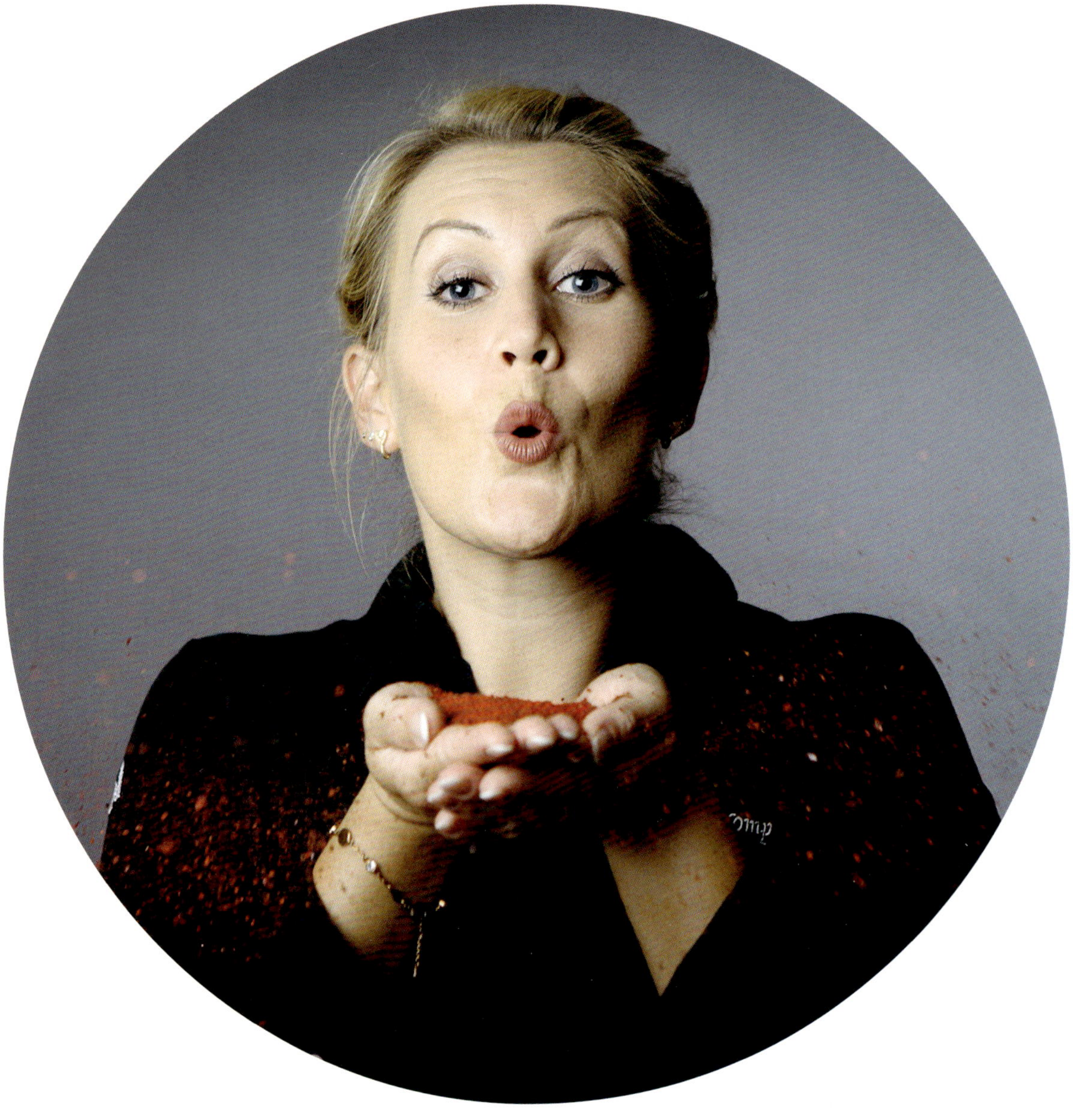

„WIE ÜBERRASCHE ICH MIT ORIENTALISCHEN GEWÜRZEN, JULIA KOMP?"

Tunesien ist für Julia Komp fast eine zweite Heimat. Schon als kleines Kind hat die 28-Jährige das Land und seine orientalische Küche kennen- und lieben gelernt. Kein Wunder also, dass die jüngste Sterneköchin Deutschlands vor allem für kräftige Aromen aus dem Orient steht.

? *Nachgefragt: Wie überrasche ich mit orientalischen Gewürzen?*

Man muss den Urlaub riechen! Der Duft, wenn der Fisch gegrillt wird, das Fleisch zubereitet wird, dann das Rauschen des Meeres – und die Gewürze, die dazukommen … Jeder, der schon mal im Orient Urlaub gemacht hat, wird das sofort wiedererkennen. In Deutschland bleiben Gewürze ja meistens eher im Hintergrund. Das ist in den orientalischen Ländern ganz anders. Dort geht man viel raffinierter und selbstverständlicher mit Gewürzen um.

IN DEN DEUTSCHEN SPITZENKÜCHEN GEHT DER TREND JA GERADE EHER ZUM PUREN, ZUM REIN PRODUKTFOKUSSIERTEN. DAS GEGENTEIL DER ORIENTALISCHEN KÜCHE?

Ja, irgendwie schon! Ich würde nie auf die Idee kommen, etwas ganz pur zu machen. Meine Küche steht für die vielen verschiedenen Aromen. Natürlich geht es dabei nicht ums Überwürzen, das wäre der falsche Weg. Aber ich finde nicht, dass man alles pur essen muss. Fleisch, Fisch oder Gemüse können durch die richtige Dosis an Gewürzen auch gewinnen.

Ich glaube, dass der deutschen Küche das manchmal auch guttäte. Wenn man zum Beispiel mal an Linsensuppe denkt – keiner von meinen Freunden würde sich zu Hause freiwillig eine Linsensuppe kochen. Der Ruf ist wirklich ausbaufähig! (lacht) Vielleicht liegt es auch daran, dass Linsen oft viel zu fad zubereitet werden?

In der orientalischen Küche sind Linsen jedenfalls der Hit! Da ist man auch nicht geizig mit Gewürzen, mit Chili oder Knoblauch. Ich hatte gestern Linsen auf dem Herd und habe sie langsam köcheln lassen. Dazu gab es verschiedene Gewürze und Gemüse. Die ganze Küche hat geduftet. Jeder, der vorbeigelaufen ist, wäre am liebsten mit dem Löffel einmal durch die Linsen gegangen.

ANGENOMMEN, SIE KRIEGEN BESUCH. MIT WELCHEM ORIENTALISCHEN GERICHT WÜRDEN SIE IHRE FREUNDE ÜBERRASCHEN?

Ich würde Couscous kochen, das ist wirklich ganz einfach und ein megageselliges Essen. Ich habe selbst noch nicht mal einen extra Couscous-Topf. Da kann man auch einfach einen normalen Topf nehmen, ein Sieb reinhängen und den Deckel draufpacken – fertig.

Beim Couscous, das ist ganz wichtig: Bitte nicht zu viel Flüssigkeit verwenden!

Unten im Topf hat man dann Fleisch, Gemüse und eine kräftige Tomatensoße und oben im Sieb den Couscous. Dann setzt man den Deckel auf und dämpft den Couscous einfach im warmen Dampf. Dann gibt man alles auf eine Platte, den Couscous als kleinen Berg in die Mitte, mischt ein bisschen von der Tomatensoße drunter, damit der schöne Geschmack auch mit reinkommt, und richtet das Fleisch und das Gemüse rundherum an.

KLINGT SEHR GUT! WELCHE GEWÜRZE GEHÖREN DAZU?

Im Orient gibt man zum echten Couscous eigentlich nur Fenchelsamen, selbst gemachte Paprikapaste und Kreuzkümmel. Aber ich mache da schon immer eine volle Dröhnung dran. Da kommt Kurkuma rein, Ras el-Hanout, scharfes Paprikapulver, Knoblauch – eben alles, was gerade da ist.

WOHER KOMMT DER BEZUG ZUR ORIENTALISCHEN KÜCHE?

Seit 1992 waren wir eigentlich jedes Jahr in Tunesien im Haus meiner Oma im Urlaub. Über 22 Jahre, und das jedes Jahr – das prägt natürlich, und man lernt dort auch viele Einheimische kennen über die Jahre. Spätestens seit ich in der Schule war und mich dann auch auf Englisch und Französisch verständigen konnte, haben wir richtig Kontakte in der Nachbarschaft gepflegt. Wenn wir dann mal einen Kuchen gebacken haben und ihn unseren Nachbarn vor die Tür gestellt haben, dann haben sie uns wiederum frisch gekochten Couscous vor unsere Tür gestellt. Essen, Gastfreundschaft und Geselligkeit sind da wirklich sehr wichtig. Man lernt auch einfach viel schneller Leute kennen als bei uns.

WAS SIND IHRE DREI TIPPS FÜR MEHR ORIENT IN DER KÜCHE ZU HAUSE?

Auf jeden Fall nicht an Chili und Knoblauch sparen! Und am Salz auch nicht. Das ist erst mal schon eine wichtige Grundlage für fast alle Gerichte.

Ich würde nie auf die Idee kommen, etwas ganz pur zu machen. Meine Küche steht für die vielen verschiedenen Aromen.

Und wer bislang noch gar nicht orientalisch gekocht hat, der ist mit Ras el-Hanout als Einstiegsgewürz sehr gut bedient. Das lässt sich toll kombinieren: mit Fleisch, mit Gemüse und auch sehr gut mit Früchten und Gemüse. Und in der orientalischen Küche immer mit Tomaten. Nicht mit Kokosmilch, das kennen die da gar nicht. Zum Reis kann man zwei, drei angedrückte Kardamomkapseln und eine halbe Zimtstange mit reingeben. Das gibt einen schönen orientalischen Touch, ohne dass man viel dafür tun muss.

Und beim Couscous, das ist ganz wichtig: Bitte nicht zu viel Flüssigkeit verwenden! Wenn ich auf irgendwelchen Festen Couscoussalate sehe, denke ich immer: Was ist denn hier passiert? Meistens wird Couscous viel zu stark zermatscht oder richtig ertränkt in Flüssigkeit. Das ist in Tunesien ganz anders. Da ist er so locker, dass man ihn fast vom Löffel wegpusten könnte.

COUSCOUS

inspiriert aus Tunesien

Die tunesische Antwort auf Gulasch? Man könnte glatt auf diese Idee kommen: Die Zubereitungen sind sehr ähnlich. Nur dass die Gewürze hier im Mittelpunkt stehen und dem Gericht richtig Feuer geben – im wahrsten Sinne des Wortes! Deshalb: Nach persönlichem Geschmack würzen und eventuell nachschärfen.

Zutaten

FÜR 4 PERSONEN ALS HAUPTSPEISE

800 g Rinderbraten

Salz · 1 TL Kurkuma

1 TL Ras el-Hanout

½ TL Kreuzkümmel

1 TL scharfes Paprikapulver

3 EL Sonnenblumenöl

2 Zwiebeln

2 Knoblauchzehen

100 g Tomatenmark

500 g gewürfelte Tomaten aus der Dose

3 Kartoffeln · 3 Möhren

200 g Kürbis

1 getrocknete Chilischote

150 g Kichererbsen, fertig zubereitet

150 g Couscous

3 TL Butter

Zubereitung

1.

Das Fleisch eine Stunde vor der Zubereitung aus dem Kühlschrank nehmen und temperieren lassen. Das Fleisch etwa 3 cm dick würfeln und mit Salz, Kurkuma, Ras el-Hanout, Kreuzkümmel und Paprika würzen.

2.

Das Sonnenblumenöl in einem großen Schmortopf erhitzen und das Fleisch darin rundherum anbraten. Zwiebeln und Knoblauchzehen schälen, fein würfeln und zum Fleisch geben. Das Tomatenmark ebenfalls zufügen, alles vermengen und einige Minuten vorsichtig mitbraten. Dann die gewürfelten Tomaten zugeben und das Fleisch im Tomatensud 1 Stunde bei niedriger Hitze im geschlossenen Topf köcheln lassen.

3.

In der Zwischenzeit Kartoffeln, Möhren und Kürbis putzen, waschen und würfeln. Zusammen mit den Kichererbsen in eine Schüssel geben und etwas Salz unterheben. Nach 1 Stunde den Gemüse-Kichererbsen-Mix zusammen mit der grob zerstoßenen Chilischote mit in die Tomatensoße geben und 20 Minuten mitköcheln lassen.

4.

Dann ein Sieb in den Topf einhängen, den Couscous in das Sieb geben, den Deckel auflegen und den Couscous im Dampf gar ziehen lassen. Das dauert etwa 10 Minuten. Den Couscous mit einem Teil der Tomatensoße und einigen Butterflöckchen mischen und mit Salz abschmecken. Den Rindfleisch-Gemüse-Topf ebenfalls abschmecken und mit dem Couscous in der Mitte auf einer großen Platte anrichten. Sofort servieren.

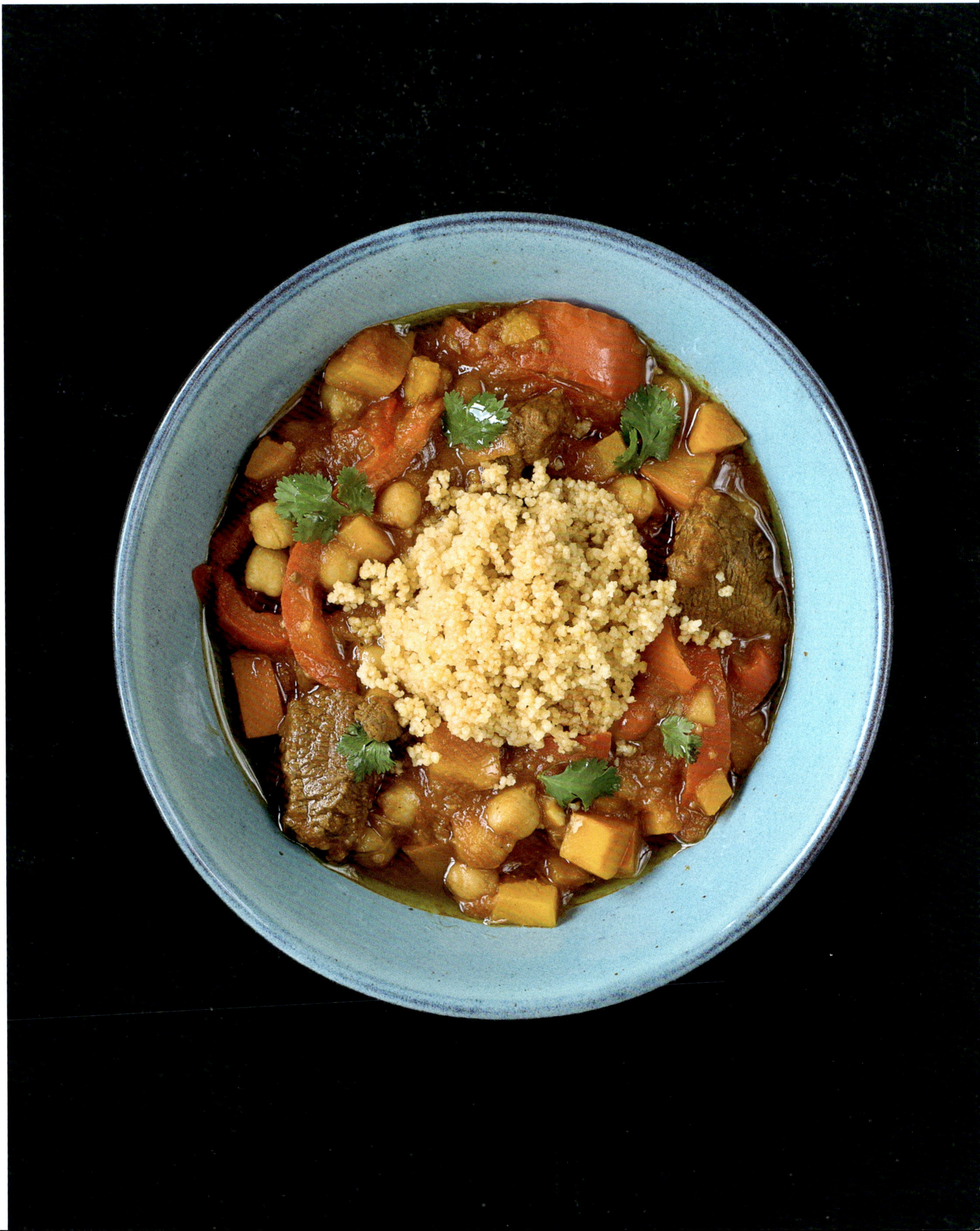

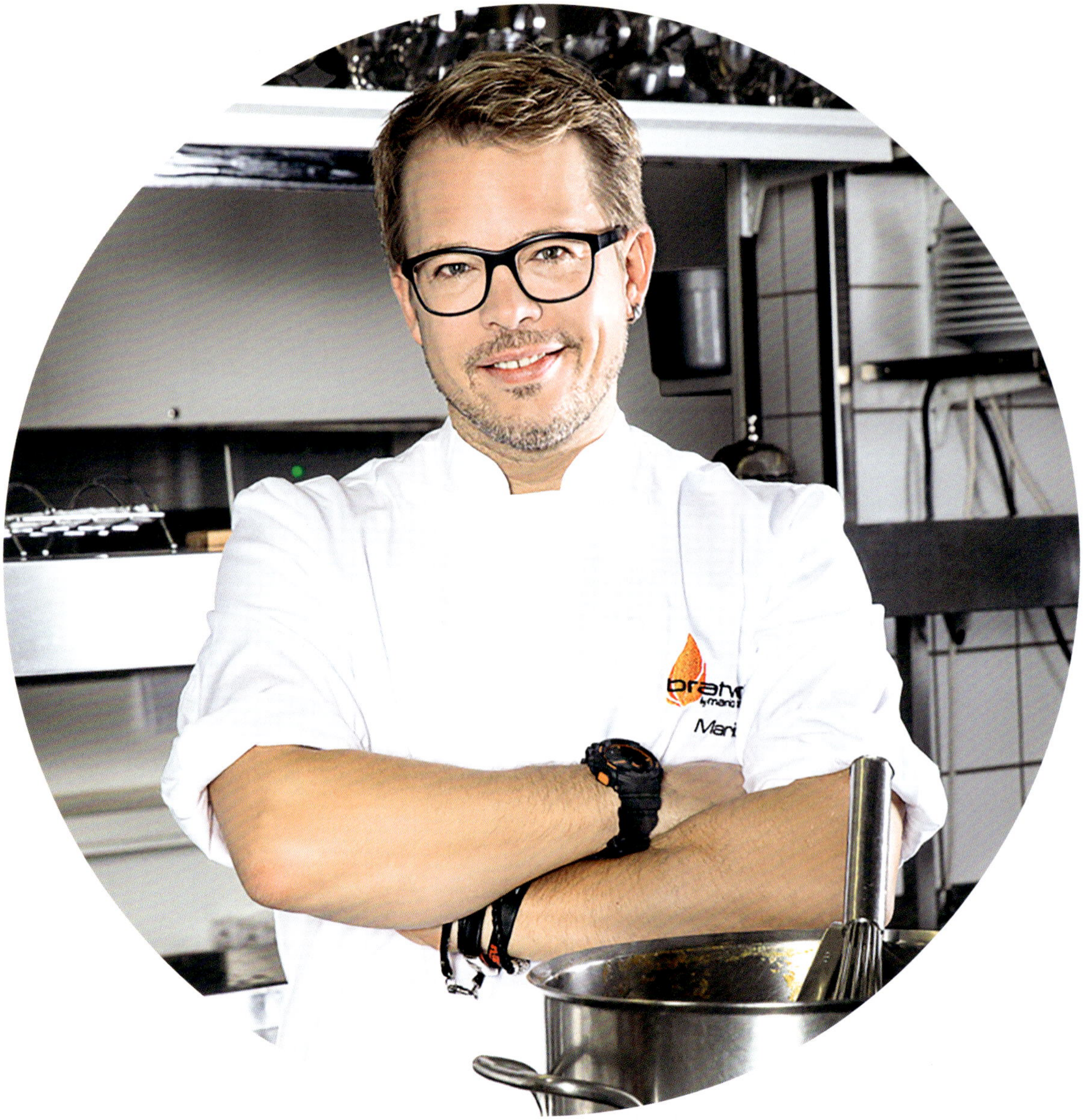

„WIE MACHT MAN DEN PERFEKTEN BURGER, MARIO KOTASKA?"

Auch Streetfood kann Spitzenküche sein. Das sagt zumindest Mario Kotaska. Der bekannte Fernsehkoch geht noch einen Schritt weiter: Ein guter Burger ist kein Fastfood – kann gar kein Fastfood sein! Hochwertiges Fleisch, ein selbst gemachtes Patty und ein leicht knuspriges Bun sind das A und O.

? Nachgefragt: Wie macht man den perfekten Burger?

Die Frage ist ja, ob es einen perfekten Burger wirklich gibt. Wahrscheinlich sieht er für jeden von uns ein bisschen anders aus. Jeder hat andere Vorlieben: Der eine mag es fokussierter aufs Fleisch, der andere braucht eine Riesenportion Käse, wieder andere wollen ganz viel Gemüse oder Beiwerk zwischen dem Brötchen haben – das ist schon sehr verschieden. Im Prinzip kann man alles, was man selber gern isst, auch auf den Burger packen – dann wird er automatisch perfekt!

UND WIE SIEHT DER PERFEKTE BURGER FÜR SIE PERSÖNLICH AUS?

Das Herzstück muss das Patty sein. So nennt man das Fleisch, das – anders als eine Frikadelle! – bestenfalls nur mit ein bisschen Salz gewürzt wird. Man sollte immer eine Zusammensetzung von 80:20 wählen, also 80 Prozent Muskelfleisch und 20 Prozent Fett, sodass das Patty nicht zu trocken wird. Und ehrlich gesagt: Da wird es beim Hackfleisch aus der Selbstbedienungstheke im Supermarkt schon etwas schwierig ...

Man sollte möglichst einen Metzger seines Vertrauens haben, dem man sagen kann, wie man das Fleisch gern zusammengesetzt hätte. Oder, noch besser: Man wolft das Fleisch selbst, dann ist die Mischung absolut safe. Beim Würzen bitte eher vorsichtig sein: Ein bisschen Salz reicht schon aus!

DAS HEISST: KEINE ZWIEBELN, KEIN KNOBLAUCH, KEIN SENF UND AUCH KEIN PFEFFER?

Genau, so sieht's aus. Beim Patty gehört nur Salz mit rein, nichts anderes. Zwiebeln, Gemüse, Senf, Ketchup, Knoblauch und was man sonst noch so in Frikadellen reingibt, das hat im Burger alles nichts zu suchen. Das ist vielleicht auch der wesentliche Unterschied zwischen einem Frikadellenbrötchen und einem perfekten Burger: Die Toppings, die Oma früher mit ans Fleisch gegeben hat, die kommen beim Burger obendrauf.

MAN SIEHT IMMER WIEDER THEMENBURGER AUF DEN SPEISEKARTEN: GRIECHISCH, ORIENTALISCH, ASIATISCH ... DULDEN SIE GEWÜRZE IM FLEISCH?

Das ist wieder eine dieser schwierigen Fragen beim Kochen. Es ist natürlich Geschmackssache, da gibt es kein richtig oder falsch. Ich persönlich würde es nicht machen. Ich würde den Fokus auf ein gutes Stück Fleisch setzen. Ein super Stück ist das Entrecôte. Da ist schon das Fettauge drinnen, da kann auch noch ein bisschen Fett obendrauf sein, das passt in der Zusammensetzung wirklich perfekt.

Man sollte immer eine Zusammensetzung von 80:20 wählen, also 80 Prozent Muskelfleisch und 20 Prozent Fett, sodass das Patty nicht zu trocken wird.

Ich würde auf keinen Fall Rinderfilet nehmen. Das hat viel zu wenig Fett, damit würde das Patty viel zu trocken werden und man müsste zusätzliches Fett zum Fleisch geben.

Das Entrecôte würde ich wolfen und mit etwas Salz aufkneten; im Fachjargon nennen wir das „poltern". Das ist wichtig, damit die Fleischeiweiße die Masse etwas binden. Ich würde wirklich empfehlen, das Patty selbst zu machen. Und für das Formen würde ich in eine Burgerpresse investieren. Die sind nicht teuer und lohnen sich. So wird das Patty perfekt geformt und gart auch gleichmäßig. Beim Gewicht sollte man so 180 bis 200 Gramm anstreben.

UND DANN GEHT'S IN DIE PFANNE ODER AUF DEN GRILL?

Genau. Das ist beides gut. Da würde ich zu Hause nach dem Wetter gehen. Übrigens ein kleiner Tipp noch: Meistens ziehen sich die Dinger ja beim Braten oder Grillen etwas zusammen. Das kann man verhindern, wenn man einmal mit dem Daumen mittig ins Patty drückt, sodass eine kleine Kuhle entsteht. Fragen Sie mich bitte nicht, warum, aber es hilft! (lacht)

FEHLT NOCH DER RAHMEN: WAS IST DENN DIE ZWEITWICHTIGSTE KOMPONENTE BEIM BURGER? SOSSEN, SALAT ODER BRÖTCHEN?

Ich würde schon sagen, dass es das Brötchen ist, also das Bun. Das ist ja haptisch schon die erste Stelle, an der man mit dem Burger überhaupt in Kontakt gerät. Nichts ist schlimmer als diese strukturlosen, industriell hergestellten Burgerbrötchen, die so weich sind, dass man sie mit einer Hand zerdrücken könnte. Die Zeit sollte man sich wirklich nehmen, dass man die Burgerbrötchen selbst backt oder zumindest gute Burgerbrötchen vom Bäcker des Vertrauens kauft.

UND DAS RÖSTEN DER SCHNITTFLÄCHEN NICHT VERGESSEN, ODER?

Unbedingt! Das ist ganz wichtig, dass man die Schnittflächen der Buns etwas röstet. Das unterstreicht das Knusprige beim Brötchen und verhindert, dass zu viel Soße in den Teig läuft.

APROPOS SOSSE: HABEN SIE DA EIN GEHEIMREZEPT?

Ich stehe momentan total auf eine blitzschnelle Currysoße, die man in wenigen Minuten zusammengerührt hat: Einfach Senf, Ketchup, frischen Meerrettich und etwas Orangenschale abschmecken.

UND WIE SIEHT DANN DER KOMPLETTE LIEBLINGSBURGER AUS?

Momentan sehr gern mit etwas Blauschimmelkäse, der auf dem Patty kurz schmilzt, dann ein, zwei rote Zwiebelringe und eine kleine Tomate. Beim Käse darf man ruhig mal zu kräftigen Sorten greifen – da macht die Dosis das Gift! Wichtig ist, dass dann nicht zu viel Käse verwendet wird, sonst verliert das Patty seine Hauptrolle. Und das darf nicht passieren. Das Fleisch hat die Hauptrolle, und das Ensemble spielt drumherum.

LIEBLINGSBURGER
mit Blauschimmelkäse

Von wegen Fastfood: Ein richtig guter Burger braucht nicht nur Liebe – sondern auch Zeit. Ein ordentliches Bun muss her, gutes Fleisch vom Metzger des Vertrauens, eine frisch gemixte Soße, ein wenig Salat und Tomate – so kommen wir der Perfektion schon ganz schön nahe!

Zutaten

FÜR 4 PERSONEN ALS HAUPTSPEISE

4 Burgerbuns (vom Bäcker des Vertrauens oder selbst gebacken)

Für die Pattys

800 g Rinderhackfleisch

Salz

3 EL Sonnenblumenöl

4 dünne Scheiben Blauschimmelkäse

Für die Soße

150 g Ketchup

50 g Senf

abgeriebene Schale von ½ Bio-Orange

1 TL frisch geriebener Meerrettich

Außerdem

4–8 Salatblätter

8 dünne Tomatenscheiben

8 dünne rote Zwiebelringe

Zubereitung

1.
Die Brötchen halbieren und die Schnittflächen leicht in der Grillpfanne oder im heißen Ofen rösten.

2.
Das Fleisch salzen und 4 gleich große Pattys daraus formen. Das Sonnenblumenöl in einer großen Pfanne erhitzen und die Pattys darin von beiden Seiten scharf anbraten. Die Hitze reduzieren und die Pattys bis zum gewünschten Garpunkt in der heißen Pfanne gar ziehen lassen. Dabei jeweils 1 Scheibe Blauschimmelkäse auf den Pattys platzieren und schmelzen lassen.

3.
Die Zutaten für die Soße mixen und abschmecken. Nun jeweils etwas Soße auf die untere Hälfte des Burgerbuns streichen und mit 1 Salatblatt, 1 Tomatenscheibe und 1 oder 2 Zwiebelringen belegen. Das Patty aufsetzen, noch 1 kleinen Löffel Soße auf der oberen Brötchenhälfte verstreichen, aufsetzen, mit einem Holzspießchen befestigen und gleich servieren.

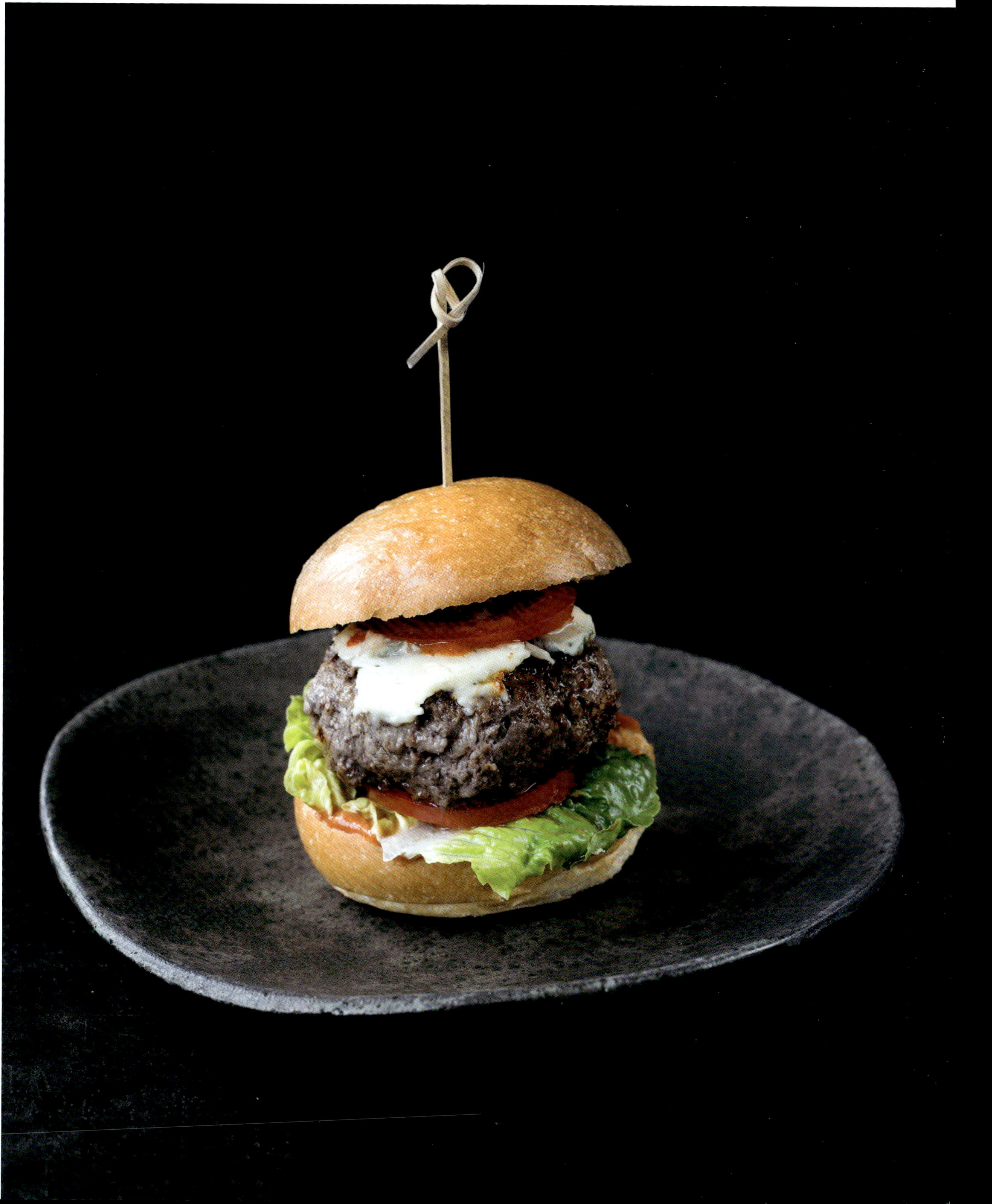

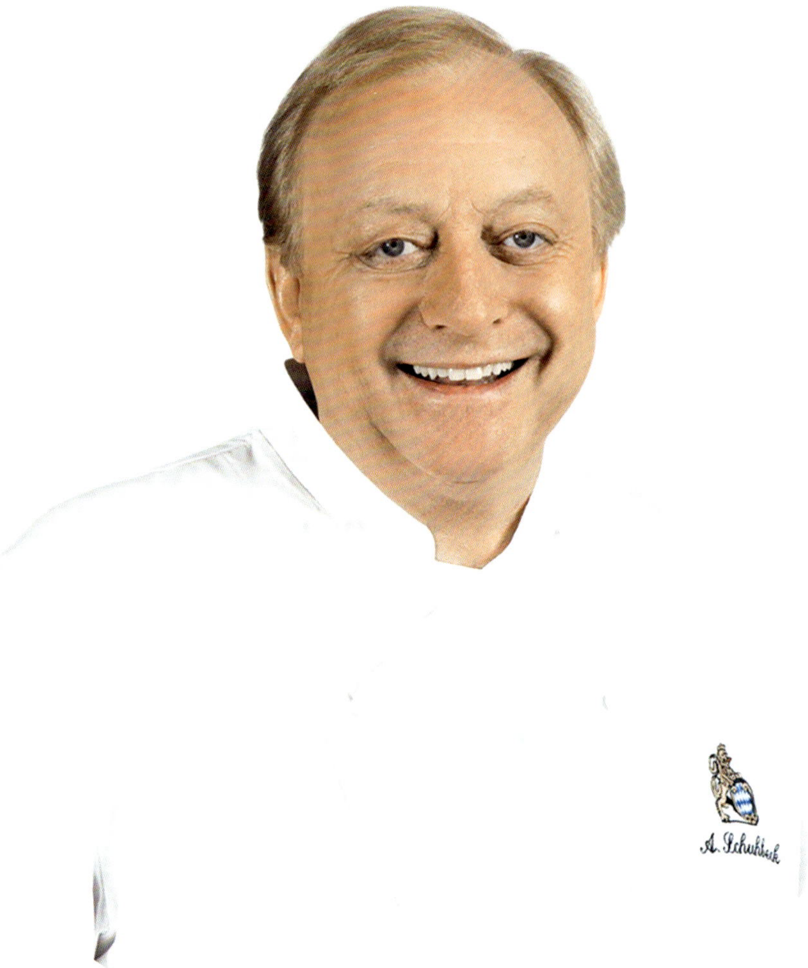
A. Schuhbeck

„WIE GEHT DAS PERFEKTE THAI-CURRY, ALFONS SCHUHBECK?"

Als Gewürzpapst weiß Alfons Schuhbeck ganz genau, wie es wo auf der Welt schmeckt. Besonders angetan haben es dem Fernsehkoch die asiatischen Küchen in Indien, Vietnam, Thailand und China. Schauen wir mal nach Thailand: Wie sollte ein richtig gutes Thai-Curry schmecken, Alfons Schuhbeck?

Nachgefragt: Wie geht das perfekte Thai-Curry?

Ich weiß gar nicht, ob man dieses Geschmacksfeuerwerk nicht nur in Thailand selbst erleben kann. Die Aromen, die Düfte, die Einstellung zum Essen, auch und vor allem zum gemeinsamen Essen – das ist da schon etwas sehr Besonderes.

Das A und O für ein perfektes Thai-Curry sind die frischen Produkte und die Gewürze, die sich richtig schön entfalten müssen. Und ich glaube, das ist schon einer der ersten Punkte, bei denen es hier schwierig werden könnte: Die typischen Thai-Curry-Zutaten bekommt man hier bei uns in Deutschland nie so frisch wie dort – das ist ganz logisch. Natürlich kommen die Produkte irgendwie per Luftfracht zu uns, aber die Frische, die man dort hat, das ist schon noch mal was anderes. Kaffirlimettenblätter dürfen zum Beispiel gar nicht frisch, sondern ausschließlich gefroren importiert werden.

Das ist alles kein Drama, aber man muss sich dessen bewusst sein, dass es immer einen Unterschied machen wird, ob man ein echtes Thai-Curry in Thailand isst oder eben eines, das wir auf unsere Art machen, hier bei uns.

SIE KENNEN BEIDE VARIANTEN: DAS DEUTSCHE UND DAS THAILÄNDISCHE THAI-CURRY. WAS UNTERSCHEIDET DIE BEIDEN?

Optisch muss das gar kein Unterschied sein. Die Gerichte können hier genauso schön aussehen wie dort, und man kann die Rezepte auch ohne besondere handwerkliche Anstrengung so zubereiten wie in Thailand. Der Unterschied liegt im Geschmack, vor allem durch die Güte der Currypasten. Der Thailänder bereitet seine Gewürzmischung auf traditionelle Art selbst zu oder kauft sie frisch zubereitet auf dem Markt. Das ist quasi das Gegenteil von dem, was man hier in Europa als Currypaste im Glas oder aus der Tube bekommt.

Natürlich kann eine industrielle Currypaste auch gut schmecken – gar keine Frage! Aber es ist und bleibt ein Unterschied zu der traditionellen Curry-Würzkunst in Thailand. Zumal dort übrigens jedes Curry anders schmeckt – das ist auch eine spannende Sache: Je nachdem, in welcher Region man ein Curry isst, schmeckt es milder, schärfer, fruchtiger – das ist ganz unterschiedlich. Und auch das hängt damit zusammen, dass die Basis, also die Gewürzpaste, immer frisch und individuell zubereitet wird.

WIE KOCHEN SIE DENN THAI-CURRY, WENN SIE FÜR SICH KOCHEN?

Ich persönlich mache mir die Mischungen alle selber. Und ich mache sie auch nicht zu scharf. Aus einem einfachen Grund: Sie können dann noch so viele tolle Aromen reinpacken – Sie schmecken sie dann leider nicht mehr. Unser europäischer Gaumen ist für zu scharfes Essen einfach nicht trainiert.

In den asiatischen Ländern hat Schärfe eine ganz andere Geschichte. Da hat man ein Huhn früher mit Chili, Knoblauch und Ingwer eingerieben, damit Bakterien keine Chance haben. Da war Schärfe im Grunde Medizin. So sind auch Curryrezepte entstanden, die über Jahrhunderte überliefert worden sind. Das ist vielleicht ein weiterer Grund, warum ein Thai-Curry immer anders schmeckt – also abhängig davon, wo man es isst und wer es gekocht hat. Asiatische Restaurants in Europa kochen meist schon etwas angepasst, weil wir die Schärfe ganz anders wahrnehmen als die Asiaten.

Das A und O für ein perfektes Thai-Curry sind die frischen Produkte und die Gewürze, die sich richtig schön entfalten müssen.

Aber zurück zu meinem Curry. Wichtig ist, dass es nicht allzu scharf ist. Ich verwende auch Chili, aber so, dass er nicht alles andere kaputtmacht. Man muss auch den frischen Koriander, die frischen Kräuter schmecken, die man ganz zum Schluss noch unterhebt. Ein gutes Curry ist für mich auch immer ein Spiel aus frischen Kräutern und deutlich erkennbaren Gewürzen – es muss ausgewogen sein. Ich mag es, wenn man die einzelnen Bestandteile auch noch herausschmecken kann. Ingwer, Galgant, Chili, Kurkuma, Kokosmilch, vielleicht auch Kardamom – je nachdem, was man machen möchte.

GIBT ES ZUTATEN, DIE IN KEINEM CURRY FEHLEN DÜRFEN?

Nein, eine amtliche Liste, an die man sich halten muss, gibt es nicht. Das hängt ja auch immer sehr stark an den Ländern, ihren Regionen und Traditionsküchen. Es ist auch innerhalb Thailands und innerhalb der asiatischen Länder schon sehr verschieden.

Eine klassische Mischung, die man in den „Curryländern" Indien, Thailand oder auch Sri Lanka immer wieder findet, enthält neben Chili auch Zitronengras, Ingwer, Kaffirlimette, Basilikum, Korianderwurzel oder -samen, schwarzen Pfeffer, Kurkuma, Minze, Knoblauch, Schalotten, Kreuzkümmel, Kardamom, Muskatnuss und Tamarinde. In der richtigen Thai-Küche kommt noch Garnelenpaste oder Fischsoße hinzu.

Herzhaftere Gerichte enthalten meist auch Kokosmilch oder Kokossahne. Beide gewinnt man aus dem mit Wasser vermischten Fruchtfleisch, das ausgepresst wird. Die erste Pressung ist die sämige Sahne, die zweite Pressung aus dem wieder mit Wasser angereicherten Fruchtrest ist dünnflüssiger, also die Milch.

WO HABEN SIE DAS BESTE THAI-CURRY GEGESSEN?

Ich war, wenn ich nur die Zubereitung bewerte, höchst beeindruckt vom Massaman-Curry mit Lamm, das Ian Kittichai, der international bekannteste thailändische Koch, in seinem Bangkoker Restaurant „Issaya" anbietet. Wenn es um die Atmosphäre beim Essen geht, dann erinnere ich mich auch sofort an ein grünes Curry mit Huhn, das ich in der Abendstimmung auf der Terrasse des „Sala Rim Nam" (im Mandarin Oriental Hotel in Bangkok) gegessen habe, das war wirklich unvergesslich! Man sitzt direkt über dem Chao Praya und schaut in das Lichtermeer am Ufer und auf die illuminierten Boote auf dem breiten Fluss – das ist schon ein sehr malerisches Bild.

ROTES THAI-CURRY
mit buntem Sommergemüse

Feste Regeln gibt es nicht: Ein gutes Thai-Curry kann rot, gelb oder grün aussehen – je nach den Zutaten und ihrer Herkunft. Wichtiger Tipp für den Schärfefaktor: Gekaufte Würzpasten immer vorher probieren, um abschätzen zu können, wie viel davon tatsächlich in den Topf sollte. Die Unterschiede sind oft enorm …

Zutaten

FÜR 4 PERSONEN

1 EL Speisestärke

400 ml Kokosmilch

400 ml Geflügelbrühe

2–3 TL rote Thai-Currypaste (auf den individuellen Schärfegrad der Paste achten und ggf. anpassen!)

200 g Zuckerschoten

1 rote Paprikaschote

200 g braune Champignons

1 kleine Zucchini (200 g)

200 g kleine Kirschtomaten

4 Frühlingszwiebeln

½ TL Salz

1 TL Ahornsirup

<u>Zum Anrichten</u>

5 Stängel Koriander

Zubereitung

1.
Die Speisestärke mit etwas kaltem Wasser anrühren und darin lösen. Die Kokosmilch mit der Geflügelbrühe in einem großen Topf mischen und unter gelegentlichem Rühren zum Kochen bringen. Die Hitze reduzieren, die Thai-Curry-Paste einrühren und auflösen. Nun die Stärkelösung in die warme Soße rühren und so lange rühren, bis die Flüssigkeit leicht gebunden ist.

2.
Die Zuckerschoten waschen, von den Enden befreien und die Fäden abziehen. Die Zuckerschoten schräg in kleine Stücke (1,5 cm) schneiden. Die Paprika waschen, entkernen, von den hellen Innenhäuten befreien und in Würfel (1,5 cm) schneiden. Die Champignons von den Stielen befreien, gründlich putzen und vierteln. Die Zucchini waschen, längs vierteln und in Scheiben schneiden. Die Kirschtomaten waschen und halbieren. Die Frühlingszwiebeln gründlich waschen, trocken tupfen und in feine Ringe schneiden. Das Gemüse in die Currysoße geben und 10 Minuten bei niedriger Hitze köcheln lassen.

3.
Sobald das Gemüse die gewünschte Konsistenz (am besten noch leicht bissfest, auf keinen Fall weich gekocht!) erreicht hat, das Curry auf Schalen verteilen. Mit den gewaschenen, abgezupften Korianderblättern und nach Wunsch mit einigen grünen Frühlingszwiebelringen anrichten und gleich servieren.

Tipp

Thai-Curry variieren

Dieses Thai-Curry ist ein Basisrezept, das sich nach Herzenslust variieren lässt: Mit dünn geschnittenen Hähnchenbruststreifen, Rindfleischstreifen, Garnelen oder auch mit weiteren Gemüsesorten. Einfach die entsprechenden Zutaten bei niedriger Hitze mit im Curry gar ziehen lassen.

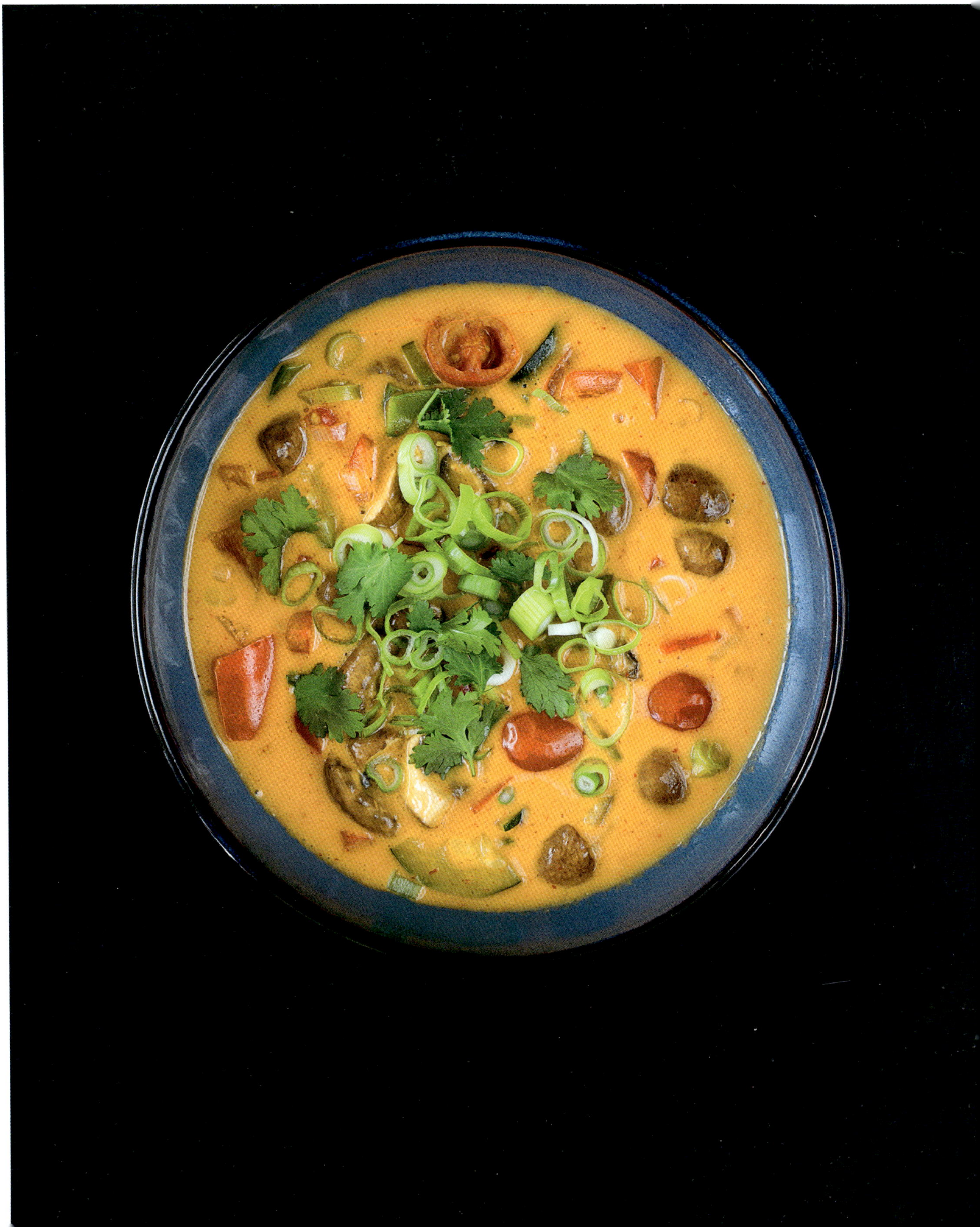

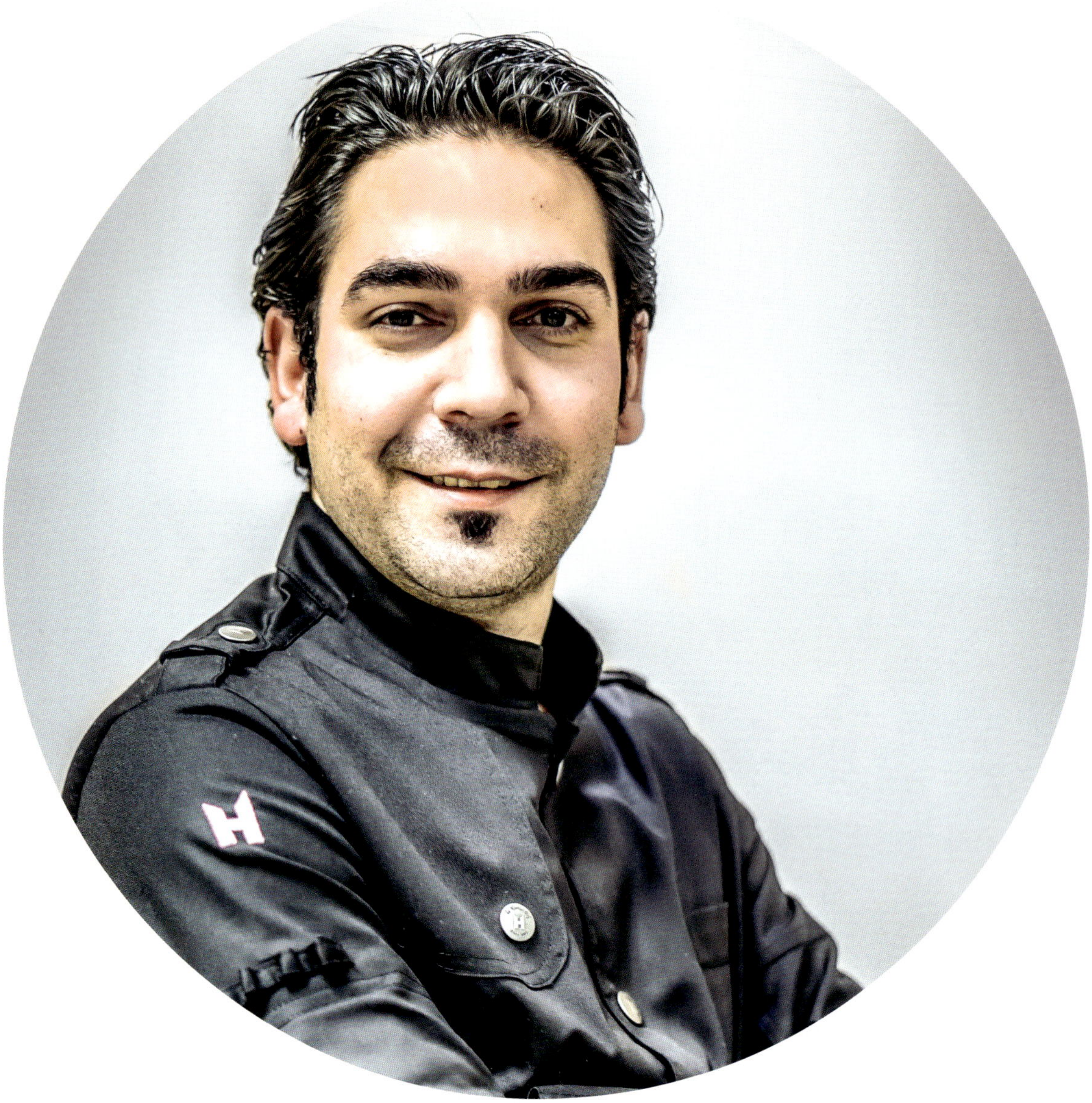

„WIE KOCHT MAN WIRKLICH IN DER TÜRKEI, SERKAN GÜZELCOBAN?"

Serkan Güzelcoban ist zwar in Stuttgart geboren und im Ländle aufgewachsen, hat die türkische Kultur aber parallel von seinen Eltern komplett verinnerlicht. In seinem Restaurant „Kleinod" bringt der Sternekoch beides zusammen: die türkische und die schwäbische Kultur auf einem Teller. Doch wofür steht die türkische Küche eigentlich? Also abgesehen von Döner, Lahmacun & Co.?

Nachgefragt: Wie kocht man wirklich in der Türkei?

Das ist ein sehr breites Spektrum! Im Grunde genommen ist die türkische Küche eine sehr einfache Küche. Vieles basiert auf den Jahreszeiten und man merkt den Gerichten an, dass sie so entstanden sind, dass man alles verarbeiten wollte, was gerade reif war. Ich kenne das von meinen Eltern. Die sind in einem türkischen Dorf aufgewachsen, wo noch richtig klassisch gekocht wurde. So gab es gefüllte Auberginen mit Lammhackfleisch bei uns auch immer im Sommer. Logisch: Da gab es auch einfach die besten Auberginen. Und für den Winter hat man sie ausgehöhlt und getrocknet.

Vieles klingt in der türkischen Küche einfach. Aber wenn es richtig zubereitet wird, dann sieht man, dass es richtig viel Tiefe hat. Es kommt auf die richtigen Zutaten an, dann wird es richtig komplex!

Da ist sehr viel über die Jahreszeiten entstanden. Das sieht man zum Beispiel auch bei der Tarhana-Suppe, die ich sehr liebe und die ich sehr gern auf der Karte habe. Eigentlich ist es eine selbst gemachte Instantsuppe, die man im Sommer ansetzt, wenn die Paprika reif sind. Meine Tanten machen das bis heute so: Die rennen im Sommer hin, kaufen kiloweise Spitzpaprika und setzen dann ihre Suppe an. Man nimmt Zwiebeln, Knoblauch und Spitzpaprika, dünstet alles, kocht eine Suppe und bindet sie am Ende mit Mehl und Joghurt. Dann lässt man die Suppe bei Zimmertemperatur fermentieren, also gären, sodass noch eine säuerliche Note dazukommt. Danach bringt man sie aufs Dach und wartet, bis sie irgendwann mal trocken ist. Schließlich kommt alles zur Mühle und wird gemahlen.

GANZ SCHÖN AUFWENDIG!

Ja, auf jeden Fall! Wenn ich die Suppe auf der Karte habe und sie meinen Gästen vorstelle, dann sage ich auch immer, dass sie jetzt eine doppelt fermentierte und dehydrierte Suppe bekommen. (lacht) Das klingt dann schon fast so wie in der modernen Spitzenküche. Und das, obwohl es ein uraltes Rezept ist! Da sieht man mal, wie nah Modernes und Traditionelles oft beieinanderliegen.

WAS VERBINDEN SIE MIT DER TÜRKISCHEN KÜCHE, DIE SIE ALS KIND KENNENGELERNT HABEN?

Auberginen! Auberginen begleiten mich mein ganzes Leben! Die gefüllten Auberginen von meiner Mutter sind auch wohl das Gericht, das ich am meisten mit meiner Kindheit verbinde. Auch wenn es sich nicht so anhört: Es ist wirklich nicht leicht, sie so gut zu machen wie meine Mutter. Meine Frau hat es ausprobiert, ich habe es ausprobiert – nix. Das kann nur meine Mutter! (lacht)

Aber es gibt viele solcher Gerichte. Wer mal in der Türkei Urlaub gemacht hat, der weiß, wie sehr wir das

Frühstück zelebrieren. Und das Wichtigste beim türkischen Frühstück ist natürlich unser Omelett, also Menemen. Da kommen frische Zwiebeln und Knoblauch in die Pfanne, und alles wird schön mit Olivenöl gedünstet. Dann kommen Spitzpaprika dazu. Einige milde, einige scharfe – eine gute Mischung. Darauf folgen richtig schön saftige Fleischtomaten. Die werden erst geschält und dann mit dem Paprikagemüse zu einer richtig flüssigen Tomatensoße eingekocht. Erst am Schluss kommt das Ei dazu. Man verquirlt es nur ganz kurz und lässt es kurz stocken – das ist sensationell!

IST DAS HEUTE IMMER NOCH IHR SONNTAGSFRÜHSTÜCK?

Gern! Ich liebe Menemen! Vor allem dann, wenn mein Vater es gemacht hat. Und: Es müssen gescheite Zutaten sein. Wenn man Tomaten hat, die zwar nach Tomaten aussehen, aber eigentlich nach Luft schmecken, dann braucht man kein Menemen machen. Erst recht nicht, wenn man weiß, wie es mit guten Zutaten schmeckt. Wer mal in der Türkei ist, muss es unbedingt dort probieren. Es ist da so bekannt wie hier der Sonntagsbraten. Und zwar egal, in welcher Region. Menemen kriegst du überall!

WIE SEHEN DENN GERICHTE IN IHREM RESTAURANT AUS, FÜR DIE SIE SICH VON DER TÜRKISCHEN KÜCHE INSPIRIEREN LASSEN?

Das ist ganz unterschiedlich. Manchmal sind es so ganz traditionelle Sachen wie die Tarhana-Suppe. Manchmal ergänzen wir solche Komponenten dann mit eigenen Ideen und machen es etwas komplexer. Was immer sehr gut ankommt, ist das Gericht „Sultans Freude". Das ist ein Auberginen-Sesam-Püree, ähnlich wie Baba Ganoush, nur dass noch eine Béchamelsoße reingezogen wird. Das ist eigentlich gar nicht typisch, aber zu diesem Rezept gehört sie einfach dazu. Dann hat man zu dieser Creme ein schönes Schmorfleisch, zum Beispiel Milchlamm, und natürlich Gemüse. Das ist ein richtiges Wow-Gericht mit ganz tollen Aromen.

Ich liebe Menemen! Vor allem dann, wenn mein Vater es gemacht hat.

Vieles klingt in der türkischen Küche einfach. Aber wenn es richtig zubereitet wird, dann sieht man, dass es richtig viel Tiefe hat. Es kommt auf die richtigen Zutaten an, dann wird es richtig komplex! So ist es zum Beispiel auch bei meiner Joghurtsuppe. Die ist super klassisch, richtig typisch für die Türkei. Mit guter Landbutter und frischer Minze ist das ein Wahnsinnsgericht! Aber wehe, man tauscht Zutaten aus oder hat nicht so ein tolles Aroma in der Minze ... davon lebt die Küche einfach.

MENEMEN
türkisches Rührei

Menemen macht nicht nur zum Frühstück glücklich! Mit Fladenbrot schmeckt es den ganzen Tag toll. Sobald die Eier in der Pfanne sind, sollte es aber schnell gehen: Wer sie zu lange stocken lässt, verliert die herrlich cremige Konsistenz. Einfach nur kurz mit dem Gemüse verquirlen und wenige Minuten ziehen lassen!

Zutaten

FÜR 4 PERSONEN ALS HAUPTSPEISE

2 Zwiebeln

2 Knoblauchzehen

4 EL Olivenöl

3 Paprikaschoten

Salz

4 Fleischtomaten

1 getrocknete Chilischote nach Geschmack

6 Eier

Zubereitung

1.
Zwiebeln und Knoblauchzehen schälen und fein würfeln. Das Olivenöl in einer Pfanne erhitzen und die Zwiebel- und Knoblauchwürfel darin glasig dünsten. Die Paprikaschoten putzen, waschen, in Streifen schneiden und mit in die Pfanne geben. Rundherum anbraten, salzen.

2.
Die Fleischtomaten waschen, putzen, entkernen und würfeln. Die Tomaten mit in die Pfanne geben, alles vermengen und einkochen lassen. Nach Wunsch zu diesem Zeitpunkt für etwas Schärfe auch eine zerstoßene getrocknete Chilischote zugeben.

3.
Sobald die Flüssigkeit der Tomaten nahezu komplett eingekocht ist, die Eier einzeln aufschlagen, in das Gemüse gleiten lassen und nur leicht verquirlen. So lange bei niedriger Hitze stocken lassen, bis sich ein Rand nach außen gebildet hat, die Konsistenz im Innern des Menemen aber noch leicht flüssig ist. Mit frischen Kräutern auf Fladenbrot servieren.

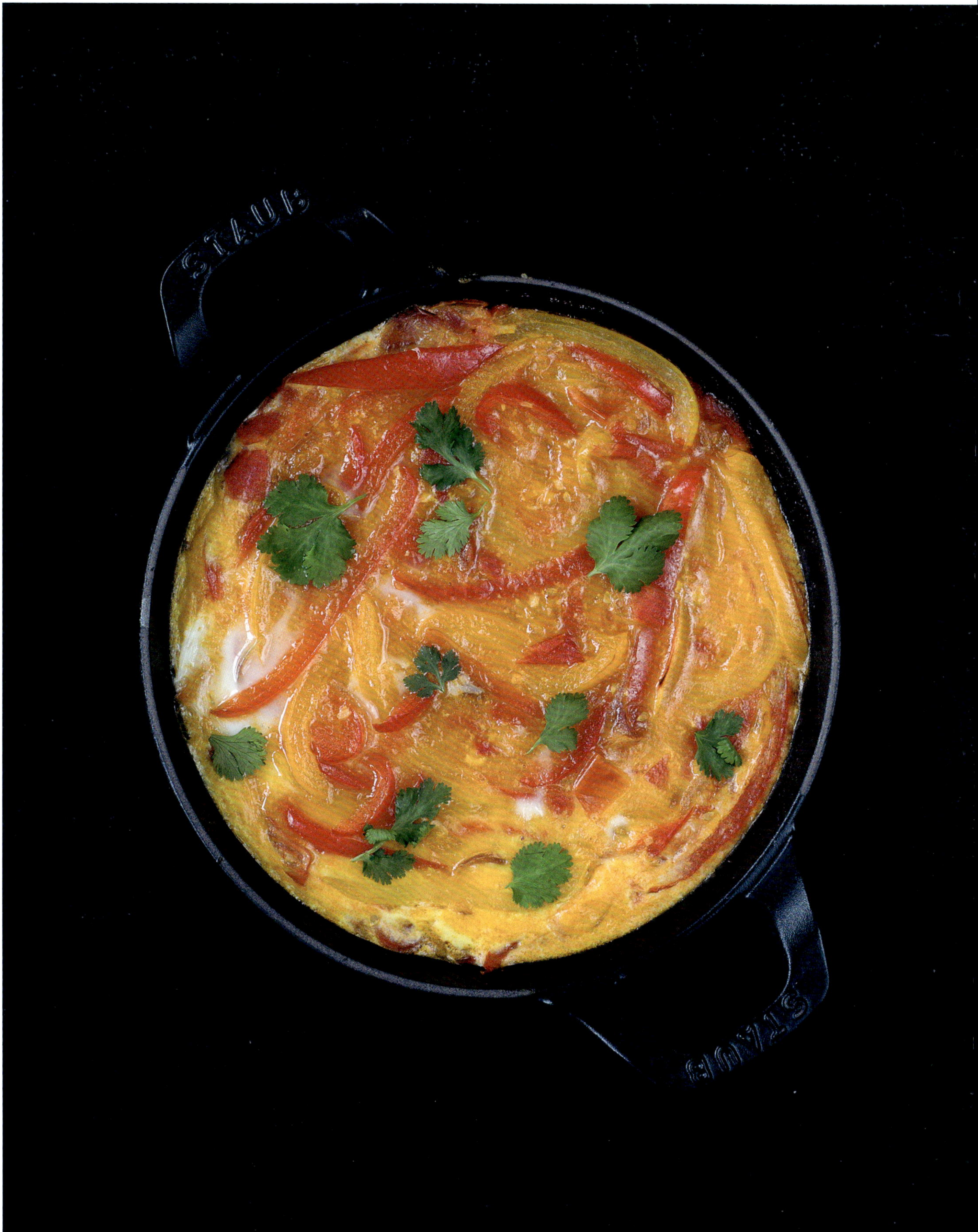
STAUB
STAUB

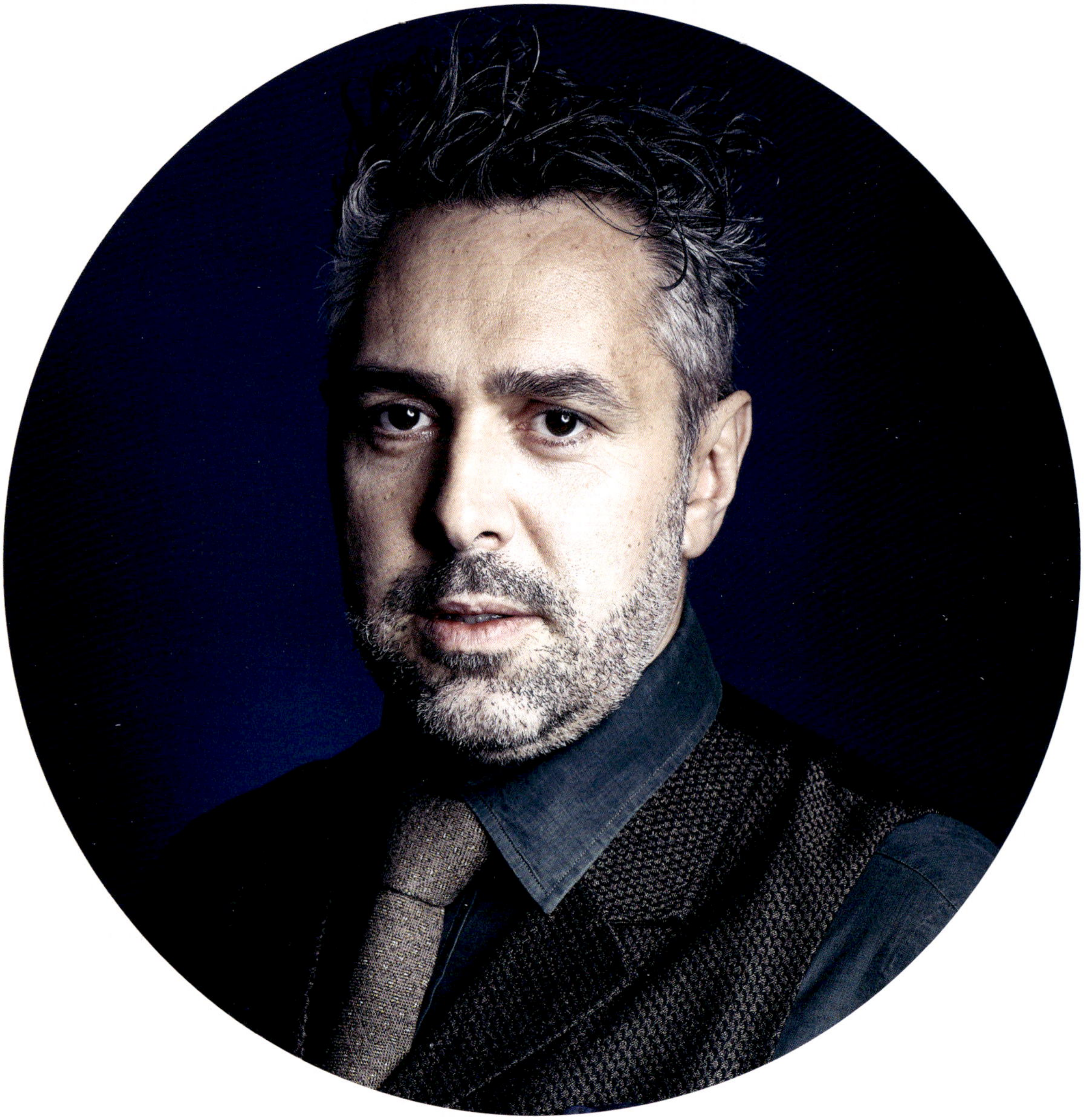

„WIE GELINGEN ECHTE SÜDTIROLER KNÖDEL ZU HAUSE, ROLAND TRETTL?"

Spitzenkoch, Fernsehjuror und gebürtiger Südtiroler: Wenn einer weiß, wie Südtiroler Knödel gelingen, dann ist es Roland Trettl. Er hat das Knödel-Handwerk im legendären „Patscheider Hof" auf dem Ritten bei Bozen gelernt und verrät uns hier die wichtigsten Tipps für richtig saftig-fluffige Knödel.

Nachgefragt: Wie gelingen echte Südtiroler Knödel zu Hause?

Ich bin mir gar nicht sicher, ob die zu Hause perfekt gelingen oder ob man Südtirol nicht dafür braucht! Essen hat ja auch sehr viel mit Emotionen und Gefühlen zu tun. Vielleicht hat es schon einen Einfluss, wenn man gerade in Südtirol ist, die Südtiroler Luft einatmet, die grünen Wiesen sieht, den Südtiroler Dialekt im Hintergrund hört … Vielleicht schmecken die Knödel dann tatsächlich noch einen Hauch besser, als wenn man den gleichen Knödel irgendwo anders essen würde?

Ich nehme Brot, das höchstens zwei oder drei Tage alt ist.

Aber das ist ja bei vielem Essen so. Damals im „Ikarus" habe ich diese Erfahrung häufig gemacht. Ich habe so viele Gastköche gehabt und meistens hat mir das Essen bei ihnen im Restaurant, also da, wo es herkommt, besser geschmeckt als dann später bei uns in Salzburg. Essen und Emotionen gehören so eng zusammen. Ich glaube, bei Knödeln ist das auch so.

VERRATEN SIE UNS TROTZDEM IHR REZEPT?

Das Wichtigste ist natürlich die Hauptzutat: das Brot. Und da machen die meisten den einen Fehler, dass das Brot zu trocken ist. Ich nehme Brot, das höchstens zwei oder drei Tage alt ist. Knödelbrot in Deutschland ist oft richtig hart, das ist meistens schon viel zu trocken. Je trockener das Brot, desto mehr Flüssigkeit muss ich am Ende zufügen, das macht gar keinen Sinn. Also lieber gleich saftigeres Brot verwenden. Ich schneide das Brot dann in dünne Streifen und knete etwas Mehl darunter. Das Mehl muss sich gut mit dem Brot vermengen, im Idealfall so gut, dass ich anschließend kein Mehl mehr unterheben muss.

Dann nehmen wir Schalotten und Knoblauch und schwitzen das Ganze in Butter an. Die Butter kann ruhig ein bisschen bräunlich werden, die Nussbutter ist ein guter Geschmacksträger. Die Schalotten schön weich schmoren, dann den frischen Blattspinat dazugeben und kurz zusammenfallen lassen. Das Ganze sehr fein hacken oder durch den Fleischwolf drehen und mit Salz, Pfeffer und Muskat würzen.

Man sollte zu Hause aufpassen, dass man nicht zu viel Ei verwendet.

Nun haben wir schon zwei Teile: das Brot und den Spinat. Als dritter Part kommen jetzt noch Ei und Topfen dazu. Den abgekühlten Spinat auf das Brot geben, dann die Topfen-Ei-Masse dazugeben und alles mit den Händen kneten. Aber Vorsicht: Die Hände immer offen lassen, nicht zu kräftig kneten. Nicht zermatschen und die Masse durch die Finger rauspressen! Je mehr das Ganze zermatscht wird, desto zäher wird der Knödel sein. Das muss wirklich eine ganz zärtliche Angelegenheit werden.

Wer jetzt weiße Stellen vom Brot im Teig hat, der hat zu trockenes verwendet. Wenn es zu alt ist, nimmt es die

Flüssigkeit aus dem Spinat und der Topfen-Ei-Mischung nicht mehr auf. Viele würden jetzt noch Milch zugeben. Das muss aber vermutlich nicht sein, weil wir ja kein allzu trockenes Brot genommen haben. Da reicht die Flüssigkeit aus dem Spinat locker aus.

UND WIE IST DAS MISCHUNGSVERHÄLTNIS DIESER DREI TEILE?

Keine Ahnung! Wenn ich Rezepte bräuchte, dann wäre ich Konditor geworden. Ich mache das nach Gefühl. Man sollte zu Hause aufpassen, dass man nicht zu viel Ei verwendet. Das Ei macht den Knödel zäh, dabei muss er fluffig sein. Je mehr Ei, desto ähnlicher ist der Knödel am Ende einem Tennisball ... Das kann man sich zu Hause gut vorstellen, wenn man ein Ei zehn Minuten kocht. Das wird total fest. Und genau das Gleiche passiert bei zu vielen Eiern auch mit dem Knödel.

WIE GEHT ES MIT DER FERTIGEN MASSE WEITER?

Ich würde sie eine Stunde ziehen lassen und dann zu glatten, billardkugelgroßen Knödeln formen und einen Topf mit Salzwasser aufsetzen. Die Knödel sollten etwa zehn Minuten ganz vorsichtig darin köcheln, auf keinen Fall zu doll kochen lassen. Im Idealfall geht der Knödel unter und kommt dann wieder hoch und zieht gar – dann hat man genau die richtige Masse.

Wenn ich Rezepte bräuchte, dann wäre ich Konditor geworden. Ich mache das nach Gefühl.

UND DANN: IST DER KNÖDEL FÜR SIE HAUPT- ODER NEBENDARSTELLER?

Wenn der Knödel gut ist, möchte ich ihn als Hauptspeise, wenn er nicht gut ist, lassen wir ihn als Nebendarsteller ...

DER SPINATKNÖDEL IST JA NUR EINER VON VIELEN. WELCHE SORTEN SIND DENN NOCH TYPISCH FÜR SÜDTIROL?

Der Speckknödel in der Suppe auf jeden Fall. Der Rote-Bete-Knödel auch, der funktioniert genauso wie der mit Spinat. Käseknödel sind auch sehr typisch. Bei den Gemüseknödeln reicht die Flüssigkeit eigentlich auch ohne Milch aus. Bei Speck und Käse wird man eventuell noch etwas Milch brauchen.

UND WO ISST MAN DIE BESTEN KNÖDEL?

Leider nicht bei mir! Ich habe das Knödelkochen im „Patscheider Hof" gelernt. Und sooft ich Knödel auch auf Events zubereite – sie werden nie so gut wie dort; das ist hart, aber wahr. Es wird aber einfach daran liegen, dass sie dort bestimmt schon fünf Millionen Knödel gemacht haben.

SÜDTIROLER KNÖDEL
mit Spinat

Echte Südtiroler Knödel: Frisch aus dem Topf schmecken sie am besten! Ganz gleich, ob mit Spinat, Graukäse, Rote Bete oder Speck: Bereiten Sie möglichst immer einen mehr zu – Abnehmer finden sich dafür auf jeden Fall. Oft sogar schon direkt am Herd …

Zutaten

FÜR 2–3 PERSONEN ALS HAUPTSPEISE

Für den Spinat
2 Schalotten
1 Knoblauchzehe
3 EL Butter
400 g Baby-Spinat
Salz
Pfeffer
frisch geriebene Muskatnuss

Für das Brot
150 g Brötchen vom Vortag (nicht zu trocken!)

Außerdem
2 Eier
2 EL Quark (20 % Fett i. Tr.)
4 EL frisch geriebener Parmesan

Zubereitung

1.
Schalotten und Knoblauchzehe schälen und fein würfeln. Die Butter in einem großen Topf erhitzen und die Zwiebel- und Knoblauchwürfel darin bei mittlerer Hitze glasig schwitzen. Nach gut 10 Minuten die Spinatblätter zugeben, alles vermengen und zusammenfallen lassen. Den Spinat nur kurz erhitzen und mit Salz, Pfeffer und Muskat abschmecken. Leicht abkühlen lassen.

2.
Das Brot fein schneiden und in eine Schüssel geben. Nun das Brot mit dem Spinat verkneten und Eier, Quark und geriebenen Käse zugeben. Alles abschmecken und billardgroße Knödel formen.

3.
Einen großen Topf mit Salzwasser zum Kochen bringen und die Knödel darin bei niedriger Hitze 10 Minuten köcheln lassen. Gut abtropfen lassen und mit Nussbutter (siehe Tipp) und frisch geriebenem Parmesan servieren.

Tipp
Nussbutter

Für selbst gemachte Nussbutter 250 g Butter langsam im Topf erhitzen, bis sie eine feine braune Farbe annimmt. Dann von der Platte nehmen und durch ein Sieb streichen. Nussbutter hält sich, luftdicht verschlossen, im Kühlschrank mehrere Wochen. Sie eignet sich zum Abschmecken, Würzen und Verfeinern, beispielsweise von Kartoffelpüree.

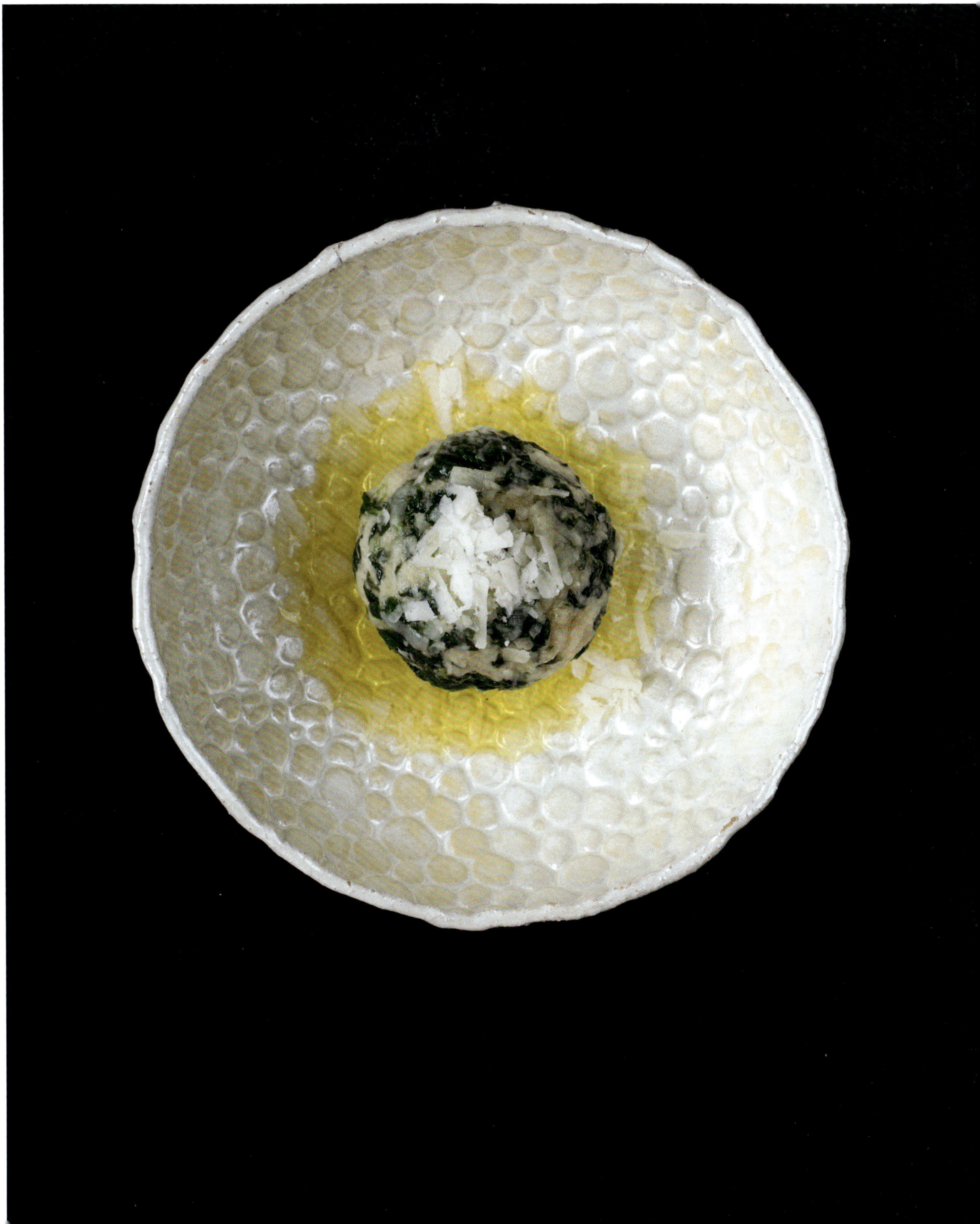

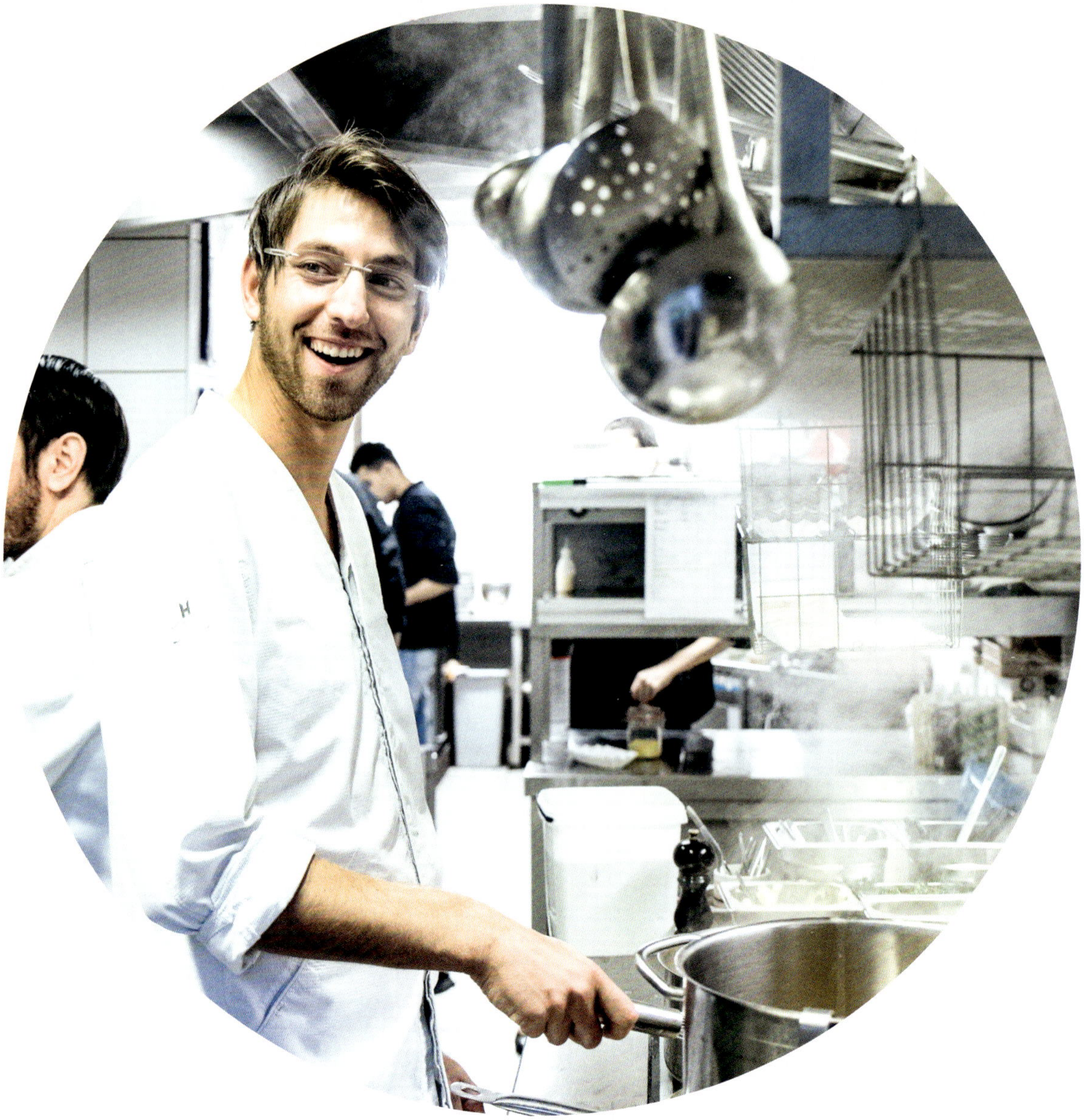

„KANN ICH KLASSIKERN EIN NEUES GESICHT GEBEN, BENJAMIN GALLEIN?"

Blumenkohl polnisch, Borschtsch oder Forelle Hausfrauenart: Sternekoch Benjamin Gallein ist dafür bekannt, Klassiker neu zu interpretieren. Was lässt sich von dieser Art des Kochens für zu Hause lernen? Der Küchenchef der „Olen Deele" in Burgwedel bei Hannover erklärt es Schritt für Schritt.

❓ Nachgefragt: Kann ich Klassikern ein neues Gesicht geben?

Das kann man auf jeden Fall machen! Das ist auch der Ansatz von vielen Gerichten hier bei uns im Restaurant. Die Idee ist eigentlich ganz einfach: Es gibt viele bekannte Geschmackskombinationen, die wir teilweise schon seit unserer Kindheit kennen. Das sind Dinge, die einfach funktionieren – logisch, sonst wären es ja keine Klassiker. Und es sind Kombinationen, die wir meistens mit Erinnerung verbinden – positiven hoffentlich. (lacht)

Die Idee ist immer, sich die verschiedenen Komponenten anzusehen und sie dann in neuer Form und mit neuer Textur auf den Teller zu bringen.

Insofern sind Klassiker oft Gerichte, die Emotionen auslösen. Das machen wir uns in der Küche zunutze und liefern dem Gast etwas, das er irgendwie kennt. Nur dass wir es neu in Szene setzen. Die Komponenten sind alle dabei – nur in anderer Form. Da kann ein Quark zu einem Gelee werden, eine Kartoffel zum Eis, ein gekochtes Ei zum Eigelb-Raviolo – da gibt es so viele Möglichkeiten. Die Idee ist immer, sich die verschiedenen Komponenten anzusehen und sie dann in neuer Form und mit neuer Textur auf den Teller zu bringen. Die Aromen bleiben dieselben, wir greifen nur in das Gesamtbild ein, indem wir Texturen, Temperaturen und andere Akzente verändern und das Gericht etwas differenzierter und komplexer gestalten.

So haben wir uns zum Beispiel mal den Klassiker „Matjes Hausfrauenart" vorgenommen und ihn neu gedacht: Wie könnten wir den Apfel anders präsentieren, als ihn einfach nur klein zu schneiden und in den Schmand zu geben? Vielleicht grillt man den Apfel oder man räuchert ihn. Ich kann den Apfelanteil im Gericht auch verstärken, indem ich statt Weißweinessig einen schönen Apfelessig verwende. Den Schmand kann man dann zum Beispiel als Eis oder als Creme servieren. Aus den Zwiebeln lässt sich eine kräftige Soße machen oder einfach knusprig geröstete Zwiebeln oder auch eine kräftige Creme.

DAS HEISST: DIE GRUNDZUTATEN SIND GESETZT, BEI NEBENZUTATEN DARF MAN VARIIEREN UND SPIELEN?

Wir machen das so, ja. Man könnte es auch anders machen, da gibt es keine festen Regeln. Mir ist es aber wichtig, dass der Klassiker wiedererkennbar ist. Sonst wäre es klein Klassiker mehr …

LASS UNS DEN „MATJES HAUSFRAUENART" MAL SCHRITT FÜR SCHRITT DURCHGEHEN. WIE HABT IHR IHN NEU INTERPRETIERT?

Anstelle von Matjes haben wir in diesem Fall Forellen genommen. Das verändert das Gericht nicht so stark, als dass man es nicht wiedererkennen würde. Und Forellen sind hier regional, die bekommen wir von einem Fischwirt aus der Wedemark. Insofern lag die Entscheidung für uns auf der Hand. Wir haben also Forellen genommen und sie in einer Marinade eingelegt, mit der man sonst auch Hering oder Matjes zubereiten würde.

Apfelsaft, klassische Gewürze, Zwiebeln – all die Aromen, die man sonst auch hat. Dann haben wir die Forellen zwei, drei Tage eingelegt, bis sie gereift waren und die richtige Aromatik angenommen haben. Auf unserem Fisch haben wir dann alle anderen Komponenten angerichtet: eine Schmandcreme, ein Schmandeis, ein Gewürzgurken-Gel, selbst eingelegte Essiggurken, eine Zwiebelcreme, Zwiebel-Espuma, eine Kräutersoße aus Petersilie und Dill und angegrillte Kartoffeln.

WIE HAT DAS MIT DEN KLASSIKERN FÜR DICH ANGEFANGEN?

Das ist hier in der „Olen Deele" entstanden. Robert, mein früherer Souschef, hat mal einen Borschtsch angesetzt, so wie er ihn zu Hause von seiner Familie kennt, also einen typisch russischen Rote-Bete-Eintopf. Wobei er es nicht genau so gemacht hat: Er hat das Rezept dann eben hier auf Gourmet-Ebene gehoben und aus den Komponenten verschiedene Varianten hergestellt. So hatten wir einen unserer ersten neu interpretierten Klassiker.

Wir wissen einfach: Eingelegter Fisch, Apfel, Zwiebeln, Schmand – das ist eine sichere Bank, das funktioniert.

In dieser Zeit haben wir noch mehr in dieser Richtung gemacht. Blumenkohl polnisch zum Beispiel. Das war auch gleichzeitig einer der Gänge, der mit am besten bei den Gästen angekommen ist. Viele Leute sprechen uns auf die Klassiker an. Wir haben hier in Burgwedel wirklich viele Stammkunden. Und wir sind ein ländliches Restaurant. Da kommt die Idee mit den Klassikern einfach an. Das sind Aromenkombinationen, die die Leute kennen und verstehen, und das ist einfach wichtig. Für uns in der Küche ist es ganz nebenbei auch gut. Wir wissen einfach: Eingelegter Fisch, Apfel, Zwiebeln, Schmand – das ist eine sichere Bank, das funktioniert.

WAS EMPFIEHLST DU HOBBYKÖCHEN, DIE SICH ZU HAUSE MAL AN EINE NEUINTERPRETATION MACHEN MÖCHTEN?

Da gibt es zig Gerichte, die sich anbieten würden …

NEHMEN WIR MAL PELLKARTOFFELN UND QUARK – EIN WIRKLICH EINFACHER KLASSIKER.

Man könnte aus den Kartoffeln ein Eis machen und den Kräuterquark als Schaum zubereiten. Dann nimmt man die Schale der Kartoffeln und frittiert sie in Butterschmalz aus – so hat man noch ein bisschen was Knuspriges mit auf dem Teller. Wer hat, der gibt dann auch noch etwas Kaviar, Lachs oder Krabben dazu. Das funktioniert sehr gut zusammen!

EIS UND FRITTIERTE SCHALE
aus Kartoffeln mit Kräuterschaum

Cremiges Kartoffeleis, fluffiger Kräuterschaum und frittierte Kartoffelschale – schon der erste Bissen erinnert an Mahlzeiten am Familientisch. Der große Unterschied kommt durch neue Texturen, Temperaturen und die so entstehende geschmackliche Tiefe zustande – perfekt als Vorspeise oder Appetizer!

Zutaten

FÜR 6 PERSONEN ALS VORSPEISE

Für das Eis

1 TL Salz

500 g mehligkochende Kartoffeln (mit Schale)

200 g Sahne

50 ml Milch

frisch geriebene Muskatnuss

Weißweinessig

3 Eigelb

Für die Espuma

je 1 Bund glatte Petersilie, Schnittlauch, Dill, Kerbel

50 ml Sonnenblumenöl

400 g Schmand

Salz · ½ Bio-Zitrone

Für die Schale

250 g Butterschmalz

abgezogene Schalen der Pellkartoffeln

Zubereitung

1.

Für das Eis Salzwasser mit Kartoffeln zum Kochen bringen und garen. Die Schale sauber abziehen und aufbewahren. Für die nächsten Schritte eignet sich eine Küchenmaschine mit Wärmefunktion, etwa der Thermomix.

2.

Die gepellten, gewürfelten Kartoffeln mit Sahne und Milch unter Rühren erhitzen. Alles kurz cremig einkochen lassen und mit Muskat und Weißweinessig abschmecken. Die Eigelbe unter Rühren unter das Püree geben, die Kartoffelcreme dabei auf 80 °C erhitzen. Diesen Vorgang nennt man „zur Rose abziehen" – er ist im Thermomix besonders einfach: Kartoffeln, Sahne und Gewürze auf niedriger Stufe mit Hitzezufuhr mixen, dann die Eier zugeben, weiterrühren (Empfehlung: Stufe 6) und dabei die Temperatur auf 80 °C stellen. Nach etwa 1 Minute ist die Eisbasis fertig und kann in der Eismaschine innerhalb von 50 Minuten zu einer kalten Creme gerührt werden. Wer keine Eismaschine hat, gibt die Kartoffelcreme in einen großen Behälter und friert ihn 3 Stunden an. Regelmäßig alles mit einer Gabel vermengen, sodass sich keine Eiskristalle bilden. Nach 5–6 Stunden ist die eisgekühlte Kartoffelcreme fertig.

3.

Für die Kräuterschmand-Espuma die Kräuter waschen, gegebenenfalls Blätter von den Stängeln zupfen, und in den Thermomix geben. Das Öl hinzufügen, die Kräuter fein mixen und auf 50 °C erhitzen – so bekommt das Kräuteröl eine schöne grüne Farbe. Das Öl abkühlen lassen, mit dem Schmand vermengen. Mit Salz und der abgeriebenen Bio-Zitronenschale abschmecken. Eine Espuma-Flasche vorbereiten, die Kräutercreme hineinfüllen und mithilfe von einer, eventuell zwei Kapseln einen Kräuterschaum herstellen und kalt legen.

4.

Das Butterschmalz langsam erhitzen, die Kartoffelschalen darin kurz frittieren. Aufpassen: Das geht sehr schnell, die Schale nimmt schnell zu viel Farbe an. Je 1 esslöffelgroße Portion Kräuterschmand-Espuma mit 1 Nocke Kartoffeleis und etwas frittierter Kartoffelschale in Schälchen anrichten.

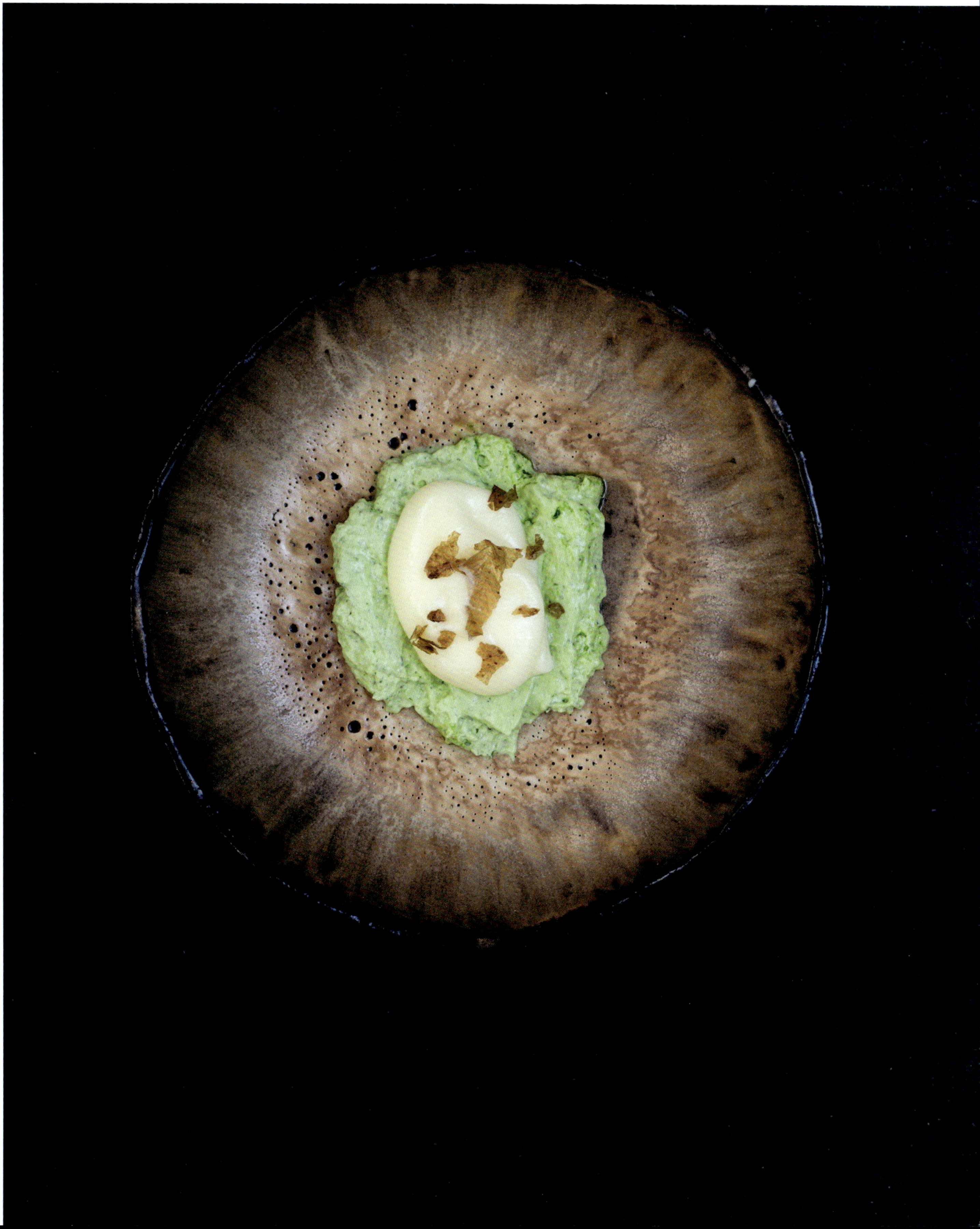

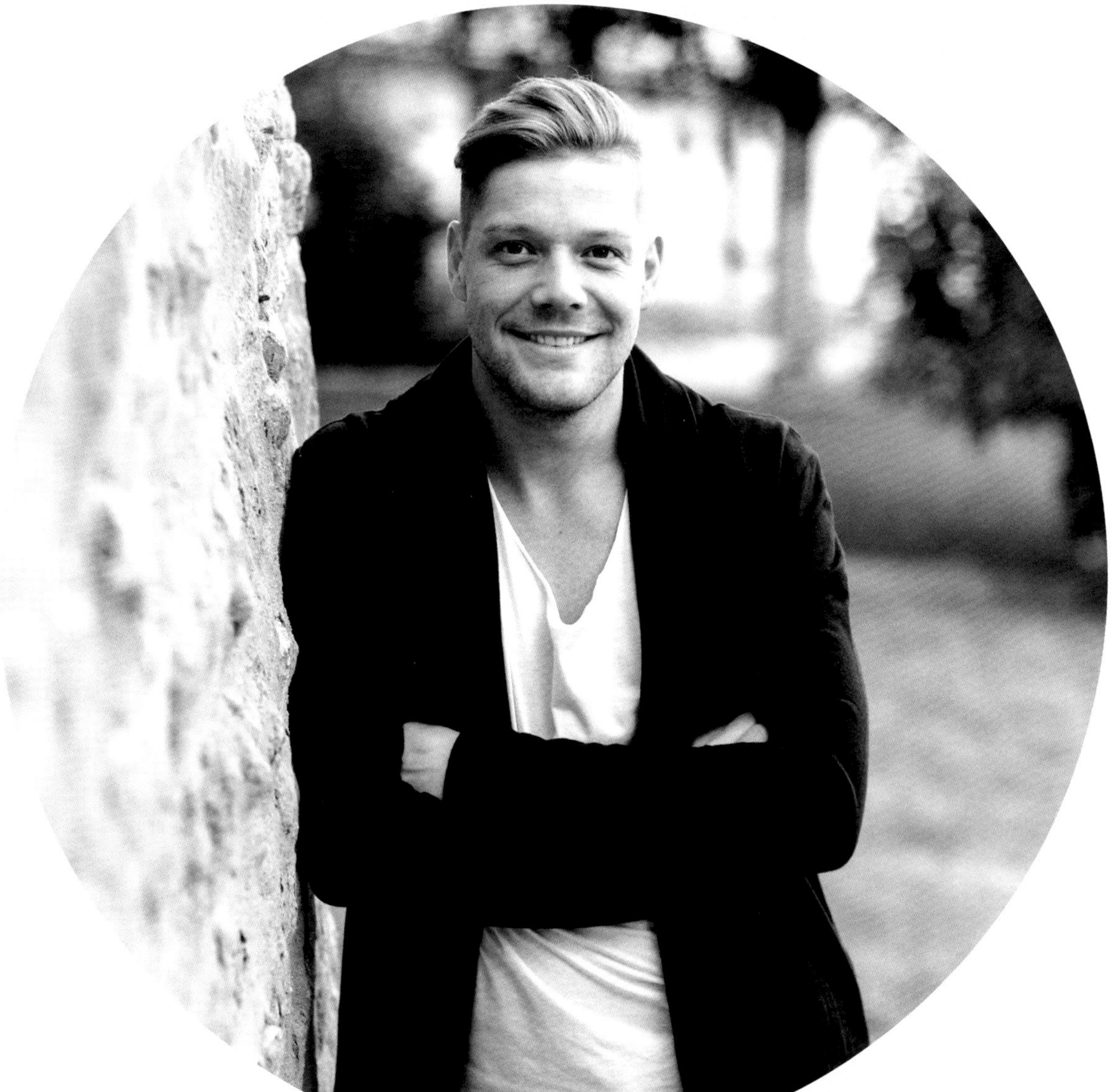

„WIE GELINGT DIE BESTE KARTOFFELSUPPE DER WELT, ROBIN PIETSCH?"

„Kochen muss einfach sein", sagt Robin Pietsch. Der 30-Jährige gehört zu den jüngsten Sterneköchen Deutschlands und darf von sich behaupten, den einzigen Stern in ganz Sachsen-Anhalt in seinem Restaurant „Zeitwerk" in Wernigerode zu halten. Im Interview verrät er ein absolutes Lieblingsrezept: eine ganz einfache und doch sensationell leckere Kartoffelsuppe.

Nachgefragt: Wie gelingt die beste Kartoffelsuppe der Welt?

Einfach – das ist das Wichtigste! Es muss simpel sein, das ist auch der Kochstil, den ich selbst verfolge. Einfach bedeutet für mich, dass ich jegliche Grundprodukte benutzen könnte. Ich möchte nicht stundenlang suchen, um irgendwann das eine, ganz spezielle Produkt gefunden zu haben, mit dem das Rezept funktioniert ... Dann haben die meisten schon keine Lust mehr!

Wenn Dinge zu aufwendig werden, dann machen sie keinen Spaß mehr.

Jetzt hier, im Fall der Kartoffel, möchte ich jede Sorte benutzen können: egal, ob festkochend, vorwiegend festkochend oder mehligkochend. Das, was einem zu Hause auch wichtig ist: Man sollte nicht erst durch die halbe Stadt fahren müssen, um irgendwelche Zutaten zu besorgen – dann wäre die Kartoffelsuppe schon lange nicht mehr perfekt. Man darf diesen Punkt gerade für die Alltagsküche nicht außer Acht lassen: Wenn Dinge zu aufwendig werden, dann machen sie keinen Spaß mehr. Das sollten wir verhindern. Deshalb machen wir Rezepte, die simpel und trotzdem richtig gut sind.

WIE GEHST DU VOR?

Ich nehme eine Handvoll Kartoffeln mit Schale – natürlich gut geputzt! – und bereite sie mit etwas Salzwasser ganz klassisch wie Pellkartoffeln zu. Wer mag, kann auch noch etwas Lorbeer oder Piment zugeben. Oder gleich einen Gemüsefond verwenden für noch mehr Geschmack. Aber das muss auch nicht sein. Das sind nur so diese Stellen, an denen man drehen kann, um noch mehr Kraft ins Essen zu bringen.

Dann werden die Kartoffeln ganz klassisch abgekocht. Jetzt nimmt man eine Mischung aus Sahne und Milch und erwärmt beides mit etwas guter Butter (so wie Oma das früher immer schon gesagt hat!) im großen Topf. Dann gibt man die Kartoffeln dazu, püriert alles sehr fein und schmeckt die Suppe mit Salz und Muskatnuss ab. Manch einer mag jetzt stutzen, aber das Pürieren hat wirklich Sinn! Man macht es ja sonst gerade nicht, weil die Kartoffeln beim Pürieren schnell matschig oder schleimig werden. Aber ehrlich gesagt: In diesem Fall ist das geil! Wir wollen die Kartoffeln genau so haben! So entsteht eine richtige Cremigkeit – eine glatte Creme, die einfach nur nach sahniger Kartoffel schmeckt.

Du musst die Schale dranlassen – so ist der Kartoffelgeschmack viel typischer!

Wer jetzt noch eine Stufe weiter gehen möchte, der füllt die Kartoffelsuppe in den Sahnesiphon und spritzt die Suppe dann schön schaumig in die Bowl. So gibt es noch mehr Fülle im Mund – ich persönlich finde das extrem gut. Außerdem bekommt man noch deutlich mehr raus aus der Suppe, weil sich das Volumen ja mal eben verdreifacht. Wer die Suppe nicht als Schaum aufarbeitet, mixt sie ganz einfach mit so viel Sahne und Milch auf, bis die Konsistenz passt. Zum Schluss nur noch abschmecken – fertig!

UND WENN MAN NOCH ETWAS „BEIWERK" HABEN MÖCHTE? TOPPINGS ODER SO?

Da kann man ganz viel machen – im Prinzip alles, wo man Lust drauf hat. Klassisch ist ja immer so eine Zwiebel-Schinken-Schlotze, das schmeckt immer gut! Kartoffeln, Zwiebeln und Schinken – das passt einfach perfekt zusammen! Man dünstet die Zwiebeln langsam an, gibt den Schinken dazu, lässt beides zusammen eine Zeit lang vor sich hin schwitzen, und dann ab auf die Suppe. Dazu passt auch noch etwas grüne Kresse oder ein paar Wildkräuter, um noch was Feines reinzubringen.

SPANNEND, DASS DU DIE SCHALE AN DER KARTOFFEL LÄSST. BEI EINER SUPPE IST DAS JA EHER UNGEWÖHNLICH ...

Das fängt ganz vorn wieder an: Wir wollen ja einfach kochen. Warum sollte ich die Kartoffeln dann nicht mit der Schale kochen? So haben wir einfach mehr Geschmack drin. Im Prinzip ist es ja so was wie eine Pellkartoffelschaumsuppe. Ich finde, man hat gar keine andere Wahl: Du musst die Schale dranlassen – so ist der Kartoffelgeschmack viel typischer!

Die Idee ist eigentlich auch von den guten alten Pellkartoffeln geklaut. Da hat man die Kartoffeln auch mit der dünnen Schale, dann die Butter, das Salz – ganz ähnlich wie das, was wir jetzt zum Löffeln in der Bowl haben ...

LÄSST SICH DAS SPIEL WEITERDENKEN: MÖHREN-SCHAUMSUPPE, KÜRBISSCHAUMSUPPE, FENCHEL-SCHAUMSUPPE?

Ja klar, im Prinzip schon. Man muss halt beachten, dass die Kartoffel ein Stärkelieferant ist und sehr viel Bindung mitbringt. Wenn man das Ganze jetzt mit Möhren oder Fenchel veranstaltet, dann sieht die Konsistenz anders aus. Man wird ein anderes Verhältnis von Gemüse und Flüssigkeit haben – was aber natürlich kein Problem ist. Ganz im Gegenteil: Man hat dann immer den puren Gemüsegeschmack. Mehr will man doch eigentlich auch nicht?!

UND WENN MAN DOCH MAL MIT EIN PAAR EXTRA-ZUTATEN SPIELEN MÖCHTE? ALSO ORANGE ZUM FENCHEL, VANILLE ODER CHILI ZUR MÖHRE ...

Einfach machen! Klar, das würde auch sehr gut passen! Ich versuche, immer erst an die einfachsten Grundlagen zu denken. Dann kocht man sie auch selbst – sogar im Alltag. Es ist nicht zeitaufwendig, kostet nicht viel Geld, und im Prinzip kann es jeder. Wenn man von da aus dann weiterexperimentieren möchte und auf den Geschmack gekommen ist – umso besser!

PELLKARTOFFELSUPPE

mit Zwiebel-Schinken-Topping

Echt jetzt?! Die Schale einfach mitpürieren? Ja! Das ist nicht nur wahnsinnig praktisch, es schmeckt auch wunderbar kartoffelig! Mehr Kartoffel in einer cremig-sahnigen Suppe geht nicht! Übrigens perfekt vorzubereiten für große Familienfeste oder Events, zu denen der Tisch mal etwas voller besetzt ist!

Zutaten

FÜR 4 PERSONEN ALS HAUPTSPEISE

Für die Kartoffelsuppe

1 kg Kartoffeln mit der Schale

Salzwasser oder Gemüsefond zum Kochen

200 g Sahne

300 ml Milch

1 TL Salz

frisch geriebene Muskatnuss

1 EL Weißweinessig

Für das Zwiebel-Schinken-Topping

2 Zwiebeln

2 EL Sonnenblumenöl

100 g Schinkenwürfel

Zubereitung

1.
Die Kartoffeln gründlich waschen, putzen und mit der Schale in kochendem Salzwasser oder in kochender Gemüsebrühe weich garen. Die Kochflüssigkeit abgießen und die Kartoffeln würfeln. In einem Topf mit Sahne und Milch vermengen, zum Kochen bringen und fein mixen. Dieser Vorgang geht zum Beispiel sehr gut im Thermomix. Die Kartoffelcremesuppe mit Salz, Muskatnuss und Weißweinessig abschmecken. Sollte die Konsistenz noch nicht ganz passen, einfach noch etwas Milch oder Sahne dazugeben.

2.
Für das Topping die Zwiebeln schälen und fein würfeln. Das Öl in einer Pfanne auf mittlerer Stufe erhitzen und die Zwiebeln darin anschwitzen. Nach 5–6 Minuten die Schinkenwürfel dazugeben und weitere 5–6 Minuten mitdünsten.

3.
Die Kartoffelsuppe in Schälchen aufteilen und mit dem Zwiebel-Schinken-Topping servieren.

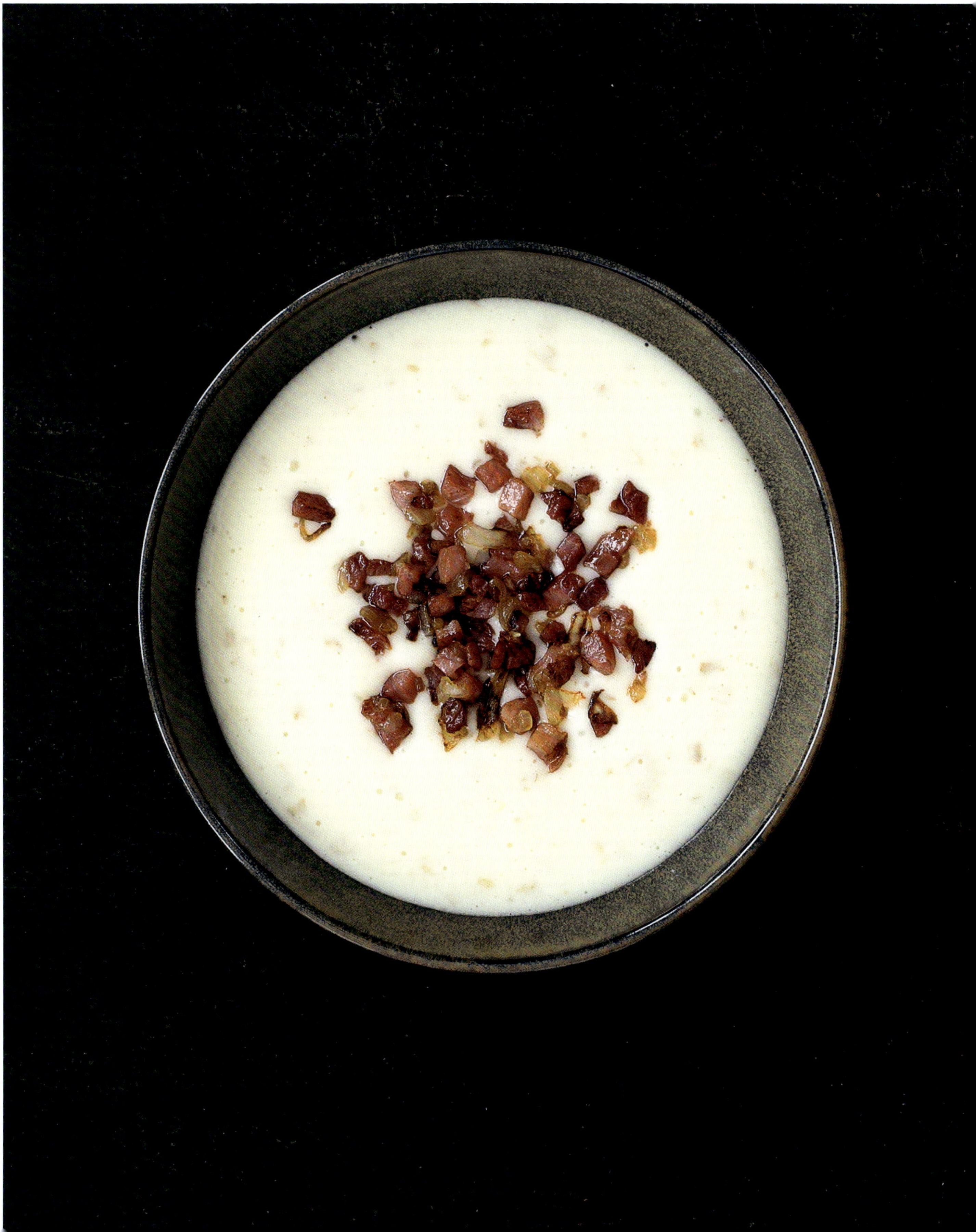

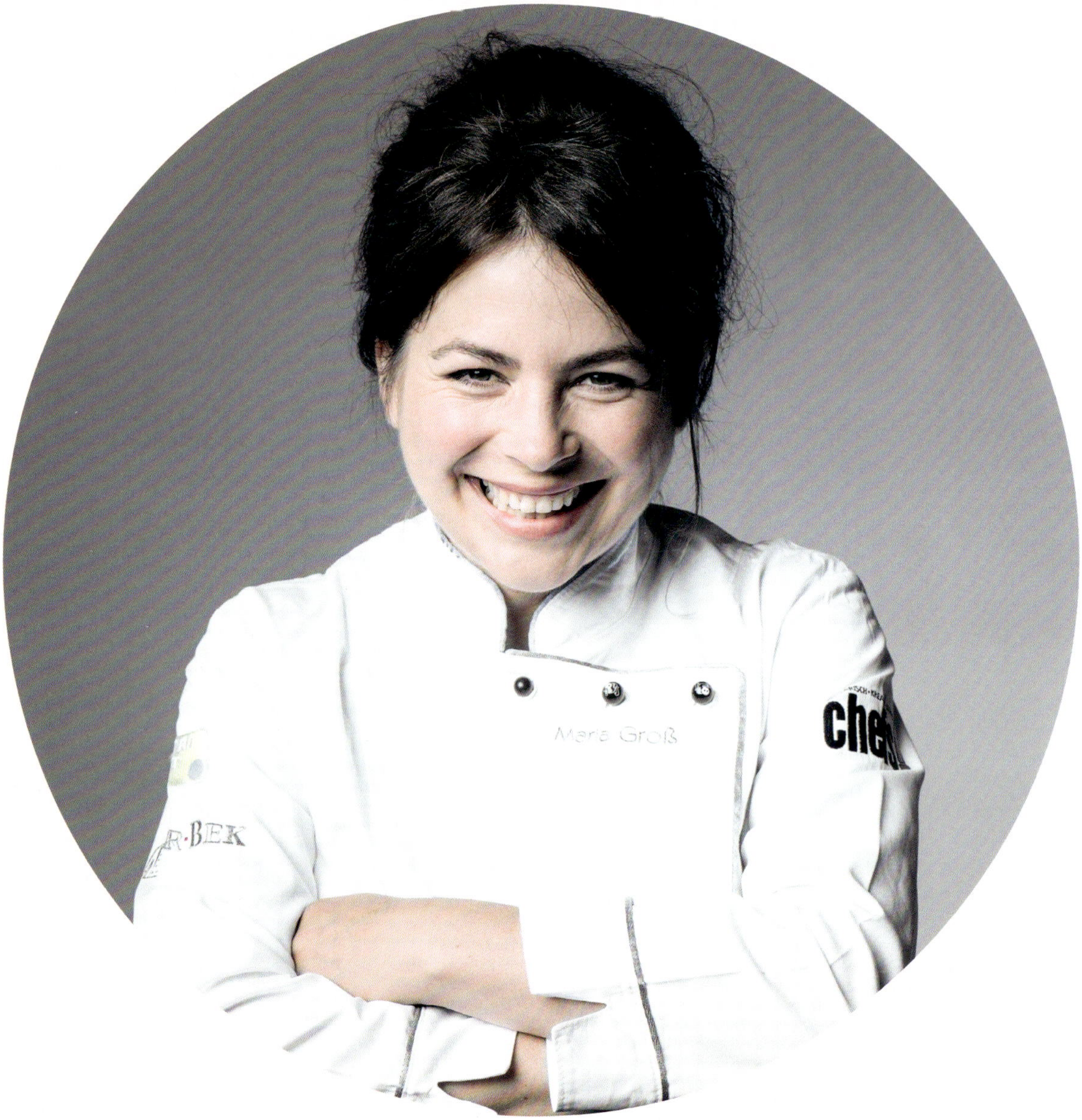
Maria Groß

„WAS IST DAS GEHEIMNIS GUTER SCHMORGERICHTE, MARIA GROSS?"

Fernsehköchin, Jurorin und das Gesicht für richtig gute, rustikale Küche auf Spitzenniveau: Wenn es eine Zubereitungsart gibt, für die Maria Groß steht, dann ist es das Schmoren. Um was es da geht? Röstaromen, Röstaromen und – man ahnt es nicht: Röstaromen.

Nachgefragt: Was ist das Geheimnis guter Schmorgerichte?

Ein gutes Schmorgericht muss richtig Kraft haben! Wer sich da am Anfang zu wenig Zeit nimmt und sich nicht traut, der wird am Ende nur enttäuscht sein. Man muss Mut zur Farbe haben. Was man zu Anfang nicht in den Topf gibt, kommt später auch nicht mehr rein – nur mit Mogeln. Und: An einer guten Soße kannst du die Handschrift eines Kochs ablesen.

GEMESSEN AN DEINEN SOSSEN, IST DEINE HANDSCHRIFT ZIEMLICH KRÄFTIG …

Auf jeden Fall! Man merkt schon, dass ich vom Dorf komme. Von meinem Essen kriegt man auch richtig Durst. (lacht) Das ist hier in der Thüringer Küche aber auch absolut üblich. Wir essen ja nicht nur viel Soße, wir essen auch einfach sehr, sehr würzig. Egal, ob du eine Knackwurst oder eine Roulade nimmst – in den ordentlichen Landgasthäusern kriegst du überall sehr kraftvolle Geschichten. Irgendwie einen Schluck braune Soße drüberkippen ist da nicht. Da steht die Soße im Mittelpunkt und ist fast schwarz, so viel Kraft hat die. Du hast hier ständig das Gefühl, das du früher hattest, als du bei der Oma zum Mittagessen warst.

WAS SIND DENN DIE WICHTIGSTEN STEPS BEIM SCHMOREN FÜR ALL DIE KRAFT?

Man darf am Anfang nicht zu viel husch-husch machen. Für den Ansatz muss man sich echt Zeit nehmen. Ich glaube, was die Leute zu Hause immer falsch machen, ist, dass sie zu zaghaft sind mit den Röstaromen. Da wird dann alles in einen Topf gegeben, die Hitze bloß nicht zu hoch gedreht, und dann schwitzt alles mehr oder weniger langsam vor sich hin.

Es darf natürlich kein Brikett sein, aber schon irgendwie kurz davor!

So entsteht leider keine gute Soße! Man darf da wirklich mutig sein. Du gibst nur einen Minitropfen Öl in die Pfanne, gibst dann das Fleisch in die knallheiße Pfanne und brätst es an, bis es richtig Farbe bekommen hat. Es darf natürlich kein Brikett sein, aber schon irgendwie kurz davor! Brünett und nicht blond, wie es ja mal im *Jungen Koch* stand. (lacht) Da ist wirklich was dran: Was du an Farbe zu Anfang nicht reingibst, kriegst du später auch nicht mehr in die Soße, da musst du sonst immer mogeln.

Was auch wichtig ist: Mehrmals ablöschen! Wenn das Fleisch und das Gemüse richtig schön angebraten sind, dann gibst du einen Hauch Tomatenmark dazu – wirklich nur einen Hauch, es soll ja nicht tomatig schmecken. Dann gibst du den ersten Schluck Rotwein dazu. Wirklich erst mal nur einen Schluck, bis er komplett wegreduziert ist. Dann den nächsten, dann wieder den nächsten – dieses Spiel sollte man durchaus vier- bis fünfmal wiederholen. Meistens macht man das nicht, aber es ist wirklich wichtig.

DAMIT HÄTTEN WIR DEN ANSATZ FERTIG. WIE GEHT ES JETZT WEITER?

Ich lasse die Bäckchen, das Gulasch oder das Ossobuco – je nachdem, was gerade geschmort wird – einfach langsam vor sich hin köcheln. Immer bei niedriger Hitze, dafür länger schmoren. Das lohnt sich und wirkt sich immer auf die Konsistenz des Fleisches und den Geschmack aus. Ja, und dann ist das Fleisch ja irgendwann fertig. Bei mir kommen dann zum Abschmecken Madeira oder Portwein in die Soße. Nicht viel, nur ein bisschen, so als Parfüm quasi. Und das Teure immer zum Schluss, dann ist der Effekt am schönsten!

GIBT ES EINEN TRICK, WENN EINEM DIE SOSSE NOCH ZU FLÜSSIG SEIN SOLLTE?

Ja, man kann das Fleisch einmal rausnehmen und das mitgeschmorte Gemüse mit der Soße wie bei einem Smoothie pürieren. Das gibt noch mal einen Extra-Kick! Sowohl geschmacklich durch das geröstete Gemüse als auch in der Konsistenz.

WIE STEHST DU ZU SAHNE IN SCHMORSOSSEN?

Natürlich schmeckt das immer geil, gar keine Frage. Ich persönlich finde es allerdings für dunkle Soßen auf Rotweinbasis eher unüblich. Wenn ich das überhaupt mal mache, dann nur, um eine Soße zu strecken, weil sich plötzlich fünf Leute mehr angekündigt haben … (lacht)

Bei mir kommen dann zum Abschmecken Madeira oder Portwein in die Soße. Nicht viel, nur ein bisschen, so als Parfüm.

WAS SIND DEINE LIEBSTEN SCHMORGERICHTE?

Ich mag vieles gern! Bäckchen allerdings besonders. Von welchem Tier ist eigentlich egal, sie schmecken alle sensationell! Je kleiner die Tiere, desto zarter und besser die Bäckchen. Im Übrigen verringert sich bei kleineren Tieren auch der Kollagen-Anteil im Fleisch, den viele Leute ja nicht so mögen. Sehr typisch hier für den Thüringer Raum sind Schweinsbäckchen. Einfach kräftig anbraten und so weiterverfahren, wie beschrieben. Die Individualität kommt dann später rein, wenn die Soße verfeinert wird. Typisch für unsere Region ist eine Mischung aus körnigem Senf und einem Schluck Portwein.

HAST DU NOCH EINEN SCHMORTRICK FÜR EILIGE?

Ja, tatsächlich! (lacht) Normalerweise muss man ja erst das Fleisch rösten, dann das Gemüse und dann alles zusammenführen. Das kostet natürlich etwas Zeit – auch wenn es sich lohnt! Man kann es sich aber auch einfacher machen, indem man im Topf nur das Fleisch röstet und das Gemüse mit den Zwiebeln parallel schon mal im Ofen macht. Also einfach alles aufs Blech, nur einen winzigen Tropfen Öl drangeben, sodass das Gemüse richtig stark röstet, und bei 220 Grad eine halbe Stunde backen. Dann nehme ich mir eine große Ofenform, gebe das geröstete Fleisch mit meinem Röstgemüse rein, gebe ein paar Butterwürfel darüber, gieße Rotwein an, gebe ein paar gehackte Tomaten dazu und lasse alles im Ofen schön durchschmoren – das schmeckt total klasse, auch wenn die Soße in diesem Fall jetzt nicht richtig lakritzig ist. Für den Alltag aber absolut perfekt und außerdem super entspannt!

SCHNELLES OFENGULASCH
mit geröstetem Wurzelgemüse

Das schmeckt nicht nur im Winter: kräftiges Rindergulasch mit geröstetem Gemüse, frischen Tomaten und dunkler Rotweinsoße. Wer es besonders sommerlich und leicht möchte, gibt zum Schluss noch frische mediterrane Kräuter mit in die Soße und schmeckt alles mit einem Hauch Bio-Zitronenschale ab.

Zutaten

FÜR 4 PERSONEN ALS HAUPTSPEISE

Für das Gemüse
500 g Zwiebeln
500 g Möhren
1 EL Sonnenblumenöl

Für das Fleisch
800 g Rinderbraten
1 TL Salz
2 EL Sonnenblumenöl

Außerdem
6 Fleischtomaten
500 ml trockener Rotwein
400 ml Rindfleischbrühe
3 TL Butter
2–3 EL Portwein
Salz und Pfeffer zum Abschmecken

Zubereitung

1.
Das Rindfleisch bereits 1 Stunde vor der Zubereitung zum Temperieren aus dem Kühlschrank nehmen. Den Ofen auf 220 °C (Umluft) vorheizen.

2.
Die Zwiebeln schälen und in feine Spalten schneiden. Die Möhren putzen, waschen, schälen und fein würfeln. Das Gemüse auf einem gefetteten Backblech mit 1 Esslöffel Sonnenblumenöl vermengen und im heißen Backofen rund 20–25 Minuten rösten, bis es gut Farbe und Röstaromen angenommen hat.

3.
Parallel dazu das Fleisch zubereiten. Den Rinderbraten würfeln, salzen und im heißen Öl rundherum kräftig anbraten.

4.
Nun das angebratene Fleisch mit dem gerösteten Gemüse in einer großen Ofenform vermengen. Die Fleischtomaten waschen, entkernen und würfeln. Die Tomaten zum Fleisch-Gemüse-Mix in die Form geben, Rotwein und Brühe angießen. Die Butter unterheben und das Gulasch abgedeckt bei 140 °C (Umluft) 2 Stunden im Ofen köcheln lassen.

5.
Dann den Deckel abnehmen, alles einmal vermengen und das Gulasch noch 1 Stunde im Ofen langsam köcheln lassen.

6.
Nach 3 Stunden testen, ob die Fleischkonsistenz passt. Dann das Gulasch mit 2–3 Esslöffel Portwein verfeinern, mit Salz und Pfeffer abschmecken und servieren.

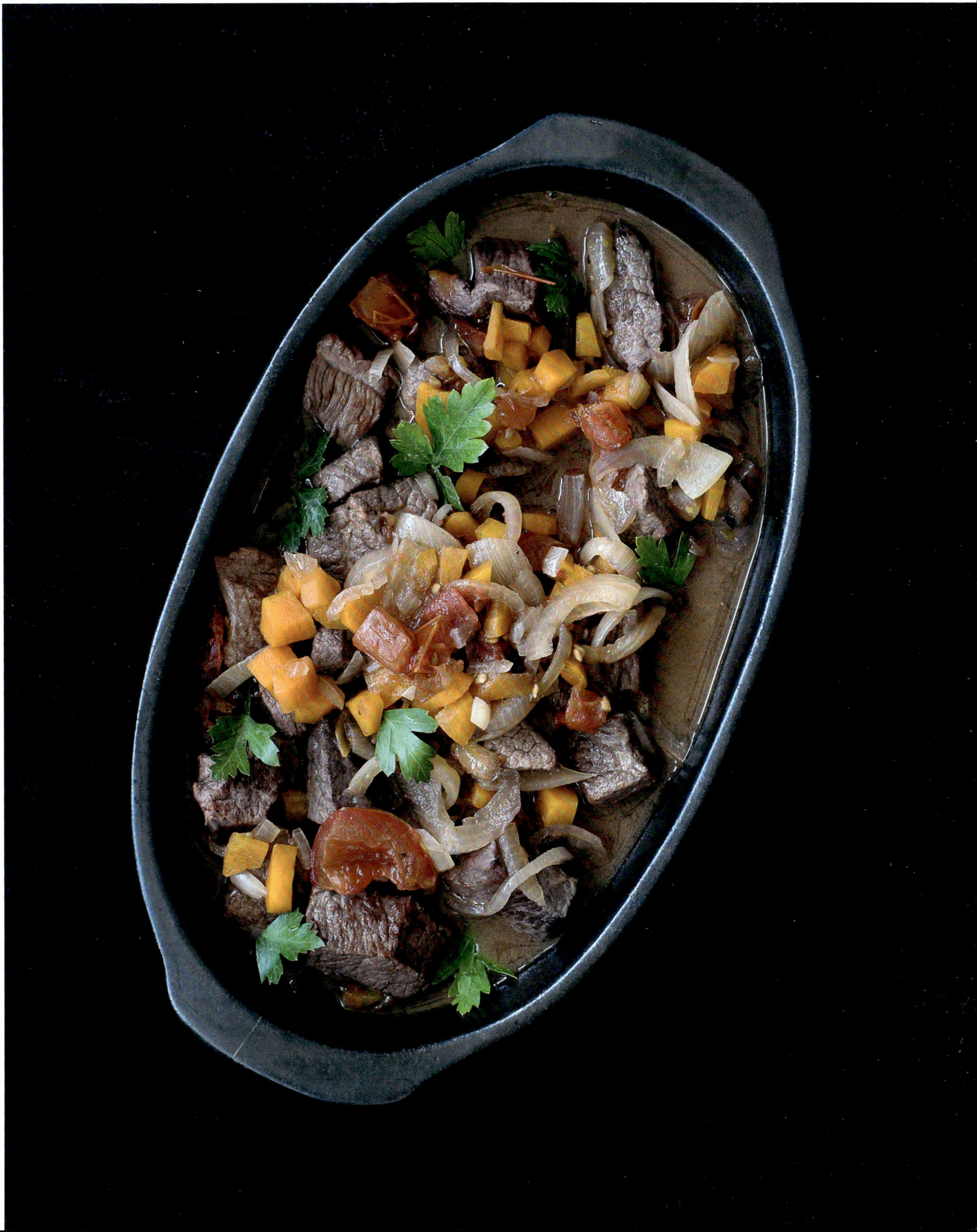

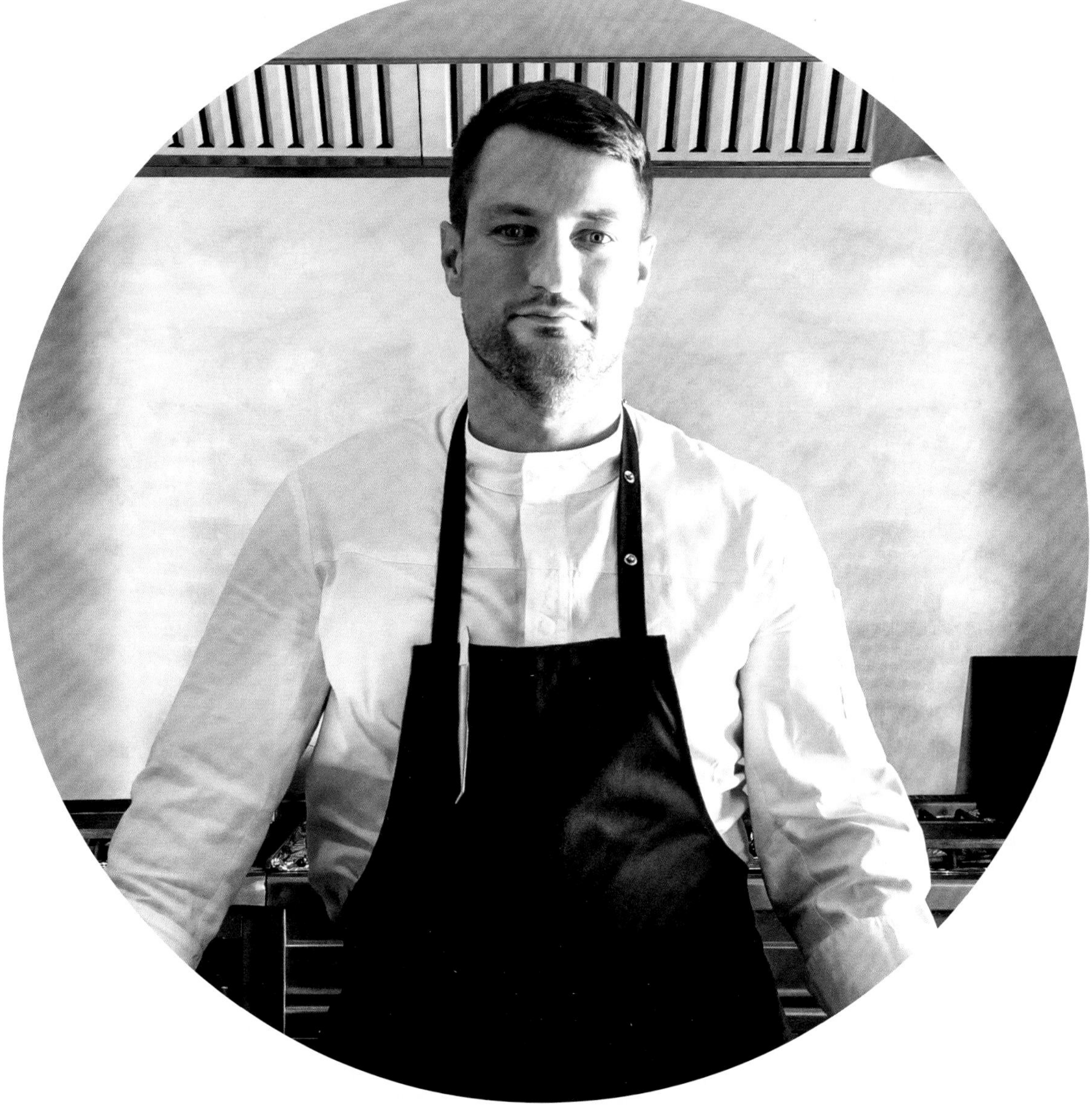

„WARUM GEHÖRT GEMÜSE JETZT INS GLAS, SEBASTIAN FRANK?"

Alkoholfreie Getränkebegleitungen sind in der gehobenen Gastronomie klar auf dem Vormarsch. Immer mehr Spitzenköche bieten neben Weinen auch spannende Drinks auf Gemüse- oder Teebasis an, die das Menü begleiten. Einer, der seit Anfang an mit von der Partie ist, ist Sebastian Frank aus dem Berliner Restaurant „Horváth".

Nachgefragt:
Warum gehört Gemüse jetzt ins Glas?

Der Wein ist fertig, wie er vom Winzer kommt. Da können wir im Restaurant nichts weiter dran drehen. Der Sommelier muss dann schauen, dass er zu jedem Gang einen passenden Wein findet. Das ist manchmal gar nicht so einfach. Man hat eben zwei Komponenten, die für sich bereits fest dastehen. Wenn wir jetzt in der Küche hingehen und eigene Getränke mixen und sie bewusst so zusammenstellen, dass sie einen Teller bestmöglich begleiten oder sogar ergänzen, dann haben wir optimale Voraussetzungen für ein tolles Foodpairing. Wir haben einfach den Vorteil, bei den Gemüsesäften bei null anzufangen, und können uns immer fragen: Was braucht das Gericht? Was braucht dieser einzelne Teller, damit er noch spannender wird?

UND WARUM GERADE GEMÜSE?

Wir haben mit Gemüse alle Möglichkeiten. Das ist wie ein großer Baukasten, mit dem wir alles bauen können, was wir wollen. Es sind alle Geschmacksrichtungen gegeben: süß, sauer, bitter, salzig und umami. Auch Schärfe kommt ganz natürlich im Gemüse vor, wenn man zum Beispiel an rohe Kohlsäfte oder an den Saft vom Rucolasalat denkt. Glutaminsäure sorgt für Umami, Süße kommt aus sämtlichen Wurzelgemüsesorten, Säure liefern zum Beispiel Tomaten, während Salate interessante Bitternoten dazugeben.

Wir kriegen also alles abgedeckt und haben obendrein noch spannende Aromen, die unsere Drinks interessant machen. Und dann können wir einfach spielen: Mit der Temperatur, mit der Textur, also möchte ich einen Drink eher leicht oder cremig haben? Wenn ich ihn besonders cremig haben möchte, dann arbeite ich neben Gemüse zum Beispiel auch mit Milch. Sojamilch, Nussmilch, Kokosmilch – da gibt es sehr viele Möglichkeiten.

Die alkoholfreien Getränke sind so unglaublich spannend, da steckt eine Menge Potenzial drin!

Wir passen nur immer auf, dass ein Drink am Ende nicht zu sättigend wird. Sonst würde man das als Gast nicht über acht oder zehn Gänge durchhalten … (lacht)

DAS KLINGT SEHR LECKER, ABER AUCH SEHR AUFWENDIG!

Ja, das ist es wirklich. Für uns sind das auch flüssige Gerichte im Glas. Es stecken die gleichen Überlegungen und die gleiche Arbeit dahinter wie für einen Teller mit Gemüse, Fleisch und Soße auch, das nimmt sich nichts.

WIE SIND SIE ZU DEN ALKOHOLFREIEN GETRÄNKEBEGLEITUNGEN GEKOMMEN?

Das war die Schwangerschaft meiner Frau. Wir haben gemerkt, wie schade es ist, wenn man keine alternative Getränkebegleitung zu einem schönen Menü bekommt. Da gab es jetzt über viele Jahre nur den Wein. Und wenn der – aus welchen Gründen auch immer – gerade nicht geht, dann musste man definitiv auf etwas verzichten. Eigentlich unnötig. Die alkoholfreien Getränke sind so unglaublich spannend, da steckt eine Menge Potenzial drin!

ERZÄHLEN SIE MAL, WAS ES AKTUELL AUF IHRER KARTE GIBT!

Wir haben im Moment zum Beispiel eine Erdbeermilch, die ganz ohne Erdbeeren auskommt. Dafür entsaften wir Petersilienwurzeln, filtern die Stärke heraus und mischen den Saft mit laktosefreier Milch. Da geben wir dann ein grünes Erdbeerkernöl zu, das so fruchtig ist, dass man das Gefühl hat, man isst die beste und vollreifste Erdbeere seines Lebens.

Was ich auch sehr gern mag, sind simple Kreationen, die an etwas erinnern, was gar nicht drinnen ist: also zum Beispiel ein Drink aus Radicchio und Wasser, den wir dann mit Holunderblütenöl mixen und mit etwas Muskat abschmecken. Interessant ist, dass die Verbindung aus Radicchio und Holunder ganz ähnlich wie Campari schmeckt. In einer Blindverkostung würde man an sofort an Grapefruitsaft denken!

Manchmal kann man aber auch mit kleinen Tricks am Rande arbeiten. Wir haben eigene Gewürzmischungen, die wir aus Gemüse herstellen, die wir gar nicht mit ins Getränk, sondern nur an den Glasrand geben. Da benetzt sich die Lippe dann während des Trinkens noch einmal mit einem zusätzlichen Element. Kürzlich haben wir das so mit geröstetem, pulverisiertem Blumenkohl gemacht, den wir fein mit Anis abgeschmeckt haben.

NOCH EINMAL ZURÜCK ZUR ERDBEERMILCH – WOZU WIRD DIE SERVIERT?

Die haben wir für ein Dessert mit falschem Kaffee gemacht. Da haben wir verbrannte Rote Bete als Pulver verarbeitet und dann weiter mit Milch zu einem Dessert verbunden. Das schmeckte wie Kaffee, sodass wir dann als zweites – ebenfalls falsches – Element die Erdbeermilch dazu serviert haben.

WAS FÜR DRINKS LASSEN SICH ZU HAUSE ZUBEREITEN?

Zum Spargel trinkt man ja sonst so etwas wie einen Müller-Thurgau. Da fällt mir als Pendant sofort Molke ein. Wenn ich die Molke dann mit Zitrone, Meerrettich und Leindotteröl abschmecke, dann habe ich eine wunderbare Begleitung! Die leicht herbe Milchsäure und die Zitrone – das geht wunderbar zusammen.

Einfach ist auch was Prickelndes. Man nimmt einen Gemüsesaft, also zum Beispiel Möhrensaft, und lässt ihn so weit zu einer siruppartigen Paste einkochen, dass sie richtig süß ist. Dann gießt man sie mit Eiswürfeln und prickelndem Mineralwasser auf und serviert das Ganze zum Fisch. Man könnte auch noch etwas Zitrone oder Orange rangeben – das sind alles nur Ideen zum Weiterdenken.

Wer einen Mixer hat, der kann auch einfach mal grünen Apfel, Gurke, Wirsing oder Spitzkohl und Eiswürfel reingeben, alles mixen, abhängen, sodass die Feststoffe rausgehen, und den Saft mit geriebenem Ingwer oder Meerrettich abschmecken. Das ist ein super Drink, der toll zu Fischgerichten mit Salat und Kartoffeln passt!

GRÜNER SPITZKOHLSAFT
mit Gurke und Apfel

„Gemüse im Glas" lautet das Motto vieler Spitzenrestaurants, die zunehmend auf alkoholfreie Getränkebegleitungen setzen. Warum sollten wir das nicht auch zu Hause ausprobieren? Dieser erfrischende Spitzkohldrink ist schnell gemixt und macht garantiert Lust auf mehr!

Zutaten

FÜR 4 PERSONEN ALS BEGLEITER

1 Spitzkohl

1 Salatgurke mit Schale

2 Granny-Smith-Äpfel mit Schale

200 g Eiswürfel oder Crushed Ice

Saft von ½ Zitrone

4 Stängel frische Minze

Zubereitung

1.
Für diesen Spitzkohlsaft braucht man wahlweise einen Entsafter oder einen leistungsstarken Mixer, wie zum Beispiel einen Thermomix. Wer einen Entsafter verwendet, der entsaftet einfach alle Zutaten, gibt sie direkt auf Eis, sodass die schöne grüne Farbe erhalten bleibt, und schmeckt den Drink mit etwas Zitronensaft ab.

2.
Wer einen Mixer verwendet, der gibt die grob zerkleinerten Zutaten inklusive Eis der Reihe nach in den Mixer, mixt alles auf höchster Stufe und lässt den Gemüsemix in einem Sieb abhängen. So bleiben die festen Bestandteile zurück, und der Saft kann nach etwa 30 Minuten gut gekühlt mit jeweils 1 Stängel gewaschener frischer Minze im Glas serviert werden.

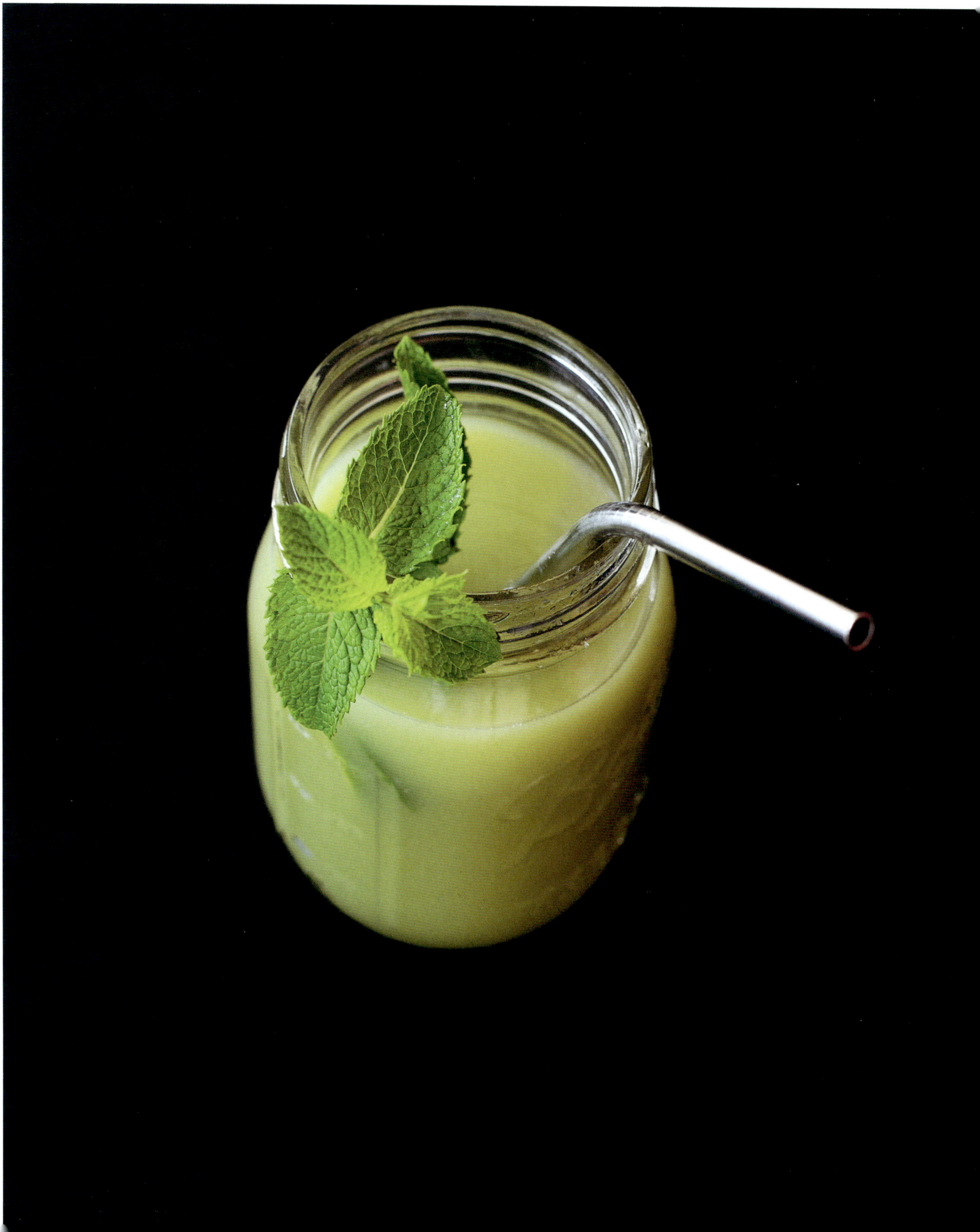

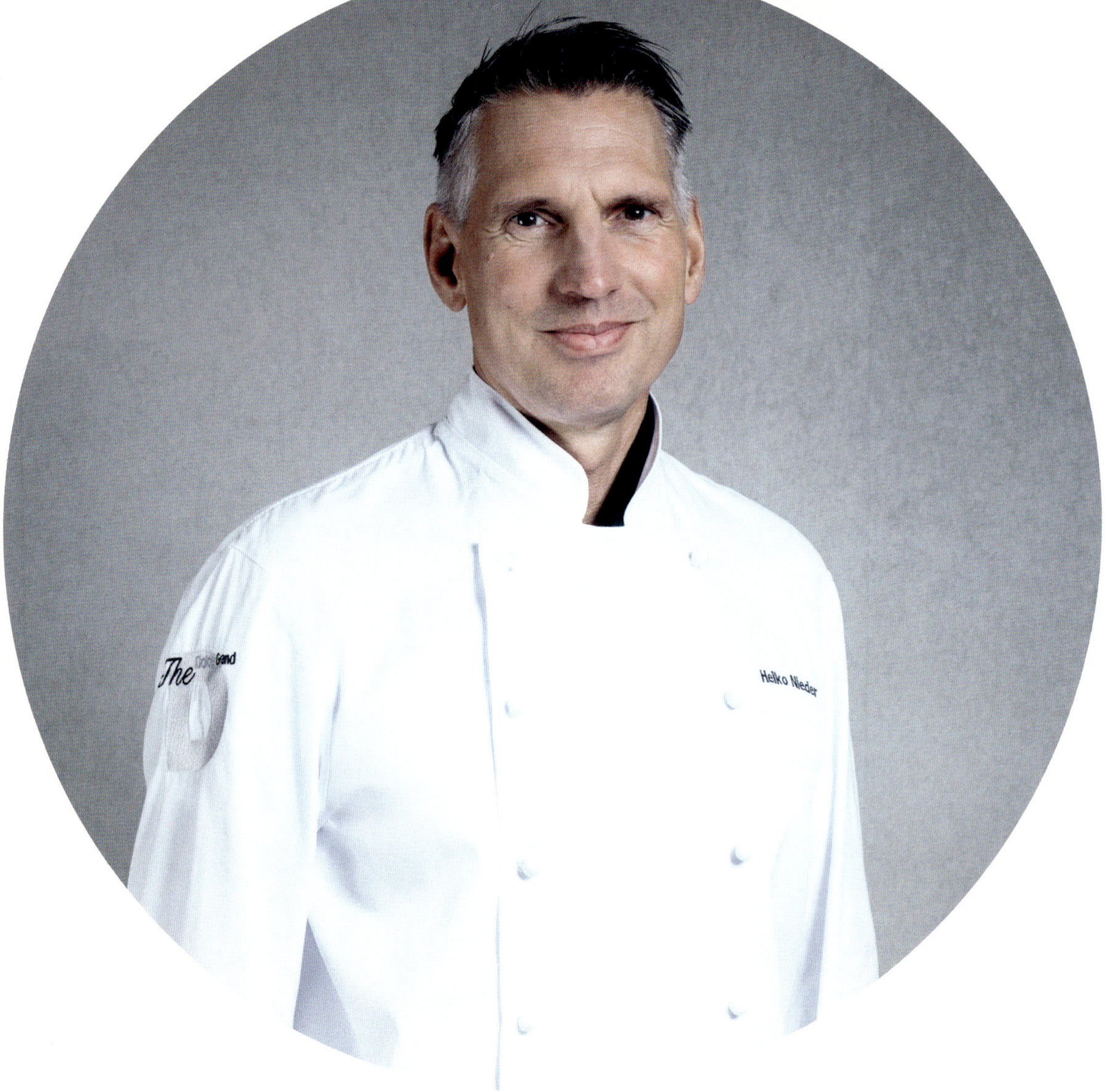
Heiko Nieder

„WAS KOCHEN SIE FÜR IHRE KINDER, HEIKO NIEDER?"

Hat es ein Zwei-Sterne-Koch am Küchentisch leichter als andere Eltern? „Nicht wirklich", sagt Heiko Nieder, Küchenchef im mehrfach ausgezeichneten „The Restaurant" im Dolder Grand Hotel in Zürich. Geduld und Humor seien das A und O.

Nachgefragt:
Was kochen Sie für Ihre Kinder?

Das ist ein schwieriges Thema! (lacht) Man könnte die Frage auch anders stellen: Wie kochen Sie für die schwierigsten Gäste der Welt?

Nein, im Ernst – es ist wirklich nicht ganz leicht, und ganz entscheidend: Alles wechselt ständig! Ich war damals ganz stolz und dachte, ich erziehe mir die Feinschmecker des Jahrtausends. Am Anfang haben sie wirklich alles gegessen, und dann wurde es irgendwann kompliziert – und es blieb kompliziert …

WIE ALT SIND DENN IHRE KINDER?

Die Kleine ist vier, die Große ist sieben. Bei der Großen habe ich zu Anfang gedacht: Das wird der Feinschmecker überhaupt! Die hat alles gegessen: Kaviar, Austern, ich habe ihr manchmal auch Nudeln mit weißen Trüffeln gemacht. Ich wollte sie richtig verderben, sodass die Jungs später erst mal richtig Gas geben müssen, um ihr Herz zu erobern …

Mittlerweile würde ich sagen, ist sie eine Frikadellen- und-Würstchen-Vegetarierin. Das bedeutet: Eigentlich isst sie kein Fleisch und eigentlich isst sie auch keinen Fisch. Würstchen und Frikadellen isst sie natürlich und Sushi auch. Die Frikadelle im Burger ist keine Frikadelle, das ist Fleisch, deshalb gehen die Burger nicht. Ihre Lieblingsspeise beim Sushi sind die California Roll und Lachs-Maki. Wenn ich jetzt aber Fisch zu Hause mache, denn geht es wieder nicht. Fischstäbchen hingegen schon. Bei der Kleinen ist es momentan noch entspannt – in dem Alter hat die Große aber auch noch alles gegessen …

UND DANN MIT EINEM MAL WIRD ALLES HINTERFRAGT?

Ja und nein. Das ist alles tagesformabhängig und phasenweise. Ich glaube nicht, dass das alles weg ist. Also, dass alles, was Kinder in den ersten Jahren gern gegessen haben, niemals wiederkommt. Das sind Phasen, an denen man als Eltern nichts ändern kann. Beide Mädels haben früher, als sie Zähne bekommen haben, grüne Oliven mit Sardellen gegessen, sie haben sie richtig geliebt. Das war dann irgendwann vorbei. Dafür finden sie andere Dinge dann auf einmal ganz spannend. Das ist überhaupt nicht planbar. Man sollte sich da als Eltern auf ein großes Auf und Ab einstellen. Übrigens auch emotional. Wenn ich dann in der Küche stehe und versuche, das leckerste Gulasch zu kochen, dann mögen sie es auf einmal nicht, obwohl sie es vorher wochenlang geliebt haben. Oder sie wollen es nur von Mama gekocht haben. Man darf es auf keinen Fall persönlich nehmen, das sind eben so Launen …

HABEN SIE FÜR SO EINEN FALL EINEN PLAN B IN PETTO?

Ehrlich gesagt: Süßigkeiten sind da ein Segen … Wenn wir die nicht hätten, wären wir manchmal machtlos. Da würden einem die Kinder nur noch auf der Nase herumtanzen. Wir machen es dann so, dass sie mindestens probieren müssen, und wenn sie einfach aus Trotz etwas nicht essen, das sie sonst lieben, dann gibt es zum Nachtisch eben nichts Süßes. So einfach ist das. Und manchmal schmeckt das Gulasch dann gar nicht mehr so schlecht … (lacht)

Wenn andere Kinder zu Besuch kommen, dann schauen wir aber schon, auch immer eine sichere Bank im Hintergrund zu haben. Unsere Kinder essen beim Grillen Couscous. Aber die anderen? Das weiß man nicht, also macht man sicherheitshalber noch einen Nudelsalat. Was bei uns ganz hoch im Kurs steht, ist übrigens Fried Rice. In den Ferien könnten sie das 24 Stunden am Tag essen. Und da kennen sie mittlerweile auch die Unterschiede. Wenn wir das dann mal bei gestandenen Köchen essen, dann gibt es auch ungefragte Urteile und Bewertungen ...

Meine Frau schafft es auch manchmal, die Kinder mit lustigen Formen und Gesichtern zu überreden. Ich persönlich hasse das – aber was soll's: Es funktioniert! Da legt man den Reis zu einem Herz, und schon können sie nicht genug davon kriegen. Oder Toast-Ausstecher ... Ich würde so was freiwillig nicht machen, aber wenn Sie das Körnerbrot so besser verkaufen können? Dann gibt es eben auch Blumen und Monde aus Brot ...

Tatsächlich nimmt man das Thema Essen als Eltern irgendwann sehr relaxed. Man hat ja gar keine andere Wahl, auch nicht als Koch mit einigermaßen Ruf. Wenn die Kleinen meinen, es schmeckt nicht, dann können Sie wenig machen, außer Anreize zu geben oder Alternativen zu schaffen, damit sie einem nicht verhungern.

WANN SIND SIE MIT IHREN KINDERN DAS ERSTE MAL INS RESTAURANT GEGANGEN?

Früh! Schon mit dem Maxi-Cosi, und auch ins Spitzenrestaurant. Wobei wir ins Spitzenrestaurant lieber zu zweit gehen, weil wir den Abend auch genießen wollen. Aber wir haben die Kinder auch schon mitgenommen. Mit vier Jahren hat die Große bei uns im Restaurant schon mitgegessen, sie hat das richtig gefeiert. Ein Jahr später hat es gar nicht funktioniert – das können Sie nicht planen.

WAS KOMMT DENN AM WOCHENENDE AUF DEN TISCH, WENN SIE KOCHEN?

Ich versuche, am Wochenende schon immer irgendwas Schönes zu kochen. Niemals so aufwendig wie hier im Restaurant, aber einfach leckere Sachen, die jeder gern isst. Manchmal etwas Gutbürgerliches, so was wie Gulasch oder Schweinebraten, zwischendurch auch mal Nudeln, die werden immer sehr gern gegessen. Wobei wir aber versuchen, sie nicht ständig auf dem Tisch zu haben. Manchmal ist uns auch einfach nach Pizza. Nächste Woche gibt es Libanesisch, neulich gab es Sushi – wir versuchen schon, sehr vielfältig zu kochen und viel anzubieten.

Natürlich versucht man, hier und da auch mal was reinzumogeln – gerade Fisch bei der Großen. Aber da können Sie machen, was Sie wollen, der wird vor der ersten Gabel entdeckt ... Man muss es im Grunde nehmen, wie es kommt. Früher im Urlaub hat die Große Oktopus und Muscheln in Spanien am Strand gegessen – das wäre aktuell gar kein Thema. Aber ich bin mir sicher, es kommt wieder ... (lacht)

FRIED RICE

den Kinder lieben

Wenn es ein Gericht gibt, mit dem Zwei-Sterne-Koch Heiko Nieder garantiert immer bei seinen Kindern landet, dann ist es Fried Rice. Wer das Rezept einmal nachgekocht hat, der weiß, warum! Bitte servieren Sie es nicht nur den Jüngsten, sonst entgeht den Erwachsenen etwas!

Zutaten

FÜR 4 PERSONEN ALS VORSPEISE

Für den Gemüse-Ansatz

2 Schalotten

1 Knoblauchzehe

1 daumengroßes Stück Ingwer

400 g Möhren

500 g Zucchini

3 EL Sonnenblumenöl

15 g Butter

Für den Reis

15 g Butter

250 g Jasminreis (vorgekocht, trocken)

Außerdem

3 EL Sojasoße

Saft von ½ Limette · Salz

Chiliflocken (wenn Kinder schon scharf essen dürfen und wollen)

4 Eier · Sonnenblumenöl

4 EL gehackte Cashewkerne

Zubereitung

1.

Schalotten, Knoblauch und Ingwer von der Schale befreien und fein würfeln. Möhren und Zucchini putzen, waschen und in feine Würfel schneiden. Nun das Sonnenblumenöl in einer großen Pfanne erhitzen und die Schalotten-, Knoblauch- und Ingwerwürfel darin bei mittlerer Hitze glasig anschwitzen. Nach etwa 10 Minuten die Butter dazugeben und kurz aufschäumen lassen, dann die Hitze wieder leicht reduzieren und die Möhren- und Zucchiniwürfel langsam bei mittlerer Hitze dünsten. Das Gemüse ist nach etwa 8 Minuten perfekt gegart und kann beiseitegeschoben werden.

2.

Nun in einer sauberen Pfanne 1 guten Esslöffel Butter erhitzen, bis sie schäumt, und den bereits gegarten Reis darin anbraten. Nach wenigen Minuten das Gemüse hinzugeben, alles vermengen und mit Sojasoße, Limettensaft und Salz abschmecken. Wer mag, gibt noch etwas Chili zu – je nachdem, wer mit am Tisch sitzt!

3.

Nun die 4 Eier verquirlen, mit 1 Prise Salz würzen und in 1 Esslöffel heißem Sonnenblumenöl innerhalb weniger Sekunden zu einem saftigen Rührei verarbeiten. Das Rührei in kleine Stücke zupfen oder schneiden und unter den Reis heben.

4.

Den Fried Rice mit den gehackten Cashewkernen bestreut servieren.

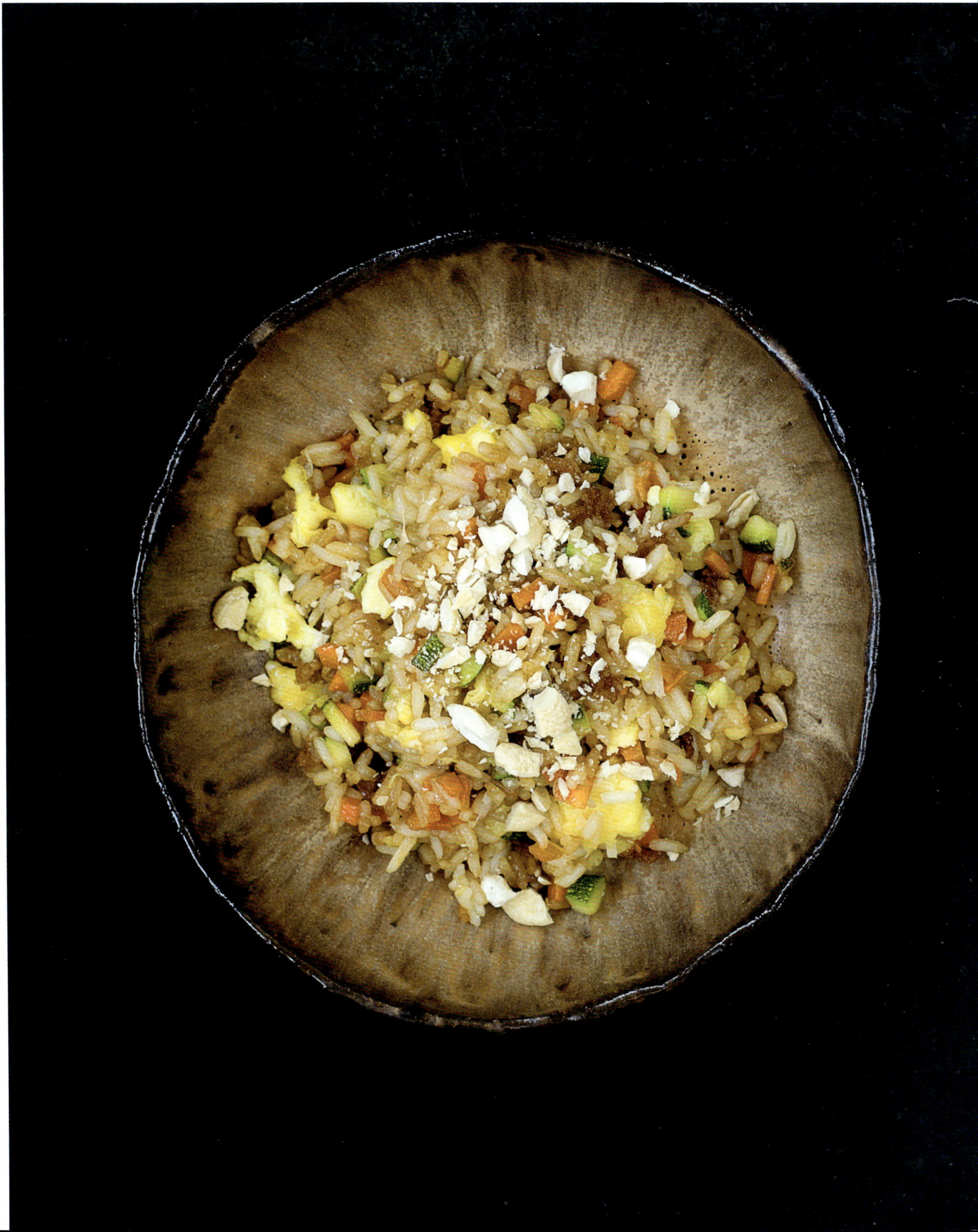

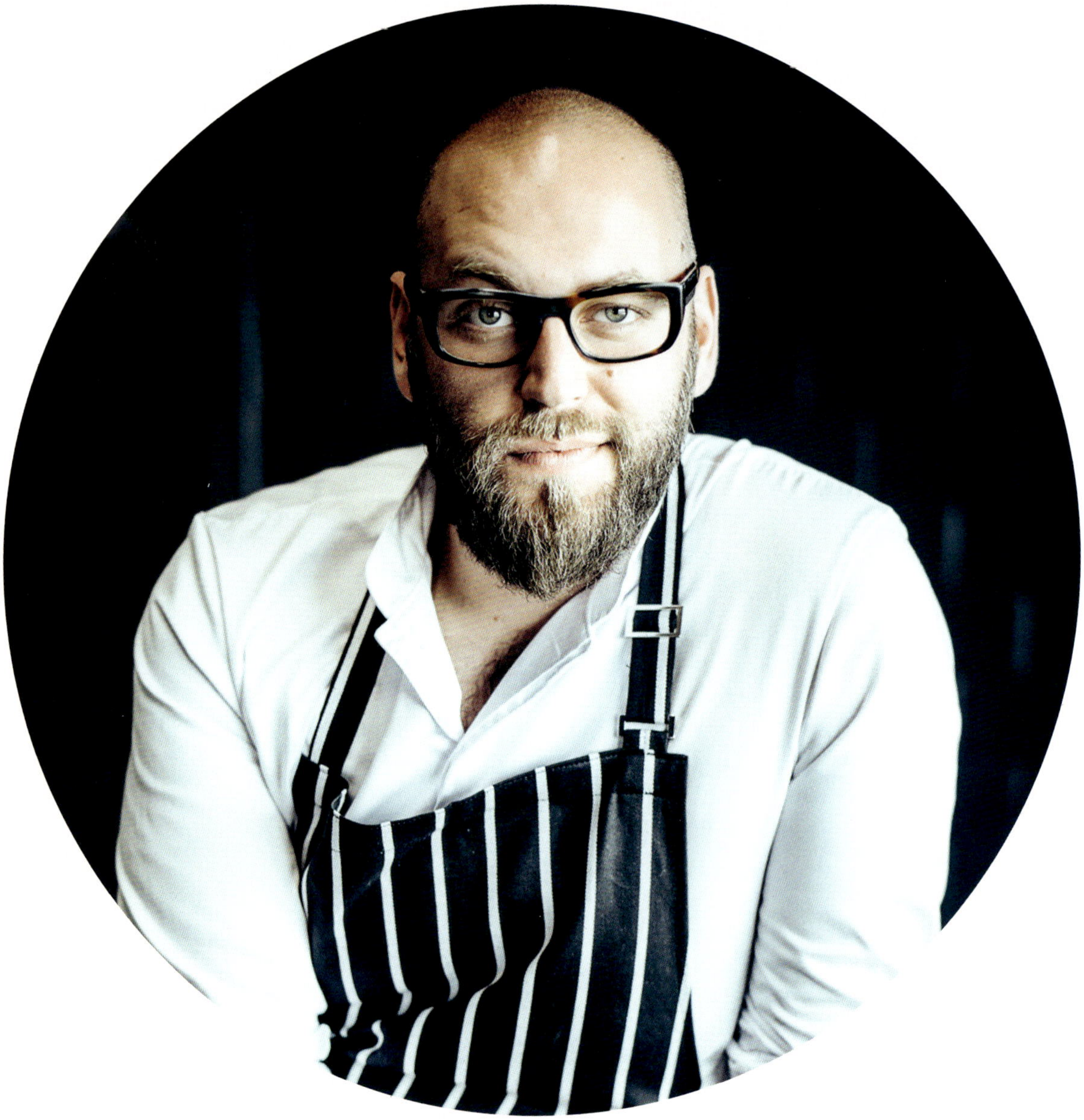

„RICHTIG GUT KOCHEN MIT NUR DREI ZUTATEN – GEHT DAS, THOMAS IMBUSCH?"

Ein ganzes Menü aus einem einzigen Grundprodukt? Kein Problem für Thomas Imbusch – ganz im Gegenteil: „In der Einfachheit steckt die Komplexität", sagt der Wahl-Hamburger, der nach vielen Jahren in der Spitzengastronomie im Sommer 2018 sein eigenes Restaurant „100/200" an der Elbe eröffnet hat. Im Gespräch verrät er, was der Reiz an wenigen Zutaten ist.

Nachgefragt: Richtig gut kochen mit nur drei Zutaten – geht das?

Grundsätzlich ist natürlich alles möglich – gerade in der Kulinarik! Es gibt ja keine Regeln, an die man sich halten muss. Das macht es ja so spannend! Und wer viel ausprobiert, der weiß: Je reduzierter etwas ist, desto komplexer kann es auch sein. Ich sage immer: In der Einfachheit steckt die Komplexität!

Man braucht nicht zehn Teile, wenn das erste schon perfekt ist. Wir können uns einfache Dinge, die aber eben komplex und mit Nachhall daherkommen, viel besser merken.

Wenn ein Gericht aus 20 Komponenten oder mehr besteht, dann muss man sich nichts vormachen: Dann wird es Komponenten geben, die unter dem bleiben, was sie könnten. Wir sind gar nicht in der Lage, mehr als vier Sachen zur selben Zeit zu schmecken. Ich bin mittlerweile zu dem Schluss gekommen, dass es viel sinnvoller ist, sich nur ein einziges Produkt zu nehmen und das dann sehr komplex und perfekt darzustellen. Man braucht nicht zehn Teile, wenn das erste schon perfekt ist. Dann möchte ich lieber mehr vom ersten haben. Und es ist unwahrscheinlich, parallel zehnmal einen Treffer zu landen. Wenn ich zurückdenke, dann waren die begeisterndsten Momente im Leben für mich die, in denen Essen einfach pur und intensiv war.

HABEN SIE EIN BEISPIEL?

Ja, im Drei-Sterne-Restaurant „L'Ambroisie" von Mathieu Pacaud in Paris. Es gab Kaisergranat mit Curryganache. Kein Chichi, einfach sensationelles Handwerk auf dem Punkt. Das sind so Momente, die mich total flashen und die auch über Jahre in Erinnerung bleiben. Das ist überhaupt so ein Punkt: Wenn ich zigtausend Komponenten auf einem Teller habe, dann werde ich mich in zwei, drei Jahren nicht mehr an dieses Essen erinnern können. Zumindest nicht im Detail. Wir können uns einfache Dinge, die aber eben komplex und mit Nachhall daherkommen, viel besser merken. Wie man diese Einfachheit aufbaut, das steht auf einem zweiten Blatt Papier. Wichtig ist meines Erachtens nur, drei bis vier Geschmackskomponenten nicht zu überschreiten. Das kann der Kaisergranat mit Curryganache sein. Oder auch ein deutlich vollerer Teller bei Christian Bau. Der schafft es, eine ganze Tellerlandschaft zu bauen, aber trotzdem nicht mehr als drei bis vier verschiedene Geschmackskomponenten zu spielen. Das ist in der Tiefe so komplex und doch so einfach und zugänglich.

Ach, und es gibt noch ein Beispiel: Als wir mal in Japan waren und alles an Spitzengastronomie ausprobiert haben, was man gesehen haben muss, da hat ein Abend an einem einfachen Imbissstand geendet, an dem ein 96-jähriger Japaner Teigtaschen mit Enteninnereien verkauft hat. Ich habe diesen Geschmack bis heute im Mund! Einfach, weil es perfekt war. Es war Teig und Ente. Und es war so gut, weil der 96-Jährige seit Jahrzehnten nur das macht: Teigtaschen und Entenfüllung. Es hat schon einen Sinn, sich zu fokussieren. Ich brauche kein Füllhorn an Zutaten. Ein, zwei, höchstens drei wirklich gute Produkte reichen völlig aus!

STELLEN SIE SICH VOR, SIE SOLLTEN EIN MENÜ FÜR FREUNDE KOCHEN – ALLTAGSTAUGLICH. WIE WÜRDE DAS AUSSEHEN?

Ich würde mir ein Hühnchen kaufen. Ein ordentliches. Also eines, bei dem mir mein Gefühl sagt: Das passt, da habe ich Vertrauen. Es sollte besser keines sein, das unter irgendeiner Schutzgasatmosphäre verpackt und eingeschweißt worden ist … Ich würde mich dann kurz mit dem Tier auseinandersetzen: Was ist alles dran, was kann ich verwerten?

Dann komme ich darauf, dass schon eine ganze Menge da ist: Keule, Brust, das Rückenfilet, der Hals, der Kopf, der Kamm und die Innereien – und, auch nicht zu vergessen: Wir haben die Füße. Nun frage ich mich, worauf ich aromatisch Lust habe. Asiatisch inspiriert? Deutsch inspiriert? Oder ein Mix aus europäischen und asiatischen Einflüssen? Dann kann ich mich mit den verschiedenen Komponenten beschäftigen. Wichtig ist übrigens, keine Angst zu haben, sich an Neues heranzuwagen. Ja klar, man kann mal was verschneiden oder verhauen. Aber was soll's? Das Tolle ist ja in der Küche, dass man aus allem, was an Abschnitten anfällt, einen Fond machen kann. Ab ins Wasser, köcheln lassen, weitermachen. Da muss man auch mal pragmatisch denken. Wer nicht ausprobiert, der wird auch nicht weiterkommen.

Ich habe jetzt meine Teile vom Huhn. Und wenn ich ein perfektes Stück Huhn habe, dann möchte ich nur dieses Stück – vielleicht noch ein zweites davon, weil es so gut ist. Alles andere stört nur. Mich jedenfalls. Wenn ich aus dem Huhn jetzt ein Menü mache, dann würde ich höchstens drei, vier weitere Grundzutaten zugeben, die inhaltlich zum Huhn passen. Ein Ei zum Beispiel.

Also: Ich starte das Menü mit einem wachsweich gekochten Ei. Ich koche es maximal fünf Minuten, pelle es. Gebe reichlich braune Butter, Schnittlauch und krosses Brot dazu. Das allein wäre übrigens schon ein sensationelles Essen. Egal, ob morgens, mittags oder abends.

Dann mache ich weiter mit der Haut vom Huhn. Die nehme ich von so unrelevanten Stellen ab wie dem Hals, wo ich die Haut nicht brauche, brate sie schön kross und biete sie im Zwischengang als Chip an.

Dann löse ich die Keulen aus. Die Brüste lasse ich auf den Karkassen und pochiere sie. Dann brate ich die Keulen in der Pfanne. Dazu gibt es eine frische Hollandaise-Kräuter-Soße mit Petersilie, Kerbel und Schnittlauch.

Aus allen Parier-Rückständen würde nebenbei eine Brühe laufen mit ordentlich Fett und Geschmack, so wie Oma das früher schon gemacht hat. Und aus den Innereien setze ich ein Ragout mit Essig an. Die Hühnerbrühe würde ich dann zum Abschluss reichen. Und ganz ehrlich: Das genügt doch, mehr braucht man doch nicht, oder?!

FÜNF-MINUTEN-EI

mit Nussbutterbröseln und Schnittlauch

„In der Einfachheit steckt die Komplexität", sagt Thomas Imbusch. Der Hamburger Koch setzt auf Gerichte, die aus sehr wenigen Zutaten bestehen. Aus gutem Grund: Man konzentriert sich dann auf das Wenige, was da ist – und das wird richtig gut. Wie dieses Ei mit Nussbutter und Schnittlauch. Mehr davon!

Zutaten

FÜR 4 PERSONEN ALS VORSPEISE

Salz

4 Eier (Größe M)

1 große Scheibe Sauerteigbrot

80 g Butter

1 kleines Bund Schnittlauch

Zubereitung

1.
Für die Brotbrösel den Backofen auf 200 °C (Umluft) vorheizen.

2.
Einen großen Topf mit Salzwasser zum Kochen bringen und die Eier darin 5 Minuten sprudelnd kochen lassen. Anschließend kalt abschrecken und 10 Minuten abkühlen lassen.

3.
Bereits während der Kochzeit der Eier das Brot sehr fein würfeln und auf einem Bogen Backpapier im heißen Ofen 5–8 Minuten rösten, bis die Würfel schön knusprig sind.

4.
Für die Nussbutter die Butter in einem Topf aufschäumen lassen und die Hitze beständig halten, bis die Butter eine bräunliche Farbe annimmt – das dauert etwa 8 Minuten. Nun die Butter von der Platte nehmen und passieren. Die jetzt zurückbleibende Butter hat einen fein nussigen Geschmack und wird daher Nussbutter genannt (siehe auch Tipp S. 108).

5.
Die gerösteten Würfel vom Sauerteig nun in eine verschließbare Box geben, 2 Esslöffel von der flüssigen Nussbutter und 1 Prise Salz zugeben, die Box verschließen und ein-, zweimal gut schütteln.

6.
Nun die Eier pellen, jeweils in ein tiefes Schälchen legen und halbieren. Etwas Salz, am besten gröberes Fingersalz, auf die Schnittflächen geben und die Nussbutterbrösel ringsherum verteilen. Den Schnittlauch fein schneiden und über den Brotwürfeln verteilen. Über jedes Ei noch 2 Esslöffel Nussbutter geben und die Schälchen gleich servieren.

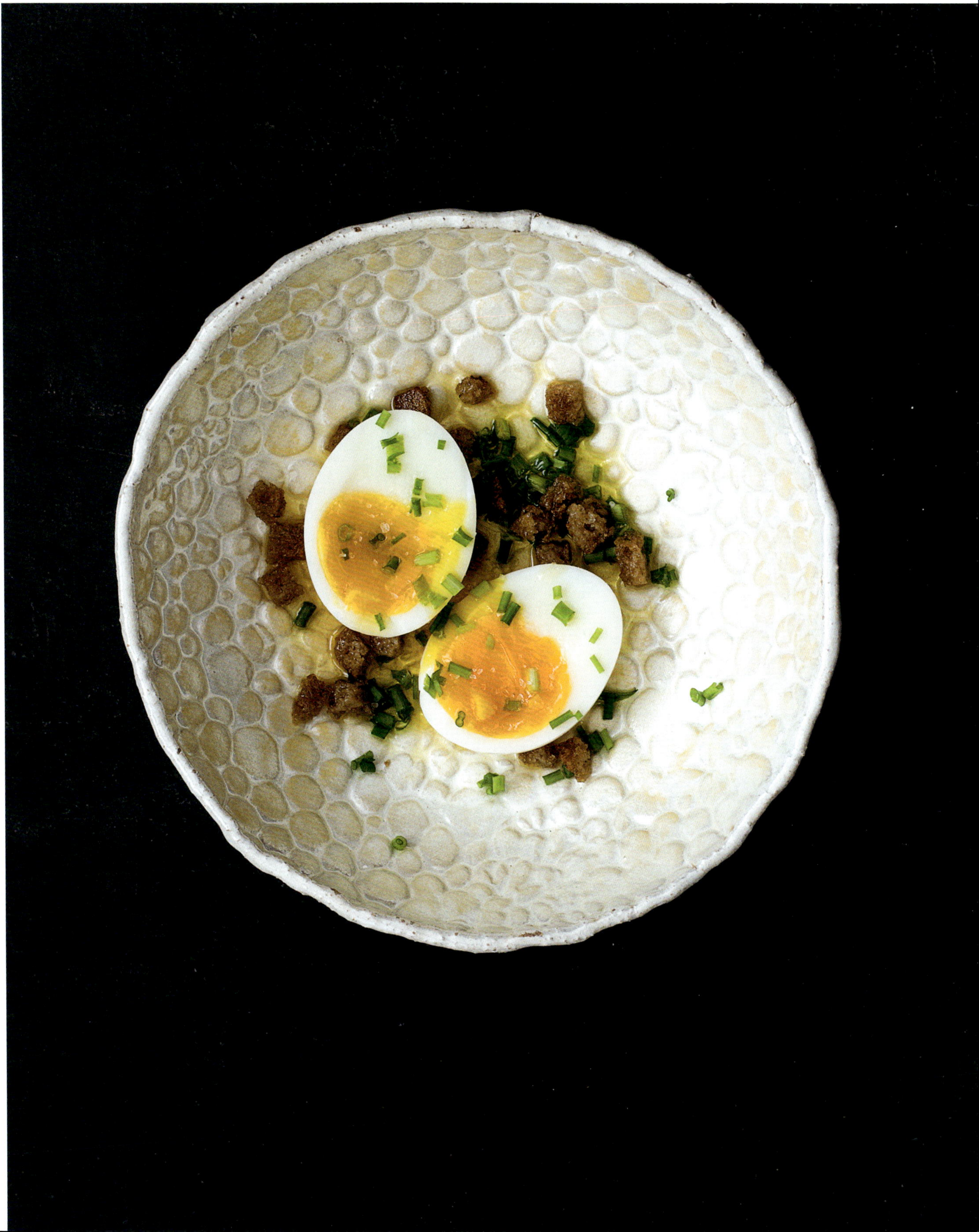

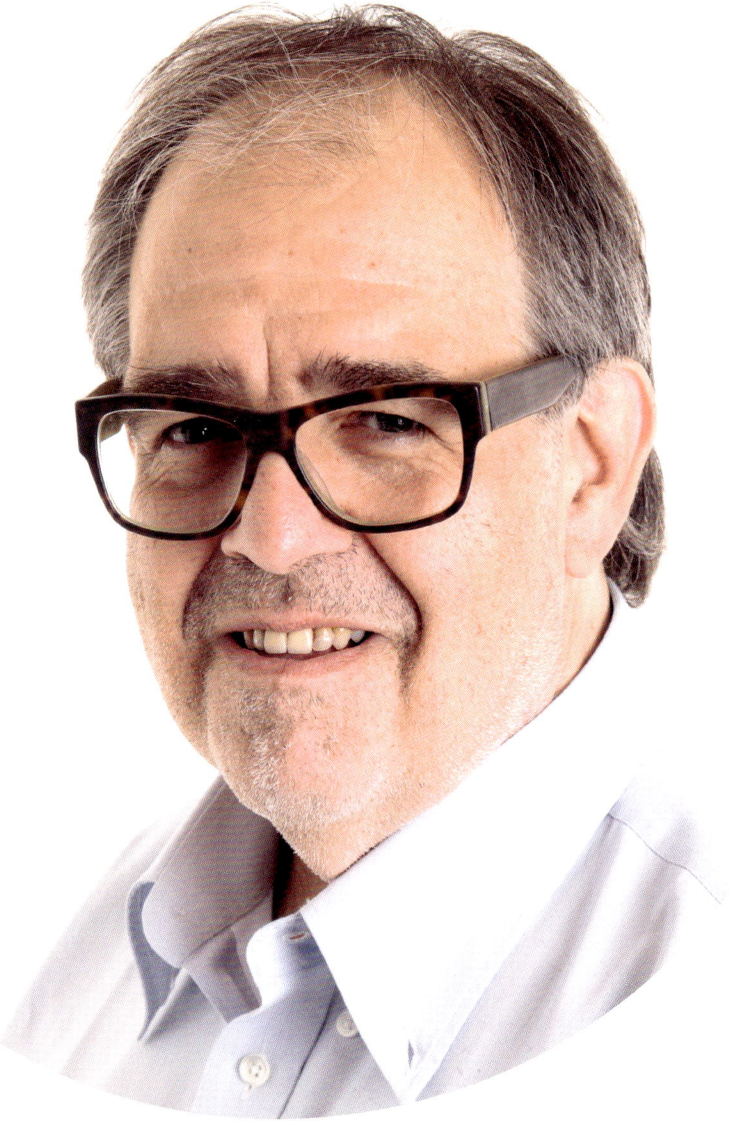

„WIE KOCHT MAN HERZHAFT MIT VANILLE, INGO HOLLAND?"

Er ist einer der gefragtesten Gewürzexperten Deutschlands: Ingo Holland war viele Jahre Sternekoch, bevor er das „Alte Gewürzamt" in Klingenberg am Main eröffnet hat. Heute beliefert er Kollegen aus der Spitzengastronomie und Hobbyköche mit seinen handverlesenen Gewürzen und Gewürzmischungen. Sein Credo: Wir dürfen viel mutiger mit Vanille sein!

? Nachgefragt: Wie kocht man herzhaft mit Vanille?

Da gibt es einen ganz einfachen Leitfaden: Wenn Sie Grundprodukte haben, die im puren Zustand schon einen süßlichen Touch haben, dann können Sie auch Vanille dazu verwenden! Jakobsmuscheln zum Beispiel, da passt Vanille wunderbar dazu. Im Prinzip zu allen Krustentierarten. Wenn Sie die auch mal roh essen, dann merken Sie, wie süß die sind! Früchte, Süße und auch Vanille – das kombiniert sich alles sehr gut!

Im Prinzip kann man sich merken: Immer da, wo Süße und Säure zusammentreffen, da klappt es mit der Vanille wunderbar!

Vanille funktioniert aber auch mit Fleisch. Sämtliche Innereien, Kalbsbries, Kalbshirn – in vielen Leberwurst-Rezepturen ist Vanille enthalten. Und auch zu Wild lässt sich Vanille sehr gut kombinieren. Und Tomaten! Tomaten sind ebenfalls ein schönes Thema. Da macht es die Säure dann auch noch mal spannend und abwechslungsreich. Zitrusfrüchte genauso.

Das kennt man vielleicht aus der süßen Küche, dass man Zitrusfrüchte und Vanille kombiniert. Das funktioniert aber auf der salzigen Seite genauso. Im Prinzip kann man sich merken: Immer da, wo Süße und Säure zusammentreffen, da klappt es mit der Vanille wunderbar! Pastinake, Petersilienwurzel und Kürbis – das sind alles tolle Partner für die Vanille.

SCHNAPPEN WIR UNS MAL DEN KÜRBIS: EINE KÜRBISSUPPE MIT VANILLE – WIE WÜRDEN SIE HERANGEHEN?

Ich würde eine halbe Stange nehmen. Nicht zu viel. Und ich würde sie immer kombinieren mit noch einem anderen Aroma, sonst wird die Vanille schnell zu stumpf und langweilig. Also: Vanille-Safran, Vanille-Curry oder auch Vanille-Ingwer, das sind alles tolle Kombinationen, die sehr gut passen. Bei einem Topf für sechs Portionen würde ich eine halbe Stange nehmen. Die Samen rauskratzen und die Schote zusätzlich auch noch mit zum Gemüse geben.

DIE VANILLESTANGE WIRD ABER AM ENDE NICHT MIT PÜRIERT!?

Nein, die Stange nehme ich vorher raus, wasche sie einmal heiß ab, lege sie auf ein Stück Küchenkrepp und lasse sie trocknen. Dann kann ich sie anschließend problemlos noch ein zweites oder auch drittes Mal verwenden. Zum Beispiel, wenn man Scampis brät: Einfach etwas Olivenöl erhitzen, die Scampis anbraten, dann einen Stich Butter dazu und zusätzlich auch die halbe Vanillestange – einfach mitbraten. Die meisten Leute wissen nicht, dass das Aroma gar nicht aus den Samen kommt, sondern aus der Schale. Über die Fermentation der Schale entsteht überhaupt erst das typische Vanillearoma. Egal ob jetzt bei der Suppe oder auch bei den Scampis: Zu Vanille gebe ich auch gern noch etwas Chili, das passt wunderbar zusammen.

Und bitte: Eine Vanillestange nie nach einer einzigen Anwendung entsorgen. Die Stangen sind so ergiebig!

Wenn Sie zum Beispiel mal eine Vanillestange haben, die ein bisschen hart geworden ist, dann legen Sie sie in eine Tupperschale und gießen sie mit kochend heißem Läuterzucker auf. Also: 50 Prozent Zucker, 50 Prozent Wasser aufkochen und den Sirup auf die Vanillestange gießen. Das lassen Sie abkühlen und dann so zwei Wochen luftdicht verpackt im Kühlschrank ruhen.

Grundsätzlich gilt beim Würzen: Mit kleinen Schritten anfangen, nachwürzen geht immer.

Dann haben Sie einen Bomben-Vanillesirup, mit dem man sich einen tollen Zitrussalat machen könnte. Einfach Pampelmusen, Pomelos, Orangen oder andere Zitrusfrüchte filetieren und ein paar Tropfen von dem Vanillesirup daraufgeben. Dann sind die Früchte auch nicht mehr zu sauer für die Vorspeise! Dazu passen dann gebratene Scampis, Jakobsmuscheln, Hummer – was man mag. Und am besten noch ein paar Bittersalate wie Frisée oder Rucola unterheben, da hat man ziemlich schnell ein ganz wunderbares Gericht!

SIE HABEN MAL VON EINER TOMATENSOSSE MIT VANILLE ERZÄHLT ...

Ja, das passt auch super! Es gibt drei Einzelgewürze, die wunderbar zur Tomate passen, von denen es die meisten Leute aber wahrscheinlich gar nicht denken. Das eine ist die Vanille, das andere Sternanis, und dann gibt es noch den Zimt. Man darf nie zu stark dosieren, sonst würde das Spiel nicht aufgehen. Entscheidend ist, dass man die Tomaten richtig lange kochen lässt. Also nicht irgendwie zehn Minuten, eher so 50 bis 60 Minuten. Dann verbinden sich die Tomaten sehr schön mit den jeweiligen Gewürzen, und es entstehen tolle Verbindungen. Einfach Deckel drauf und langsam köcheln lassen. Ich würde übrigens in diesem Fall keines der Gewürze pulverisiert verwenden. Immer mit ganzen Früchten oder Abschnitten arbeiten und sie später wieder entfernen. So lassen sich Gewürze auch viel besser dosieren!

ALSO: DIE NÄCHSTEN SPAGHETTI POMODORO MIT VANILLE?

Auf jeden Fall, die Kombination ist wunderbar! Man kann mit süß geschmorten Schalotten arbeiten, etwas Chili, dazu dann die Säure und die Süße der Tomaten, da wartet die Vanille förmlich auf ihren Auftritt!

GIBT ES EINEN FEHLER, DEN MAN BEIM WÜRZEN MIT VANILLE MACHEN KANN?

Ja! Wenn man zu viel reingibt. Grundsätzlich gilt beim Würzen: Mit kleinen Schritten anfangen, nachwürzen geht immer. Was einmal in der Suppe ist, kriegen wir nicht wieder raus ...

SPAGHETTI

mit geschmorten Vanille-Chili-Tomaten

Ja, es funktioniert wirklich: Vanille und Tomaten sind ein echtes Dreamteam! Die feine Süße und die Säure aus den roten Früchten zusammen mit einem Hauch Vanille, dazu noch etwas Chili – die macht alles rund. Spaghetti Pomodoro in ganz neuem Gewand!

Zutaten

FÜR 4 PERSONEN ALS VORSPEISE

Für die Vanille-Chili-Tomaten

1 kg Kirschtomaten
1 rote Zwiebel
2 Schalotten
1 Knoblauchzehe
1 TL Salz
5 EL Olivenöl
½ Vanillestange
1 getrocknete Chilischote
1 EL Butter
1 EL weißer Balsamicoessig

Außerdem

500 g Spaghetti
50 g Parmesan
Basilikumblätter

Zubereitung

1.
Für die Vanille-Chili-Tomaten eine Auflaufform bereitstellen und den Backofen auf 200 °C (Umluft) vorheizen. Die Kirschtomaten waschen, trocken tupfen und halbieren. Die Zwiebel schälen und fein würfeln, mit den beiden Schalotten genauso verfahren. Die Knoblauchzehe dünn schälen und sehr fein würfeln.

2.
Die Tomatenhälften zusammen mit den Zwiebel-, Schalotten- und Knoblauchwürfeln in die Auflaufform geben, Salz und Olivenöl unterrühren. Die halbe Vanillestange noch mal längs halbieren und beide Stücke unter die Tomaten heben. Die getrocknete Chilischote grob zerstoßen und die Stücke ebenfalls zu den Tomaten geben. Alles gut vermengen und im heißen Backofen 45 Minuten rösten – nach 30 Minuten alles einmal vermengen und die Hitze gegebenenfalls leicht reduzieren, falls die Tomaten schon gut Farbe angenommen haben sollten.

3.
15 Minuten vor Ende der Garzeit einen Topf mit Salzwasser zum Kochen bringen und die Spaghetti darin in 10 Minuten bissfest garen.

4.
Die Vanille-Chili-Tomaten mit Butter und Balsamicoessig kräftig abschmecken; gegebenenfalls noch einmal nachsalzen und die Tomaten nun unter die abgegossenen und gut abgetropften Spaghetti heben. Auf Tellern anrichten und mit frisch geriebenem Parmesan und gewaschenen Basilikumblättern anrichten.

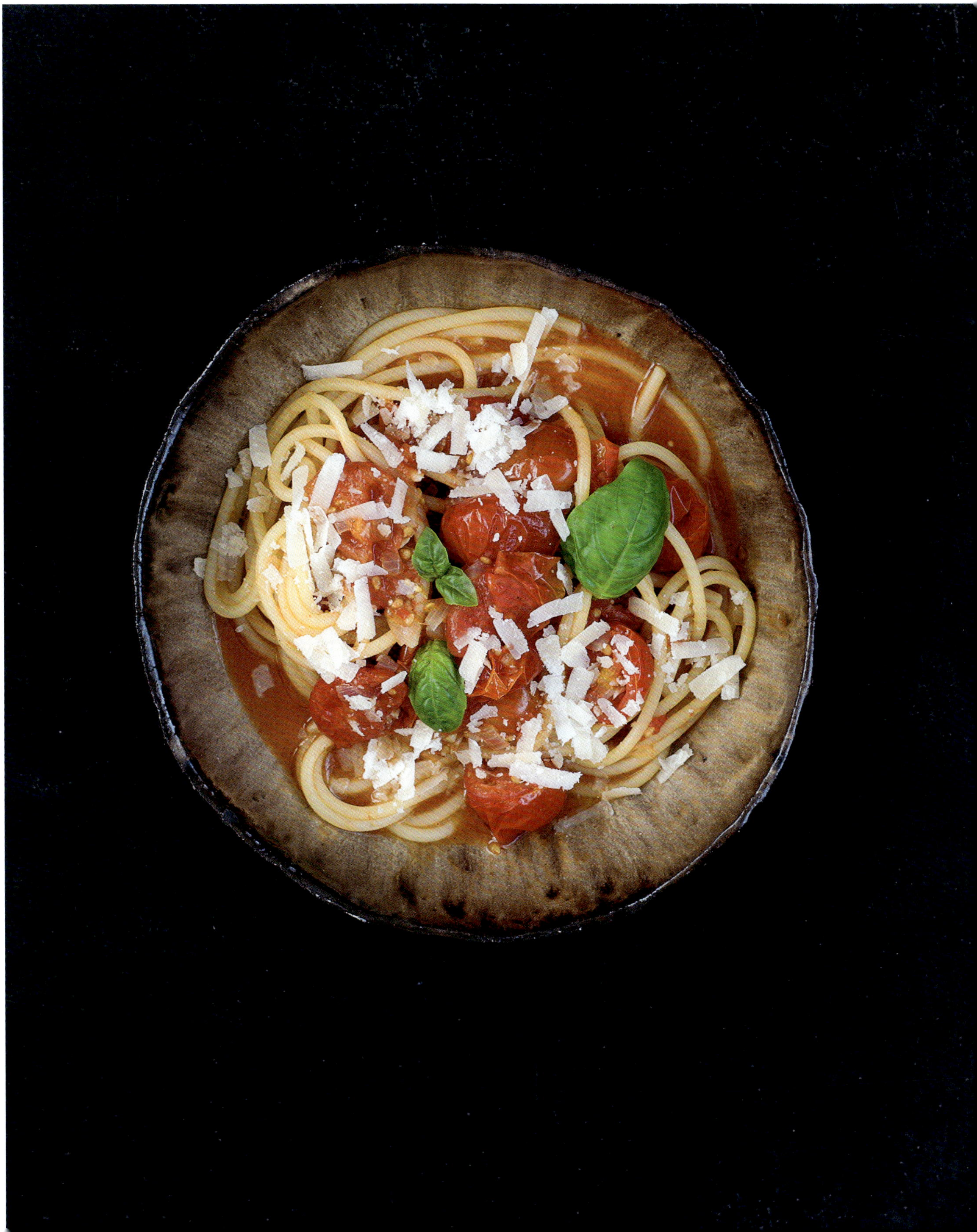

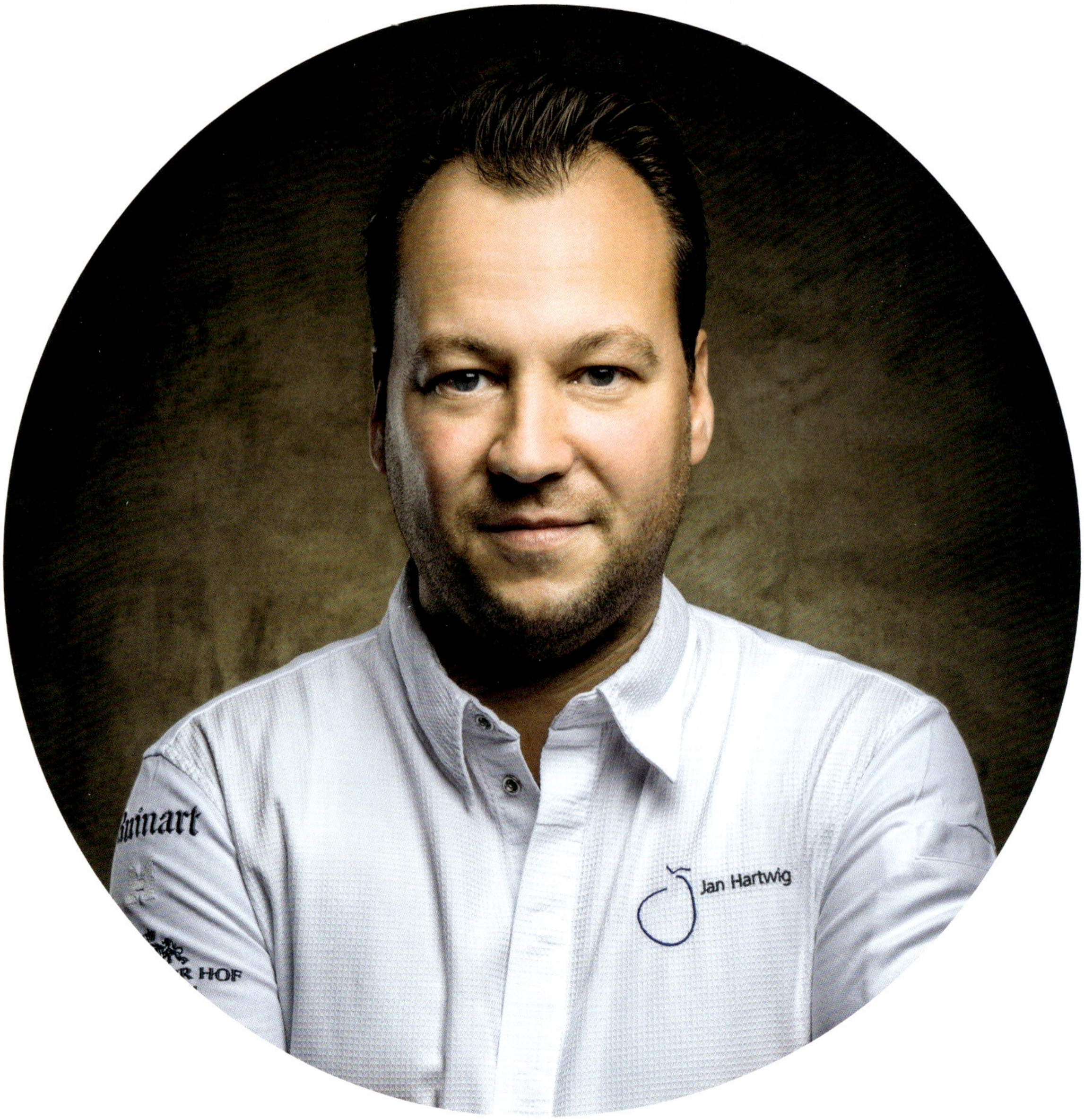
Jan Hartwig

„SAUER MACHT LECKER – STIMMT'S, JAN HARTWIG?"

Jan Hartwig ist im Guide Michelin 2018 erstmals mit drei Michelin-Sternen ausgezeichnet worden. Seine Teller im Bayerischen Hof in München sind vor allem auch dafür bekannt, dass sie alle mit einer kleinen, aber feinen Portion Säure abgeschmeckt werden. Im Interview verrät er, warum wir in der Küche viel mehr Mut zur Säure haben dürfen.

Nachgefragt: Sauer macht lecker – stimmt's?

Ja, auf jeden Fall! Man sollte den Stellenwert von Säure gerade beim Abschmecken nicht unterschätzen! Ich verwende sehr viele verschiedene Essige, sowohl auf Wein- als auch auf Fruchtbasis. Zitrusfrüchte sind ebenfalls ein spannendes Thema, und auch mit Alkohol kann man schöne Akzente setzen. Weißwein, weißer Portwein, Champagner, Noilly Prat – jeder Säurelieferant gibt andere Effekte. Ich spiele da sehr gern mit verschiedenen Produkten.

WAS MACHT DIE SÄURE DENN SO INTERESSANT?

Säure kann ein Gericht stärker beleben, sie kann animieren und regt den Speichelfluss an – das sind alles Dinge, die uns in der Küche in die Hände spielen. Natürlich muss Säure immer sehr gut eingebunden sein. Wer eine langweilige Soße hat, macht sie durch einen Schluck Essig nicht besser. Das Grundgerüst muss schon stimmen. Eine klare Richtung muss da sein. Das, was die Säure am Ende macht, ist Finetuning. Sie macht das Gericht eine Nummer komplexer: Durch sie kommt eine weitere Dimension rein, und das macht Essen spannend.

Man muss ein Gefühl dafür bekommen, wo welche sauren Akzente Sinn machen und den Teller vervollständigen.

Es ist immer entscheidend, wie welche Säure zu welchen Produkten kombiniert wird. Manchmal ist es nur etwas Zitronenschale, die am Ende untergehoben wird. Manchmal setzt der Säurelieferant aber auch die Basis. Dann zum Beispiel, wenn ich weißen Portwein komplett reduziere. Der wird richtig süß, behält aber einen Teil seiner Säure, die dem Gericht dann eine Richtung gibt. Man kennt das auch aus Alltagssituationen. Wenn man Spargel hat und einen Spritzer Zitrone zugibt, dann schmeckt es gleich ganz anders. Da entsteht dann eine angenehme Spannung, die den Spargel gleich viel interessanter macht. Wenn ich einfach puren Essig auf den Spargel geben würde, wäre das Ergebnis ein ganz anderes. „Hauptsache Säure" wäre deshalb auch der falsche Ansatz. Man muss schon ein Gefühl dafür bekommen, wo welche sauren Akzente Sinn machen und den Teller vervollständigen.

WAS SIND DENN DIE WICHTIGSTEN SÄURELIEFERANTEN IN DER KÜCHE?

Man kann mit so vielen Dingen arbeiten! Zitrusfrüchte, unreife Erdbeeren, Äpfel, Zwetschgen, Sauerkirschen, Rhabarber, Tomaten – alles, was Säure hat, ist geeignet und irgendwie spannend, je nach Dosierung. Natürlich auch die große Bandbreite der Essige, Alkohol ist ebenfalls ein spannender Säurelieferant. Die Auswahl ist wirklich unerschöpflich!

WOHER WEISS ICH DENN, WANN WELCHE SÄURE SINN MACHT?

Das ist gar nicht so einfach zu sagen, weil das Geschmacksempfinden ja schon sehr subjektiv ist. Wenn ich ein Wiener Schnitzel esse, dann ist da ordentlich Zitrone drauf, richtig ordentlich! Der eine findet das super, dem anderen wäre es schon zu viel. Insofern muss man einfach schauen und herausfinden, was einem schmeckt. Das geht nur über Ausprobieren.

Manchmal sind einem Dinge aber vielleicht auch einfach klar. Wenn ich Kartoffelbrei und Bratwurst habe, dann muss da nicht unbedingt Essig dran. Ein Löffel Senf reicht aus, da ist schon etwas Essig drin, das reicht völlig. Es wäre übertrieben, da mit dicker Säure loszulegen. Genauso beim Spiegelei. Wer da anfängt, sich Zitronensaft drüberzugießen, der wird es auch bereuen …

WIE KÖNNEN HOBBYKÖCHE IHRE GERICHTE DENN DURCH SÄURE SPANNENDER MACHEN?

Im Alltag ist es eigentlich ganz einfach, sich Schritt für Schritt auszuprobieren und sich heranzutasten. Da gibt es wirklich viele Beispiele. Ich esse zum Beispiel keinen Linseneintopf, wenn er am Ende nicht mit etwas Essig oder Zitrone abgeschmeckt worden ist. Ohne dem bleiben die Linsen irgendwie fad. Erst die Säure gibt dem Gericht die Fülle. Das werden viele Hausfrauen auch genauso machen: Man merkt einfach, da fehlt noch was! Für andere Eintöpfe gilt natürlich Ähnliches: Einfach am Ende mal schauen, welche Aromatik und welche Säure noch fehlen könnten. Und dann mit kleinen Mengen ausprobieren, was passiert.

Beim Salatdressing kann man auch mal was Neues machen: Man reduziert den Essig im Dressing und gibt stattdessen kleine saure Früchte, zum Beispiel Johannisbeeren, oder auch saure Kräuter oder Blätter, wie Sauerklee oder Sauerampfer, mit in den Salat. Das sind so feine, kleine Akzente, die für etwas Spannung sorgen und die einfach mal anders sind als sonst.

Wenn man Nudeln mit einem schönen Basilikumpesto mit Pinienkernen und Pecorino isst, kann man kurz vor dem Servieren zum Beispiel etwas fein abgeriebene Schale von einer Bio-Zitrone unterheben. Das passt richtig gut und ist unfassbar lecker! Es gibt eine leichte Frische und eine ganz dezente Säure. Würde man statt der Schale einen ganzen Schluck Zitronensaft nehmen, wären die Nudeln dahin – das wäre viel zu kräftig.

Manchmal sind es auch Produkte, an die man erst gar nicht denkt. Essig und Zitrusfrüchte liegen immer so auf der Hand. Für ein thailändisches Gericht, einen Papayasalat mit Gelbschwanzmakrele, habe ich kürzlich den sogenannten Zitronenkaviar verwendet, das sind so ganz kleine saure Kügelchen. Da kann man den Limettensaft einfach mal gegen so ein anderes Produkt tauschen und sehen, wie sich der Geschmack verändert.

Wobei es zu Hause wirklich keine aufwendigen Gerichte sein müssen. Wenn man Fenchel im Olivenöl anbrät und das alles mit Orangensaft ablöscht, es kurz einkochen lässt und mit gerösteten Mandeln, frischem Basilikum, etwas Dill und gebratenen Garnelen serviert – da hat man ein superfrühlingshaftes Gericht. Es sind oft die kleinen i-Tüpfelchen, die es dann einfach spannend machen.

FUSILLI

mit Basilikum-Zitronen-Pesto

Nudeln mit Pesto kann ja jeder. Wir gönnen dem italienischen Klassiker allerdings zusätzlich etwas abgeriebene Zitronenschale – die sorgt nicht nur für herrliche Frische, sondern ganz bewusst auch für etwas Spannung. Fusilli, die wegen ihrer Spiralform Pesto besonders gut aufnehmen, sind für dieses Gericht prädestiniert.

Zutaten

FÜR 4 PERSONEN ALS HAUPTSPEISE

- 50 g Pinienkerne
- 100 g frische Basilikumblätter
- ½ Knoblauchzehe
- ¼ TL Salz
- 125 ml Olivenöl
- 50 g Parmesan
- abgeriebene Schale von 1 Bio-Zitrone

Außerdem

- 500 g Fusilli oder andere Nudeln
- 4 EL frisch geriebener Parmesan
- 4 TL geröstete Pinienkerne

Zubereitung

1.
Die Pinienkerne ohne Fett in einer Pfanne rösten. Dabei aufpassen, dass die Kerne nicht zu dunkel werden – das geht manchmal ganz schnell. Lieber langsam vorgehen und mit wenig Hitze starten.

2.
Die Basilikumblätter waschen, gut trocken tupfen und zusammen mit der ½ Knoblauchzehe in einem Blitzhacker verkleinern. Salz, abgekühlte Pinienkerne und Olivenöl zugeben und alles noch einmal kurz zusammen mixen – nicht zu lang, das Olivenöl neigt dazu, sonst bitter zu werden. Wer das Pesto lieber flüssiger mag, gibt noch mehr Olivenöl dazu.

3.
Den Parmesan frisch reiben und nur kurz unter das Pesto heben. Nun wird das Pesto mit der abgeriebenen Bio-Zitronenschale abgeschmeckt. Lieber erst weniger Schale nehmen und schauen, wie stark man den leicht säuerlichen Zitruseffekt haben möchte. Er sollte nicht zu dominant sein, sondern eher dezent am Rande hervorschmecken.

4.
Die Nudeln wie gewohnt in Salzwasser oder Gemüsebrühe kochen, abgießen und mit dem Pesto vermengen. Mit frisch geriebenem Parmesan und einigen gerösteten Pinienkernen bestreut servieren.

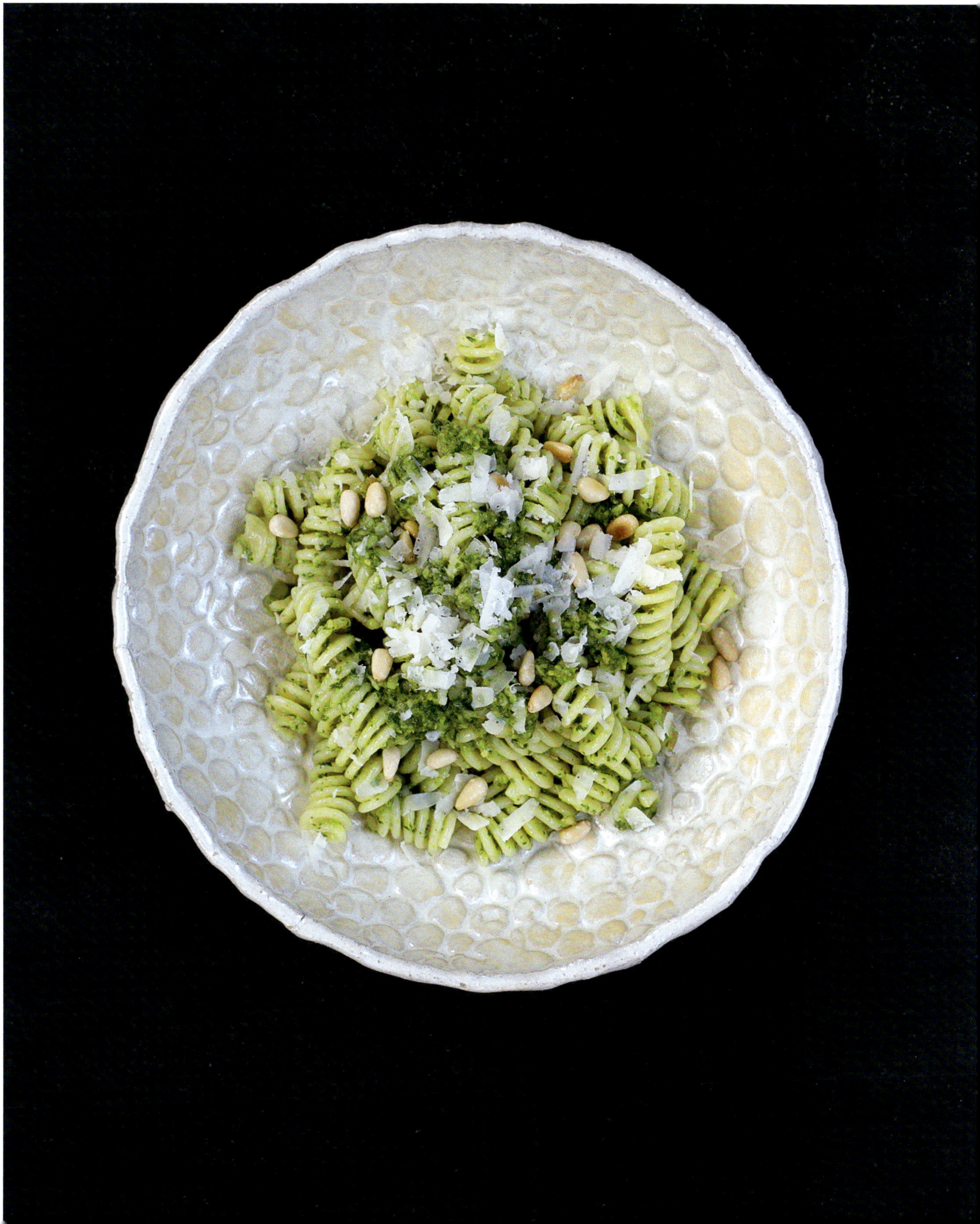

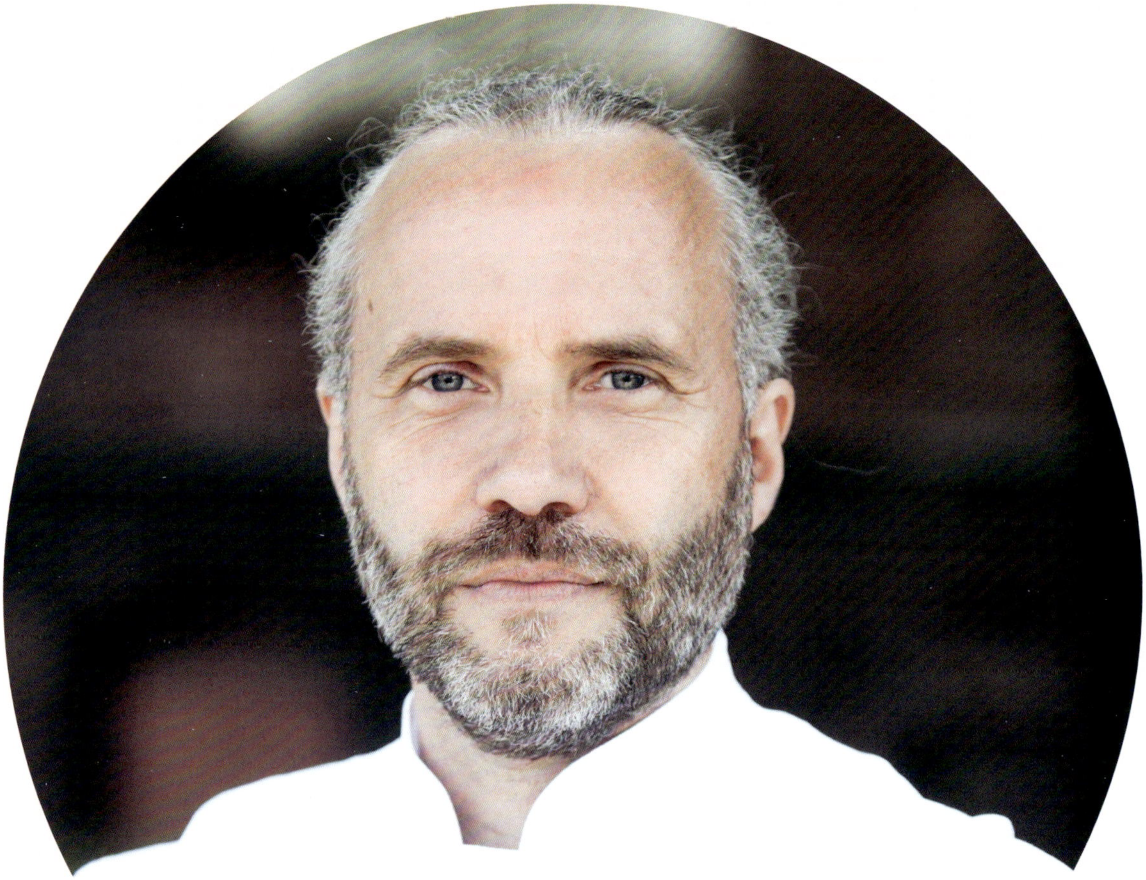

ANT

„MOLEKULARKÜCHE ZU HAUSE – GEHT DAS, HEIKO ANTONIEWICZ?"

Geht es um das Wie, Wo, Was und Warum der molekularen Küche, kommt man nicht an Heiko Antoniewicz vorbei: Er bringt Wissenschaft und Praxis der modernen Küche zusammen. Im Interview verrät der Spitzenkoch, welche Tricks die Molekularküche für den Alltag bietet.

Nachgefragt: Molekularküche zu Hause – geht das?

Bis auf wenige Ausnahmen geht das tatsächlich sehr gut! Wenn man zum Beispiel auf Techniken abzielt, bei denen die Kügelchen entstehen, die dann im Mundraum platzen, dann kann man das sehr gut zu Hause machen. Man muss einfach nur ein paar Parameter einhalten, dann klappt das auch mit der Bindung.

DER BEGRIFF „MOLEKULARKÜCHE" WURDE ZEITWEISE SCHON SEHR INFLATIONÄR BENUTZT. WAS DÜRFEN WIR WIRKLICH DARUNTER VERSTEHEN?

Der Ursprungsgedanke ist circa Mitte der 60er-Jahre von Nicholas Kurti, einem ungarisch-britischen Physiker, geprägt worden. Er hat gesagt, dass es nicht sein kann, dass wir wissen, wie weit jeder einzelne Stern von der Erde entfernt ist, aber dass wir nicht wissen, was im Innern eines Soufflés passiert. Was er damit meinte, war: Es muss ein Wissenstransfer stattfinden von Forschung und Entwicklung, der auch in der Küche mündet. Wir müssen wissen, was beim Garen von Lebensmitteln passiert. Nur wenn wir das wissen, können wir wirklich gezielt kochen und bewusst Geschmacksveränderungen und -effekte erzielen. Heute versteht man unter der Molekularküche im Prinzip den Transfer zwischen Wissenschaft und Praxis. Verbreitet haben sich unter diesem Namen vor allem neue Koch- und Gartechniken, bei denen man nicht allein durch Hitze eine Temperatur- oder Konsistenzveränderung herbeiführt, sondern auch durch andere Produkte, wie zum Beispiel durch Alginate oder auch durch Stickstoff. Sehr bekannt ist die Sphärifikation, bei der man die festen Kügelchen oder Bubbles in einer Flüssigkeit herstellt. Dazu brauche ich im Prinzip nur ein Alginat – ein Bindemittel, das aus Algen hergestellt wird. Dann nimmt man einen nicht säure- und nicht salzhaltigen Fruchtsaft, mixt beides gründlich und lässt es stehen. Daraus entsteht dann ein leicht dickflüssiger Ansatz. Jetzt nimmt man eine Wasserlösung, die mit Kalziumlaktat angereichert wird, und lässt das Alginat damit reagieren. Das heißt: Ich nehme einen guten Löffel aus meinem ersten Ansatz und lasse ihn in die Wasser-Kalziumlaktat-Lösung gleiten. Dabei entsteht sofort eine Kugel, die mit dem jeweiligen Frucht- oder Gemüsesaft gefüllt ist, die ich für den ersten Ansatz mit dem Alginat gewählt habe.

Viele Leute kennen das noch vom Bubble Tea. Seit es diese Welle in Deutschland gab, macht übrigens kein Koch mehr diese Sphärifikationen, weil alle denken, dass sie künstlich gefärbte Kügelchen bekommen. Das ist eigentlich schade, es ist ja etwas ganz anderes.

IST ES EGAL, WELCHE SAFTBASIS MAN FÜR DIE KÜGELCHEN VERWENDET?

Im Prinzip schon. Man muss nur schauen, dass der Saft nicht zu sauer ist und dass kein Salz enthalten ist – das beeinflusst beides den Geliervorgang.

Man kann zum Beispiel auch gut Aperol verwenden. Wir machen das gern, wenn wir Prosecco servieren. Dann bekommt jeder Gast dazu noch eine Kugel Aperol zum Essen auf einem kleinen Löffel dazu. Wobei sich das Alginat nicht direkt in Alkohol lösen lässt, deshalb muss man vorher erst den Schritt über Wasser gehen und dann erst den Aperol zufügen. Hier wird das Alginat in Wasser aufgelöst und stehen gelassen, bis alle Luftblasen entwichen sind. Dann wird der Aperol mit dieser Mischung angereichert und mit einem Portionslöffel in die Kalziumlake gegeben.

Apfelsaft geht auch, Rote Bete ebenso – das sieht nicht nur toll aus, es schmeckt durch die Konsistenz der Kugeln auch gleich ganz anders. Das ist das Spannende an der Molekularküche. Die Leute denken immer nur an die Effekte. Die treibende Kraft ist für uns aber eher der Geschmack – die Frage nach dem Geschmacksgewinn. Rote-Bete-Kugeln lassen sich zum Beispiel toll in einer klaren Consommé servieren. Sobald die rote Kugel in der Mitte angestochen wird, färbt sich die Suppe rot.

SPANNEND – WIE FUNKTIONIERT DAS GENAU?

Man nimmt den kalten Rote-Bete-Saft als Basis für das Alginat. Dann macht man seinen zweiten Ansatz aus Wasser und Kalziumlaktat. Wenn ich jetzt einen Löffel nehme, etwa einen Kaffee-Portionslöffel, und eine Portion von unserem Rote-Bete-Ansatz in die Wasser-Kalziumlaktat-Mischung gleiten lasse, entsteht sofort eine Rote-Bete-Kugel. Wenn ich die nun in eine kräftig abgeschmeckte Consommé hineinsetze, ergibt sich am Tisch der gewünschte Effekt: Man sticht in die Kugel, die Rote Bete verteilt sich in der Suppe.

NOCH MAL ZUM BEGRIFF: IM PRINZIP IST JA ALLES, WAS WIR KOCHEN, MOLEKULARKÜCHE. DENN ALLE LEBENSMITTEL BESTEHEN AUS MOLEKÜLEN …

Das ist richtig! Und genau so ist der Begriff auch zu verstehen, nur dass Menschen, die ihn über die Jahre geprägt haben, ihn eben vor allem mit den besonderen neuen Aspekten der Zubereitung in Verbindung gebracht haben. Aber wir beschäftigen uns nach wie vor auch mit molekularen Prozessen in der Küche. Und da geht es dann zum Beispiel auch ums Spiegeleierbraten.

INTERESSANT. UM WELCHE FRAGE GEHT ES DA?

„Welche Hitze ist die beste, um ein Spiegelei perfekt zuzubereiten?"

UND DIE LAUTET?

78 Grad.

ALSO: VON WEGEN PFANNE VOLL AUFDREHEN UND SCHÖN KNUSPRIG BRATEN …

Genau! Das ist überhaupt nicht optimal. Bei 64 Grad fängt das Eiweiß an zu stocken; das ist vielen Leuten allerdings noch zu weich, zu flüssig. Deshalb geht man auf 78 Grad, da das Eiweiß hier gerinnt. Man hat dann also ein geronnenes Eiweiß mit einem wachsweichen Eigelb – das ist wirklich perfekt.

WIE KOCHEN SIE ZU HAUSE?

Ich koche eigentlich fast normal – aber mit Ergänzungen aus der sogenannten molekularen Küche. Meine Erdbeermarmelade bereite ich auch mithilfe des Alginats zu. Das hat den großen Vorteil, dass man die Erdbeeren gar nicht kochen muss und sie richtig schön frisch schmecken. Ich püriere die frischen Früchte, mixe das Alginat ein und gebe dann nur noch etwas Zitronensaft und Salz dazu. Natürlich hält die Marmelade nicht ganz so lange – dafür hat man einen superfrischen Geschmack und braucht viel weniger Zucker.

ERDBEERMARMELADE
ohne Kochen

So einfach war Marmeladekochen noch nie: Früchte mit etwas Zucker, Zitronenschale und dem Alginat anrühren – und ab aufs Brötchen. Oder gleich in diesen feinen Quark, der mit der frischen Erdbeermarmelade, Minzblättern und dunklen Schokoladenraspeln ganz schnell zum Frühstücksliebling wird.

Zutaten

FÜR 2 GLÄSER

500 g Erdbeeren

6 EL Zucker

**3 gestrichene TL Alginat
(z. B. Algizoon von Biozoon)**

**abgeriebene Schale von
½ Bio-Zitrone**

1 Prise Salz

Zubereitung

1.
Die Erdbeeren gründlich waschen und trocken tupfen. Die Hälfte der Erdbeeren in einem hohen Gefäß mit dem Mixstab pürieren, die andere Hälfte fein würfeln. Den Zucker unter die pürierten Erdbeeren mixen. Das Alginat ebenfalls unter die pürierten Erdbeeren rühren.

2.
Nun den bereits angedickten Erdbeeransatz mit den fein gewürfelten Erdbeeren vermengen und mit der abgeriebenen Bio-Zitronenschale und einem Hauch Salz abschmecken. Wem die Erdbeermarmelade zu fest ist, der kann sie mit pürierten Erdbeeren oder etwas Apfelsaft glatt rühren – je nach Verwendung.

Tipp
Erdbeer-Minz-Quark mit dunkler Schokolade

250 g Quark (20 % Fett i. Tr.) mit 4 EL Erdbeermarmelade und den gewaschenen und fein geschnittenen Blättern von 1 Stängel frischer Minze vermengen oder kurz mixen. In Schälchen anrichten und mit etwas glatt gerührter Erdbeermarmelade (z. B. mit 2 EL Apfelsaft glatt rühren) und frisch gehobelter Zartbitterschokolade servieren.

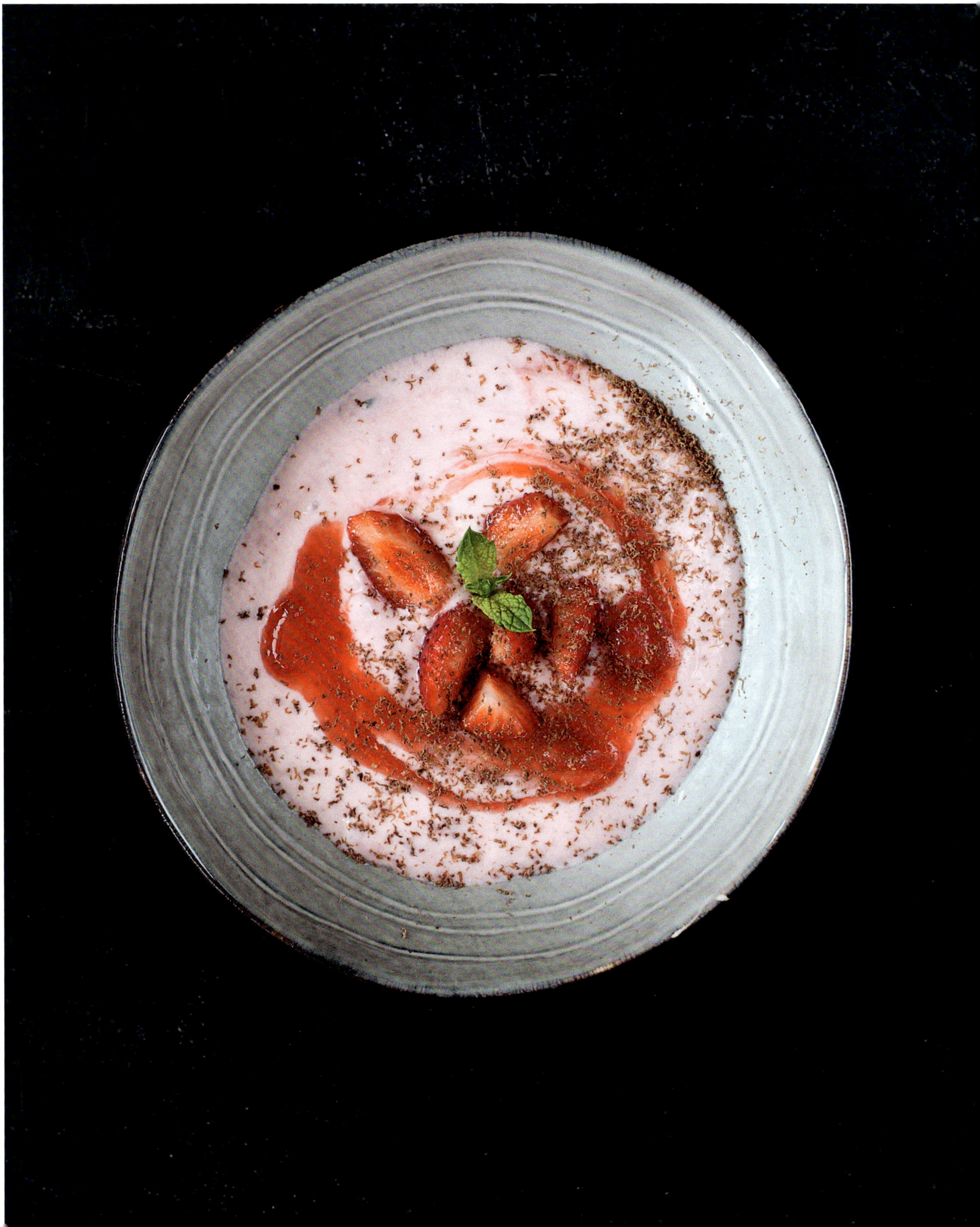

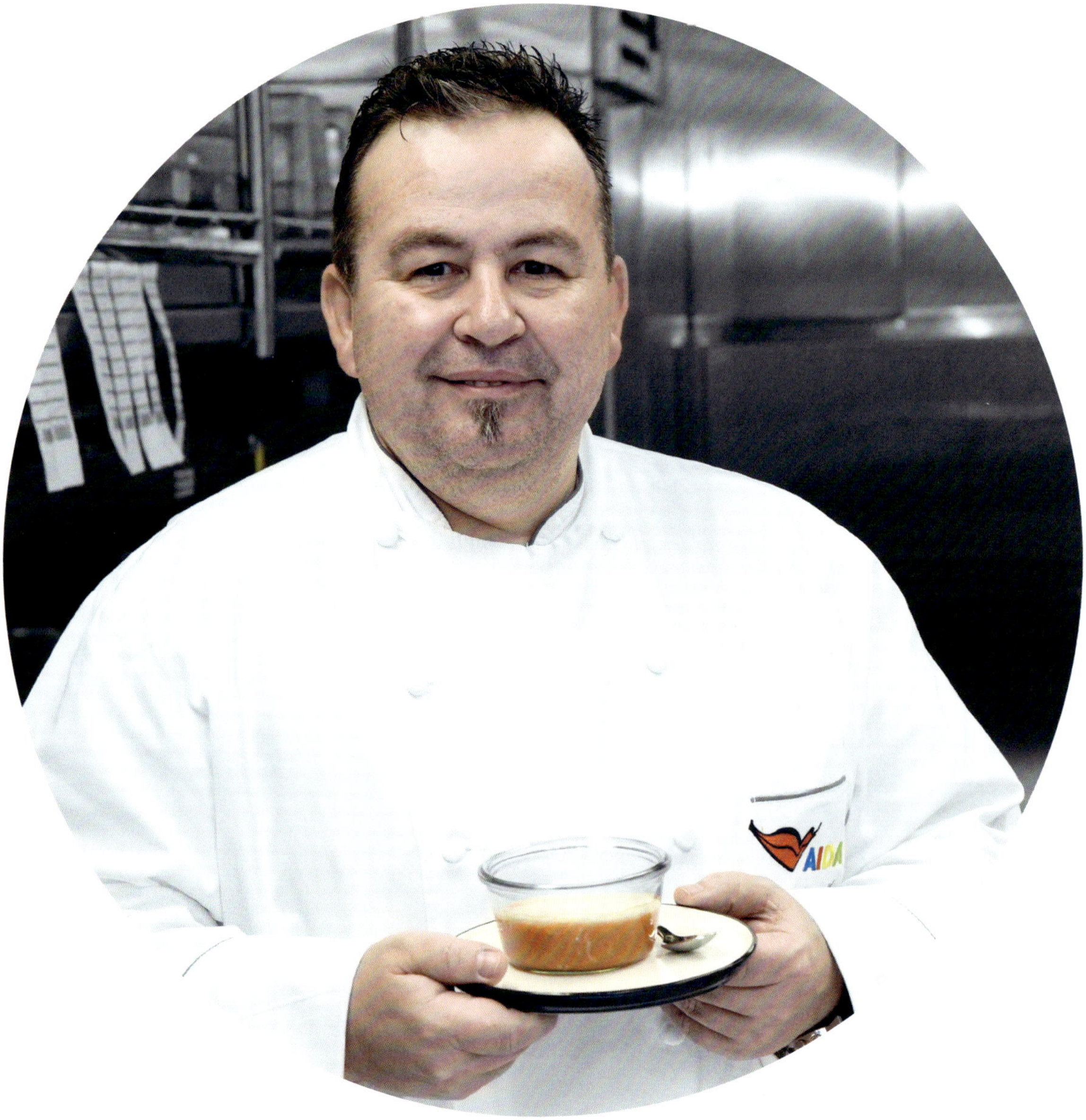
AIDA

„WIE BEKOMMT MAN EIN GANZES SCHIFF SATT, ALEXANDER MASSENKEIL?"

Seit 15 Jahren ist Alexander Massenkeil auf den AIDA-Schiffen in der ganzen Welt unterwegs. Als Küchenchef leitet er parallel das kulinarische Geschehen für bis zu zwölf Restaurants an Bord. Auch das ist Spitzenküche: 5000 Menschen satt und glücklich machen – und das irgendwo mitten auf dem Meer.

? Nachgefragt:
Wie bekommt man ein ganzes Schiff satt?

Organisation, das ist alles Organisation! Wenn man ein ganzes Schiff satt kriegen will, dann muss man beim Einkauf anfangen. Da darf nichts fehlen oder durchrutschen … Wehe dem, wir hätten auf den Familienfahrten im Sommer kein Nutella da! Oder das Knäckebrot würde ausgehen – das würden uns gerade die älteren Passagiere sehr übel nehmen … Je nach Schiff haben wir bis zu zwölf Restaurants an Bord. Da müssen wir jeden Tag zusehen, dass die Qualität gehalten wird und dass beliebte Speisen nicht ausgehen.

Damit das nicht passiert, arbeiten wir mit einem ausgefeilten Abrufsystem. In allen Restaurants gibt es Tablets, in denen sämtliche Speisen abgespeichert sind, die es gerade im Angebot gibt. Sobald ein Gericht aus ist, geht eine Meldung in unsere Hauptküche auf Deck 3, sodass direkt für Ersatz gesorgt werden kann.

WOBEI IHR JA NICHT BELIEBIG VIEL VON ALLEN GERICHTEN VORHALTEN KÖNNT?

Nein, das sind alles Erfahrungswerte. Wenn dann doch mal das Gulasch aus ist, dann liefern wir eine Alternative. In der Hauptküche wird parallel für alle zwölf Restaurants vorgearbeitet. Da hast du immer einen Plan B im Hinterkopf, das ist überhaupt kein Problem!

WIE FRISCH KANN MAN FÜR 5000 MENSCHEN KOCHEN?

Sehr frisch! In unserer Küche ist Tag und Nacht Betrieb. Brötchen und Brote werden nachts gebacken, und während oben dann in den Restaurants ab sechs Uhr gefrühstückt wird, beginnen unten in der Küche schon die Vorbereitungen für das Mittag- und Abendessen. Das ist ein laufender Betrieb mit mehr als 240 Mitarbeitern. Es sind ganz viele Zahnrädchen, die da ineinandergreifen.

Wir haben keinerlei Fertigware oder Geschmacksverstärker, auf die wir zurückgreifen. Jede Soße oder jeder Fond wird selbst gekocht. Das Gemüse und das Obst bekommen wir wahlweise aus unserer Zentrale in Hamburg geliefert oder auch aus unseren Proviantstationen in den Häfen. Wir haben in jedem Hafen Agenten, die die Strukturen dort genau kennen und auch kurzfristig für Ersatz sorgen können, wenn doch mal was leer geworden ist. Wobei das sehr selten passiert. Wir haben ja Daten, auf die wir uns seit vielen Jahren stützen können.

Und ich gucke mir als Küchenchef vor jeder Reise die Gästestruktur an. Also: Sind es viele Familien? Viele junge Leute? Oder mehr Senioren? Das merken wir in der Küche sehr deutlich. Gerichte laufen je nach Zielgruppe unterschiedlich gut. Dabei müssen wir auch an unsere „Special Needs" denken, also alle Passagiere, die Allergien oder Unverträglichkeiten haben. Gluten, Laktose, Histamin – das sind alles Themen, die wir immer auf dem Schirm haben müssen. Auch deshalb ist es übrigens gut und wichtig, dass wir alles frisch kochen. So wissen wir am besten, was drin ist. Um möglichst flexibel zu sein, setzen wir alle Soßen ohne Mehl an. Wenn etwas gebunden werden muss, dann nehmen wir Maisstärke. Brote, Kuchen und Nudeln für Allergiker kaufen wir allerdings zu. Die Teigzubereitung wäre in ein und derselben Bäckerei zu riskant. Gerade bei Gluten kommt es ja auch auf Spuren an.

GIBT ES EINEN REZEPTKATALOG, AUS DEM SICH ALLE SCHIFFE BEDIENEN KÖNNEN?

Ja, genau, das ist so. Wir haben etwa 36000 Rezepte, auf die wir von allen Schiffen aus zugreifen können. Und dann gibt es ja die verschiedenen Restaurantprofile. Ein Markt-Restaurant hat immer die gleichen Speisen – egal, auf welchem Schiff man ist. Natürlich entwickeln wir auch immer wieder neue Rezepte, die den Katalog dann irgendwann erweitern. In den A-la-Carte-Restaurants ist es natürlich noch mal etwas anders. Im „Rossini" gibt es zum Beispiel nie die gleichen Gerichte. Da arbeitet das Küchenteam ja auch nicht in der Großküche auf Deck 3, sondern oben am Restaurant in einer eigenen Etagenküche. Je nach Tour und je nach Saison entwickeln die Köche dort ihre eigenen Rezepte. Und die variieren auch von Schiff zu Schiff. Oftmals werden die Zutaten dann auch erst morgens im Hafen frisch gekauft. Das könnten wir für die großen Buffet-Restaurants nicht leisten. Da haben wir die Ware teilweise ein Vierteljahr vor Abreise geordert.

GIBT ES GERICHTE, DIE SICH FÜR DIE GROSS-KÜCHE NICHT ANBIETEN?

Edler Fisch zum Beispiel. Den brauchst du nicht für 5000 Personen braten – der landet nie so schön glasig beim Gast, wie er die Küche verlassen hat. Dazu liegen die Produkte einfach zu lange auf dem Buffet und ziehen auch nach. Das sind dann die Produkte, die man in den A-la-Carte-Restaurants bekommt. Dort wird das Essen sofort zum Gast gebracht – da hat man dann natürlich etwas andere Möglichkeiten.

IST DAS ESSEN SCHON MAL KNAPP GEWORDEN?

Nein, nie! Ich bin mit meinem Proviant meistens vier bis fünf Tage im Vorlauf, da passiert nichts.

WAS KANN EIN HOBBYKOCH VON DIR LERNEN?

Vorbereitung! Das fängt schon vor dem Einkaufen an. Man muss sich immer fragen, wer alles am Tisch sitzt. Kommen mehr Frauen, mehr Männer, sind Kinder dabei? Darüber habe ich dann schon einen Anhaltspunkt für die Mengen. Und ich muss wissen: Gibt es Allergien, Unverträglichkeiten, sind Vegetarier dabei? Und dann überlege ich mir Gerichte, die auch irgendwie praktisch sind. Gerade wenn ich Besuch habe, muss ich das Essen gut vorbereiten können. Im Sommer kann man super eine Gazpacho als Shot vorweg machen, damit hat man überhaupt keine Arbeit, sie muss einfach nur kalt sein. Dann bereitet man noch ein Tiramisu vor und braucht sich nur noch um den Hauptgang zu kümmern.

UND DA NIMMT MAN AM BESTEN EIN SCHMOR-GERICHT, UM DAS SICH IN DEN LETZTEN ZÜGEN DER OFEN ALLEIN KÜMMERT?

Genau! Man muss immer schauen, dass man es sich einfach macht. Und dass man die richtigen Gerichte wählt. Und: Mise en Place – eine ordentliche Vorbereitung ist alles!

GAZPACHO

easy für viele Leute

Als schmucker Shot im Glas oder klassisch in der Suppenschale: Eine Gazpacho ist prädestiniert für größere Feste, Feiern oder Veranstaltungen mit vielen Menschen. Sie lässt sich auch in größeren Mengen wunderbar vorbereiten und macht Lust auf mehr!

Zutaten

FÜR 8 PERSONEN ALS VORSPEISE

5 Fleischtomaten

1 Salatgurke

3 Paprikaschoten

1 Stange Staudensellerie

1 kleine rote Zwiebel

1 Knoblauchzehe

50 ml Olivenöl

2–3 EL Weißweinessig

Salz

Pfeffer oder getrocknete Chili

Außerdem

Olivenöl-Crostini (siehe Tipp)

Zubereitung

1.
Für dieses Rezept empfiehlt es sich, einen leistungsstarken Mixer (wie den Thermomix) oder einen Entsafter zu verwenden. Im Thermomix entsteht eine noch leicht gebundene Gazpacho, im Entsafter eine besonders leichte Gazpacho, wie ein Gemüsesaft.

2.
Tomaten, Gurke, Paprikaschoten und Selleriestange waschen und trocken tupfen. Die Tomaten vierteln, die Gurke in 3 cm dicke Stücke schneiden, die Paprikaschoten entkernen und ebenfalls grob würfeln. Die Staudenselleriestange in 3 cm lange Abschnitte schneiden. Die Gemüsestücke in den Mixtopf des Mixers geben. Zwiebel und Knoblauchzehe schälen, mit in den Mixtopf geben und alles auf höchster Stufe mindestens 1 Minute fein mixen.

3.
Jetzt das Olivenöl, etwas Weißweinessig, Salz und Pfeffer oder getrocknete Chilistücke zugeben und die Gazpacho nochmals mixen und abschmecken. Die Gazpacho gut gekühlt in kleinen Shots servieren.

Tipp
Olivenöl-Crostini

3 Scheiben Weißbrot entrinden, würfeln, im Ofen bei 200 °C (Umluft) 8–10 Minuten rösten, dann in eine verschließbare Box geben, mit 50 ml Olivenöl begießen, die Box verschließen, schütteln und die Gazpacho mit den Olivenöl-Crostini servieren.

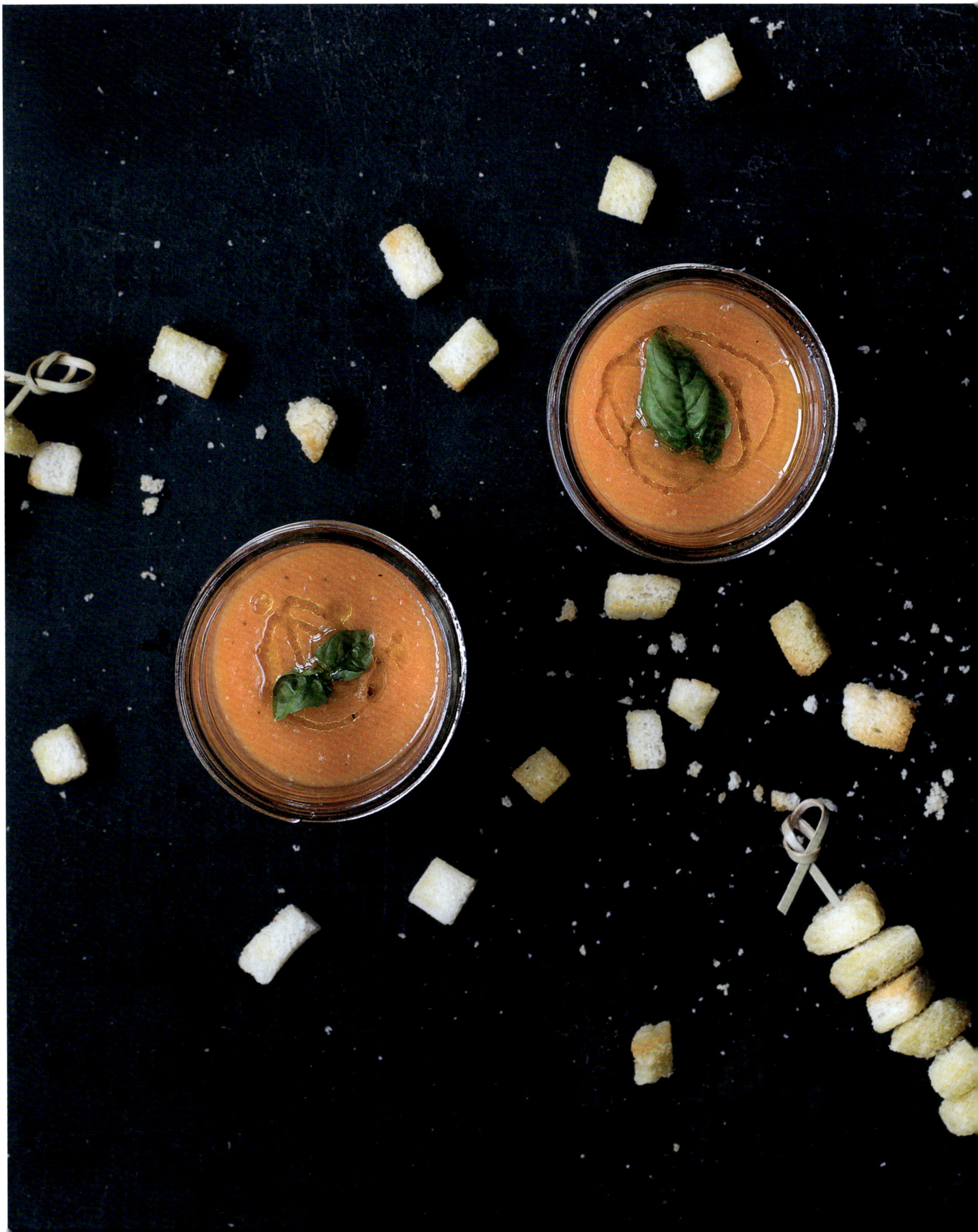

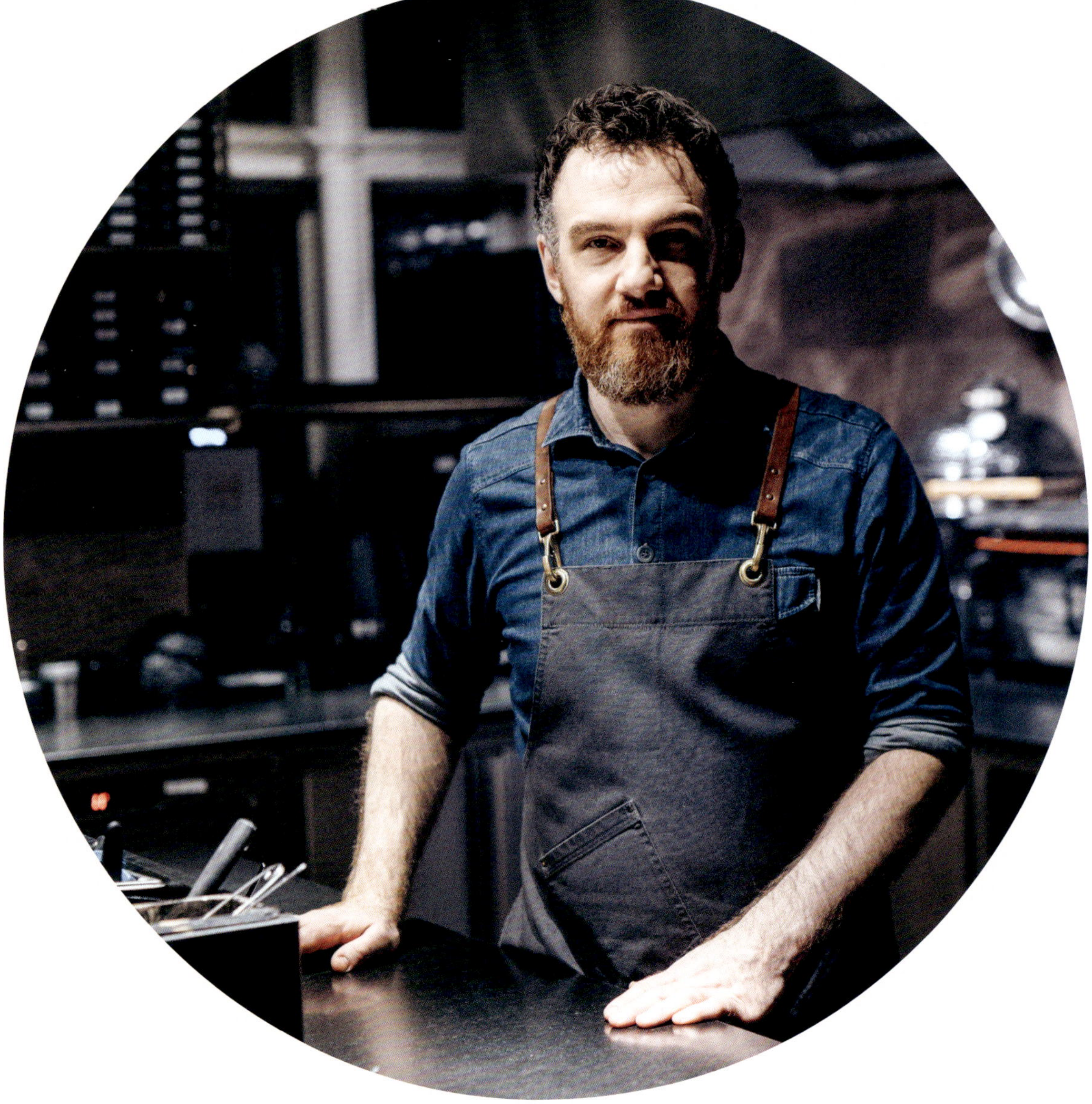

„GELINGT EIN DESSERT OHNE RAFFINIERTEN ZUCKER, RENÉ FRANK?"

René Frank gehört zu den erfolgreichsten und bekanntesten Patissiers in Deutschland. Nach vielen Jahren in der Sterne- und Spitzengastronomie hat sich der gebürtige Allgäuer mit einer eigenen Dessertbar in Berlin-Neukölln selbstständig gemacht. Er weiß, wie man auch ohne raffinierten Zucker süße Desserts zaubern kann.

Nachgefragt: Gelingt ein Dessert ohne raffinierten Zucker?

Es kommt drauf an, was man haben möchte! Wenn man was möglichst Schnelles, Süßes und Günstiges haben möchte, kommt man um den raffinierten Zucker wahrscheinlich nicht herum. Damit hat man Zucker in seiner reinsten, aber eben auch in seiner künstlichsten Form. Wenn man aber bereit ist, ein bisschen was zu investieren und auch auf ein bisschen Süße, übermäßige Süße, zu verzichten, dann geht das schon.

WO SOLLTE MAN ANSETZEN?

Wichtig ist bereits die Auswahl der Zutaten. Das fängt beim Obst an. Wer keine guten Früchte hat, braucht Zucker, um sie genießbar zu machen – ganz logisch. Ein Trick wäre, die Früchte erst zu Hause nachreifen zu lassen; dabei entwickeln sie eine natürliche Süße. Bei Bananen und Ananas funktioniert das sehr gut. Da reicht die Süße durch die wirklich reifen Früchte völlig aus, da muss man im Dessert gar keinen Zucker mehr zusetzen.

Was man aber grundsätzlich nicht vergessen darf: Wenn ich etwas Süßes haben möchte, komme ich am Zucker nicht vorbei. Und der ist überall: im Honig, im Ahornsirup, im Agavendicksaft – auch in Gemüse und in Obst. Die Unterschiede liegen nur in der Herkunft und in der Zusammensetzung. Man sollte sich da nicht von irgendwelchen Trends beeinflussen lassen, dass Honig oder Agavendicksaft wer weiß wie viel gesünder seien … Es ist und bleibt Zucker. Und nicht alle Zuckeralternativen sind wirklich besser. Gerade Agavendicksaft, was sich immer so toll anhört, ist ernährungsphysiologisch nicht wirklich besser als weißer Kristallzucker. Deshalb lieber schauen, ob man überhaupt Zucker zufügen muss …

WOBEI DU JA PERSÖNLICH SCHON AUF DIESE „ALTERNATIVEN SÜSSSTOFFE" SETZT …

Ja, das stimmt. Sie bringen im Gegensatz zu weißem Kristallzucker einige Vorteile mit sich, die wir in der Küche gut nutzen können. Das fängt bei der bewussten Verwendung an. Man setzt Ahornsirup, Honig, Kokosblütenzucker und all die anderen alternativen Süßstoffe deutlich bewusster ein als klassischen Haushaltszucker. Das allein reguliert schon einen Teil der Menge. Und man hat noch einen spezifischen Eigengeschmack, den man für das jeweilige Rezept nutzen kann.

WAS DANN ABER AUCH BEDEUTET, DASS NICHT JEDER ZUCKER IMMER PASST.

Richtig! Da muss man schon immer genau schauen, was gut zusammen funktioniert. Es gibt auch Rezepte, bei denen Zucker gar nicht ersetzt werden kann. Gerade bei klassischen Rezepten – ganz egal, ob Zuckerguss, Crème brûlée oder eine klassische Mousse, das sind sehr alte Rezepte, die unter ganz anderen Bedingungen entstanden sind. Da hat man sich über rein geschmackliche oder gesundheitliche Fragen gar nicht so viele Gedanken gemacht. Früher diente der Zuckerguss einfach der Haltbarkeit. Ansonsten hat er überhaupt keinen Sinn – er ist nur süß. Lieber schaut man, dass man einen vernünftigen Kuchen hat, den man nicht trocken werden lässt, dann braucht man keinen Zuckerguss.

VERWENDET IHR IN DER CODA-KÜCHE ÜBERHAUPT RAFFINIERTEN ZUCKER?

Nein, gar nicht. Wir wählen von vornherein andere Rezepte, also solche, für die wir gar keinen weißen Zucker brauchen. Purer Zucker hat keinen Eigengeschmack, den wir nutzen könnten. Wir arbeiten deshalb lieber mit eingekochten Gemüsesäften, Honig oder Ahornsirup.

Momentan haben wir eine Mousse au Chocolat, die aus reinem Kakao, also 100-prozentiger Schokolade, Eiweiß und Ahornsirup hergestellt wird. Die ist überhaupt nicht schwer und auch nicht zu süß. Man ist bei den Zuckeralternativen automatisch sensibler, weil der Eigengeschmack sonst auch verstärkt werden würde. Bei Haushaltszucker gibt es diese Bremse nicht: Man kann theoretisch reinen Zucker essen und es schmeckt trotzdem. Und wir sind es einfach zu sehr gewohnt: Ein Kuchen besteht gern mal zu einem Viertel aus Zucker …

UND DAS IST AUCH NOCH EIN REZEPT, AUS DEM ER NICHT MAL GESTRICHEN WERDEN KANN …

Genau, hier ist er Stabilisator. Wenn ich den Zucker beim Kuchen weglassen würde, dann funktioniert das ganze Rezept nicht mehr. Man kann ihn aber reduzieren oder durch unraffinierten Zucker ersetzen, zum Beispiel durch Muscovadozucker, der bringt dann noch so eine karamellige Note mit.

GIBT ES NOCH MEHR REZEPTE, BEI DENEN SICH DER ZUCKER NICHT EINFACH STREICHEN LÄSST?

Karamell zum Beispiel. Wenn ich Karamell machen will, brauche ich Zucker. Aber die Frage ist ja: Muss ich wirklich Karamell kochen? Genauso auch: Wenn ich komplett weißen Eischnee haben möchte, komme ich auch nicht an raffiniertem Zucker vorbei. Aber: Muss man das haben? Das sollte man sich vielleicht öfter mal fragen …

HAST DU EIN PAAR TIPPS FÜR ZU HAUSE: WIE LASSEN SICH ZUCKERALTERNATIVEN FINDEN?

Wenn ich zu Hause Eis mache, kann ich sehr gut mit anderem süßen als mit Zucker. Der Konditor, der sein Eis lange haltbar haben möchte, weil er es den ganzen Tag draußen verkaufen möchte – ja, klar, der kommt nicht dran vorbei. Aber zu Hause habe ich viele andere Möglichkeiten. Ich kann mit reduzierten Gemüsesäften, reifen Früchten oder auch viel weniger Zucker arbeiten.

IHR MACHT VIEL MIT EINGEKOCHTEN GEMÜSESÄFTEN. HAST DU EIN REZEPT, DAS AUCH ZU HAUSE GUT FUNKTIONIERT?

Mit Karottensaft lässt sich sehr viel machen. Man nimmt ein gutes Grundprodukt, am besten Karotten aus biodynamischem Anbau, und entsaftet sie mit der Schale. Dann lässt man den Saft langsam offen einkochen. Das wird sehr schnell eine feste Reduktion, eine Art Karottensirup. Der lässt sich dann gut aufheben und nach Bedarf verwenden. Man könnte damit den Fruchtsalat süßen oder einen Gemüse-Smoothie, der noch etwas Süße verträgt. Karotte passt auch gut zu Orange. Wenn man ein Orangensorbet macht, könnte man es wunderbar mit dem eingekochten Karottensaft abschmecken.

Mit Melone funktioniert es ähnlich: Eine Soße aus reduziertem Wassermelonensaft ist so süß, dass Tomaten toll dazu passen – die balancieren die Süße durch ihre Säure etwas aus, und schon entsteht eine tolle Soße zum Käsedessert. Oder auch zu Himbeeren: Sie sind oft relativ sauer. Einfach mal mit Wassermelonensaft süßen – das spart raffinierten Zucker und schmeckt toll.

MOUSSE AU CHOCOLAT

ohne raffinierten Zucker

Unglaublich, aber wahr: Diese cremige Schokoladenmousse kommt tatsächlich ganz ohne raffinierten Zucker oder Sahne aus. Lassen Sie Ihre Gäste mal raten, was (neben der Schokolade) die Hauptzutaten sind. Wetten, auf die Auflösung kommt niemand …?

Zutaten

FÜR 6 PERSONEN ALS DESSERT

350 ml Sojadrink

7 Blatt Gelatine

175 g reine Schokolade (z. B. Cusco Chuncho 100 % von Original Beans)

215 g Ahornsirup Grad C

300 g Eiweiß

1 gute Prise Salz

Außerdem

20 g dunkle Schokolade (z. B. Cusco Chuncho 100 % von Original Beans), frisch gerieben, zum Anrichten

Zubereitung

1.
Den Sojadrink in einem Kochtopf unter Rühren langsam zum Kochen bringen. Die Gelatine in Wasser einweichen und die klein gehackte Schokolade in eine große Schüssel geben. Sobald der Sojadrink einmal aufgekocht ist, von der Platte ziehen, leicht abkühlen lassen und die ausgedrückten Gelatineblätter darin auflösen. Den Gelatine-Sojadrink auf die Schokolade gießen und sie kurz unter händischem Rühren schmelzen lassen.

2.
Den Ahornsirup unter Rühren zum Kochen bringen und bis auf 112 °C kochen lassen. Dazu am besten ein Küchenthermometer verwenden. Die 112 °C sind erreicht, wenn der Ahornsirup wirklich gut sprudelnd kocht. Parallel dazu bereits das Eiweiß mit dem Salz steif schlagen. Den flüssigen Ahornsirup mit 112 °C zugeben und kurz zusammen mixen, bis sich Eiweiß und Zucker gut verbunden haben.

3.
Nun einen ersten Teil der Eiweißmasse zur Schokolade geben und mit dem Schneebesen unterheben. Den restlichen Schnee mit dem Teigspatel unterheben und die Schokoladencreme abgedeckt im Kühlschrank am besten über Nacht fest werden lassen. Nocken formen und mit geriebener Schokolade servieren.

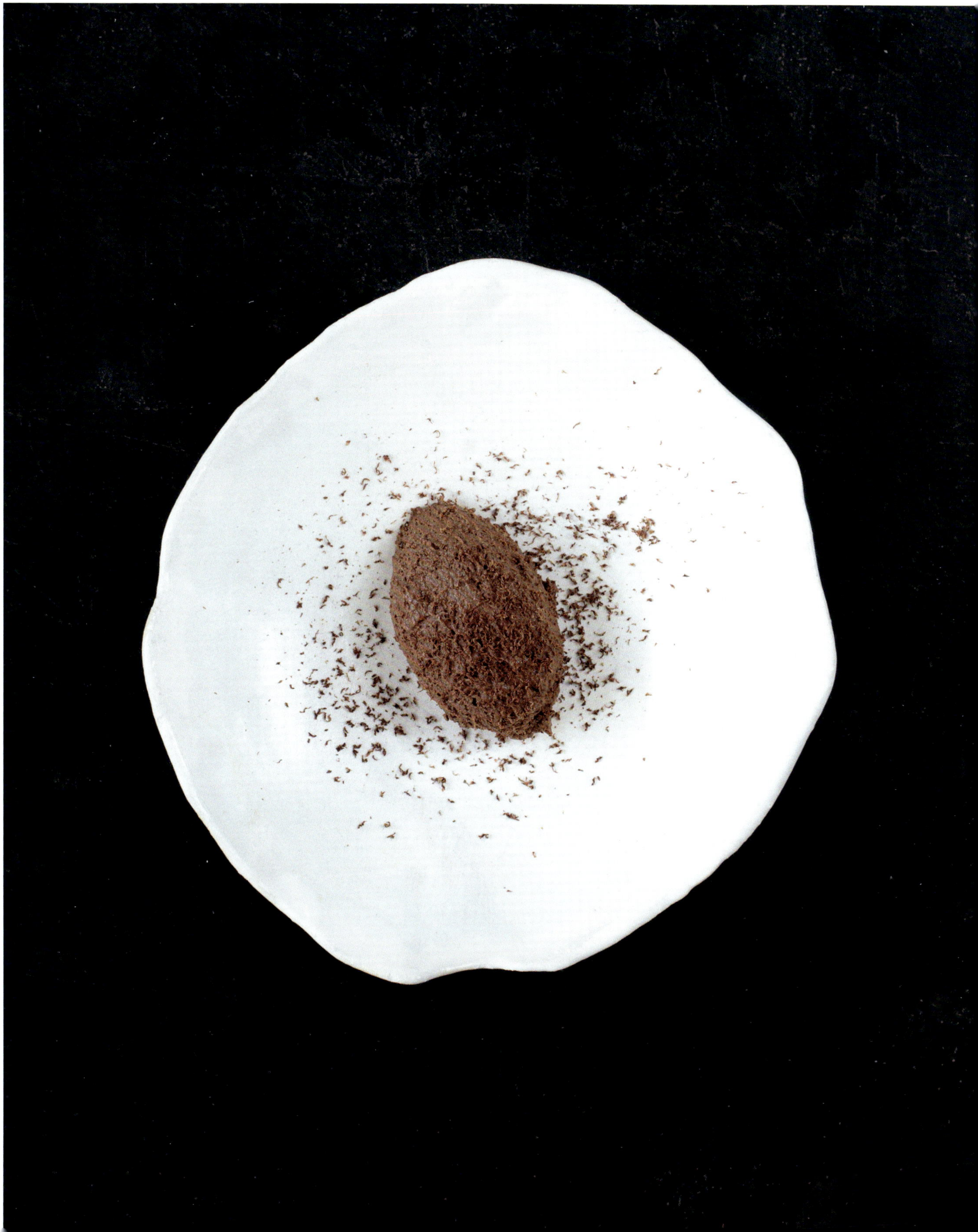

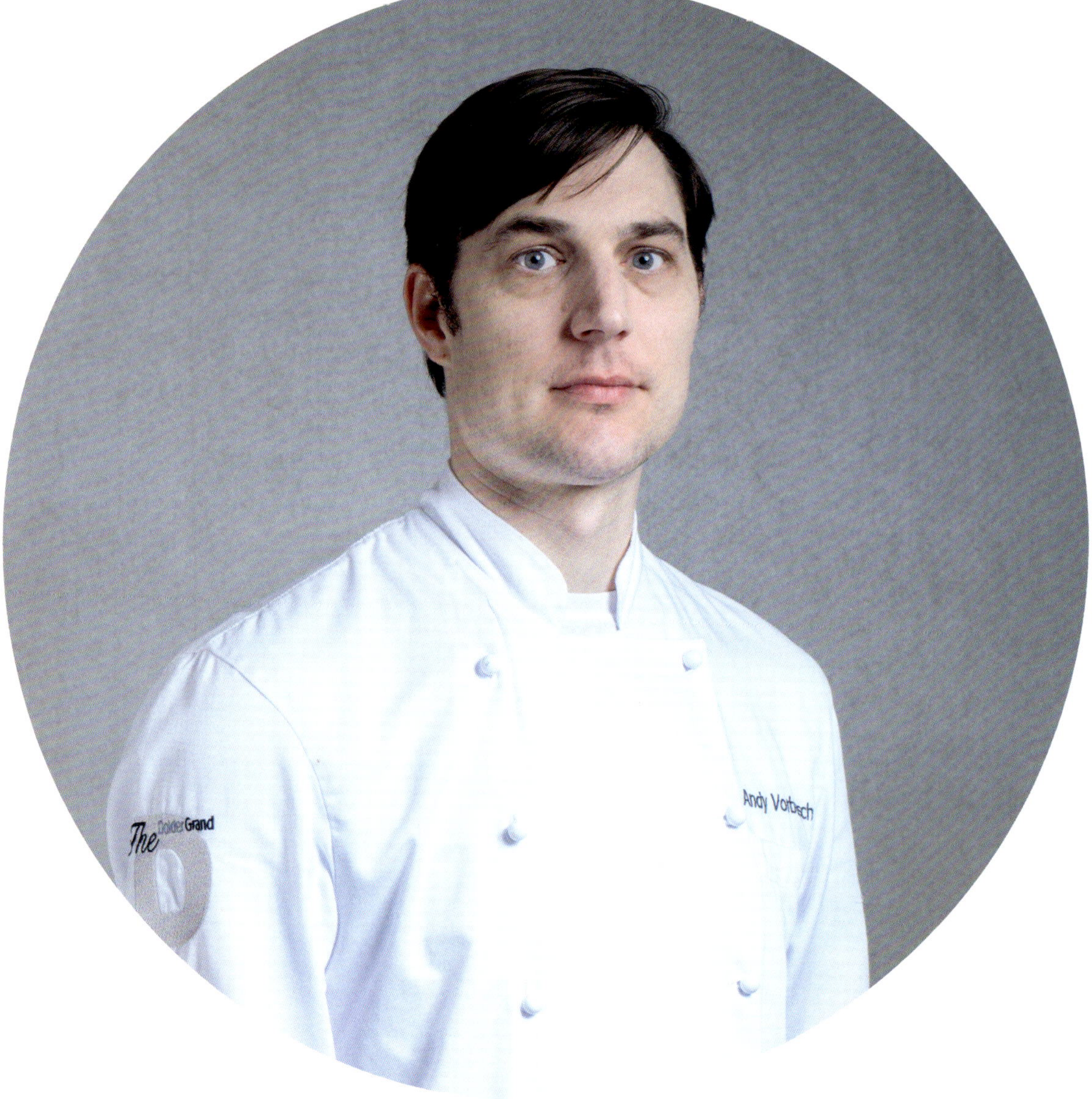
The Dolder Grand
Andy Vorbusch

„UMAMI IM DESSERT – ECHT JETZT, ANDY VORBUSCH?"

Gewöhnlich kann ja jeder: Andy Vorbusch ist Spitzen-Patissier im Schweizer Luxushotel „Dolder Grand" in Zürich und setzt in seinen Desserts nicht nur auf süß. Warum der berühmte fünfte Geschmack namens „umami" auch in der Nachspeise für Spannung und Komplexität sorgen darf, das verrät der Patissier im Interview.

Nachgefragt: Umami im Dessert – echt jetzt?

Ja, auf jeden Fall. Umami kann für sehr spannende Geschmacksmomente sorgen – gerade im Dessert. Es muss allerdings auch passen.

WIE DÜRFEN WIR UNS UMAMI IM DESSERT VORSTELLEN?

Ich sage immer, Umami ist der Nachhall, den man von der Sojasoße im Mund schmeckt. Sonst hat man den Geschmack meist eher in verarbeiteten Produkten – in einer stark reduzierten Tomatensoße, in gereiftem Käse oder im selbst gemachten Hühnerfond. Wenn man den lange genug einkocht, kann man gar nicht verhindern, dass Glutamin entsteht – und das schmeckt für uns wie Umami. Beim Käse können es sich viele sicher leicht vorstellen: das berühmte Goudabrötchen mit Marmelade. Je nach Reifegrad des Käses kann eine ganze Menge Umami im Gouda stecken, gerade bei älteren, reiferen Varianten. Wer dann einen Löffel Erdbeermarmelade dazugibt, hat eine Idee davon, in welche Richtung es geht. Nicht jeder mag Käse mit Marmelade – andere lieben es umso mehr. Daran sieht man, dass es kein Richtig oder Falsch gibt. Ich selbst finde es spannend, einen salzigen Konterpart zum Süßen im Dessert zu haben.

WIE BRINGEN SIE UMAMI DENN INS DESSERT?

Da gibt es viele verschiedene Möglichkeiten. Die wenigsten Produkte haben schon im Rohzustand die Salzigkeit, die Vollmundigkeit, eben das Umami, das wir haben wollen. Sehen wir uns mal Tomaten an. Die haben, wenn man sie einfach roh isst, keinen ausgeprägten Umami-Geschmack. Entsaftet man sie aber und kocht den Saft stark ein, kippt die typische Tomatensäure irgendwann ins Umami. Wir erreichen Umami meist durch Verarbeitungsprozesse. Kürzlich haben wir mit Shiitake-Pilzen gearbeitet. Wenn man die fermentiert, wird eine echte Umami-Bombe draus! Auch gefriergetrocknete Sojasoße haben wir schon verwendet.

WIE KOMMT MAN DENN AUF SOLCHE IDEEN – GERADE IN DER PATISSERIE?

Essen ist ja heute immer mehr Erlebnis. Und wenn wir ein großes Menü aufbauen, achten wir darauf, dass es einen schönen Spannungsbogen gibt. Wenn man schon sieben oder acht Gänge gegessen hat, die sich alle in der salzig-pikanten Welt bewegen, dann ist es unangenehm, wenn auf einmal eine quietsche-süße Schokoladencreme kommt. Es geht darum, solche abrupten Schnittkanten zu vermeiden. Wenn wir dafür salzige und saure Elemente mit ins Dessert einpflegen, dann wird es komplexer, detailreicher, und man bekommt einen viel gefälligeren Übergang in die süße Welt.

Eines meiner ersten Desserts, in dem Umami eine zentrale Rolle spielte, habe ich in meiner Vendôme-Zeit gemacht. Da gab es eine Gerstencreme-Pannacotta und einen Getreide-Porridge, die wir ganz bewusst mit Sojasoße abgeschmeckt haben. Das passt zu den nussigen Aromen aus dem Getreide und setzt durch die Salzigkeit eine kleine Spitze, einen geschmacklichen Peak. Dazu gab es noch einen säuerlichen Himbeerschaum. Im Prinzip war das ein sehr sicheres Dessert: Man hatte Süße, Säure und Salzigkeit – die drei Komponenten, aus denen fast alle Gänge aufgebaut sind, die wir essen. Warum soll das nicht auch im Dessert funktionieren?!

IST ES NICHT MANCHMAL SCHWIERIG, DASS DIE GRATWANDERUNG NICHT KIPPT? IMMERHIN IST SO EIN UMAMI-DESSERT DANN GAR NICHT MEHR SO WEIT VON DER VORSPEISE ENTFERNT …

Es kommt auf die Dramaturgie des Menüs an. Ich nehme noch mal das Käsebeispiel: Niemand findet es komisch, nach dem Hauptgang einen alten, gereiften Käse zu essen. Dazu gibt es eine süßscharfe Feigensoße, ein Chutney oder süße Früchte. Das würde man auch nicht mit einer Vorspeise verwechseln. Insofern ist es wichtig, das Dessert so aufzubauen, dass klar ist, es kann keine Vorspeise sein. Trotzdem haben Sie recht: Es ist immer ein schmaler Grat. Von 100 Gästen wird es 10 oder 20 geben, die sagen: Nee, das war kein Dessert! Das hat mit so vielen Faktoren zu tun: Mit der eigenen Einstellung, dem Geschmacksempfinden, aber auch mit kulinarischen Erinnerungen. Wie gesagt: Es gibt kein Richtig oder Falsch, man muss auf sein Bauchgefühl hören.

Es gibt Kollegen, die verarbeiten Gänseleber zum Dessert und finden das perfekt. Da gehe ich nicht mit. Für mich hat diese Art von Protein nichts in der Nachspeise zu suchen, das passt für mich nicht zusammen. Fischsoße, Algen oder Käse passen, richtig kombiniert, hingegen sehr gut. Das ist aber nur meine Meinung. Fragen Sie fünf Patissiers, Sie bekommen fünf Meinungen.

EIN BLICK NACH HAUSE IN DIE HOBBYKÜCHEN. WELCHE PRODUKTE KOMMEN FÜR DIE ERSTEN UMAMI-EXPERIMENTE IM DESSERT INFRAGE?

Für den geneigten Hobbykoch liegt die Sojasoße sicher auf der Hand. Zumal es eines der wenigen Produkte ist, das schon im Bezugszustand eine ordentliche Ladung Umami mitbringt. Man kann sie einfach anstelle der Prise Salz ins Vanilleeis einarbeiten. Oder wenn man fertiges Eis nimmt, gibt man wenige Tropfen dazu. Aus anderen Produkten muss man das Umami erst noch herauskitzeln – durch Einkochen, Reduzieren, Trocknen oder Fermentieren. Erst nach der Verarbeitung sieht man dann, was dazu passt. Das Produkt verändert sich durch die Verarbeitung. Und das machen wir uns zunutze. Erst wenn man Tomatensud stark einkocht, wird klar, warum weiße Schokolade gut zu Tomaten passt …

SPANNEND! GIBT ES EINEN TRICK, WIE MAN SICH MERKEN KANN, WAS ZUSAMMENPASST?

Das geht nur mit Ausprobieren und mit viel Esserfahrung. In erster Linie hat die Wahl der Produkte mit der Richtung des Desserts zu tun. Wenn Sie etwas mit Himbeeren machen, bietet es sich an, ein Tomaten-Umami zu nehmen, weil die Himbeeren da in der Aromatik eher mit einhergehen als zum Beispiel mit Shiitake-Pilzen. Himbeeren und Tomaten kennt manch einer schon von einem schönen Sommersalat aus der salzigen Küche. Das kann man sich übrigens ohnehin gut merken: Einfach mal nachdenken, welche Geschmackserinnerungen man mit welchen Produkten verknüpft, die man ohnehin schon mal gegessen hat.

IST UMAMI EIN MUSS FÜR EIN TOLLES DESSERT?

Nein, keinesfalls. Es kann sehr sinnvoll sein, aber längst nicht immer. Man muss nicht etwas machen, um es gemacht zu haben, es muss eine Sinnhaftigkeit ergeben. Ich sage immer: Provokativ gern, aber nicht plakativ.

VANILLEEIS
mit Sojasoße

Zugegeben, Umami und Nachtisch ist eine Kombination für Neugierige. Oder für erfahrene Esser: Tomaten mit Himbeeren und Wassermelone, gereifter Käse mit süßen Früchten – oder eben Vanilleeis mit Sojasoße. Doch wer die spannenden Zusammenstellungen einmal probiert hat, der möchte sie immer wieder genießen!

Zutaten

FÜR 500 ML EIS

300 g Sahne
200 ml Milch
½ Vanillestange
4 EL Zucker
3 Eigelb
2 Eier
1 TL Sojasoße

Zubereitung

1.
Sahne und Milch in einem Kochtopf mischen. Die halbe Vanillestange längs aufschneiden, das Mark herauskratzen und beides in den Milch-Sahne-Mix geben: das Mark und die Schale. Alles unter Rühren einmal aufkochen lassen, dann den Topf von der Platte nehmen und die Vanilleschale entfernen.

2.
Eigelbe, Eier und Zucker in einer Schüssel (über dem Wasserbad) schaumig aufschlagen. Die warme Vanillemilch nach und nach in kleinen Portionen in die schaumige Eiercreme gießen, die Masse dabei immer weiter aufschlagen. Die Sojasoße zugeben (anstelle von Salz, das man sonst in Eis geben würde). Alles so lange über dem heißen Wasserbad aufschlagen, bis die Masse eine Temperatur von 85°C erreicht hat. Jetzt setzt eine leichte Bindung durch die Eier ein, und die Masse ist „zur Rose abgezogen" (siehe Glossar).

3.
Wer einen Thermomix oder eine vergleichbare Küchenmaschine hat, sollte es sich einfach machen: Die Verbindung aus warmer Vanillemilch und der schaumigen Eiercreme mit Sojasoße im Thermomix so lang auf Stufe 6 mixen, bis sie 85°C erreicht hat – dann ist sie leicht gebunden und fertig für die Eismaschine.

4.
Wer keine Eismaschine hat, füllt die Vanilleeismasse in einen verschließbaren Behälter, stellt ihn in den Froster und friert das Eis 2 Stunden an. Ab jetzt sollte das Eis alle 30 Minuten einmal vermengt werden, sodass es cremig und nicht hart wird. Nach 4–6 Stunden im Froster sollte das Eis fertig sein. Mit fein geriebener Zartbitterschokolade anrichten und servieren.

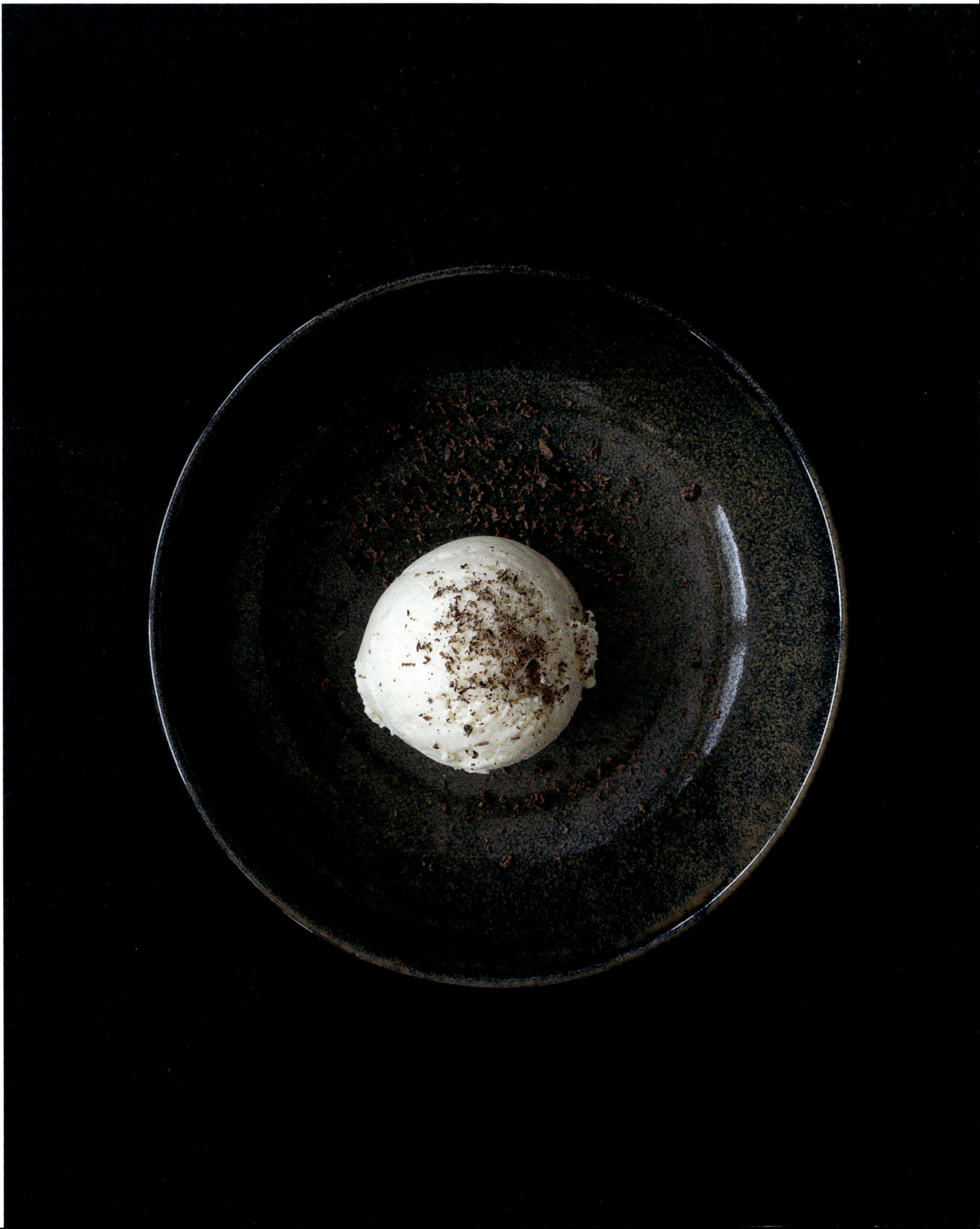

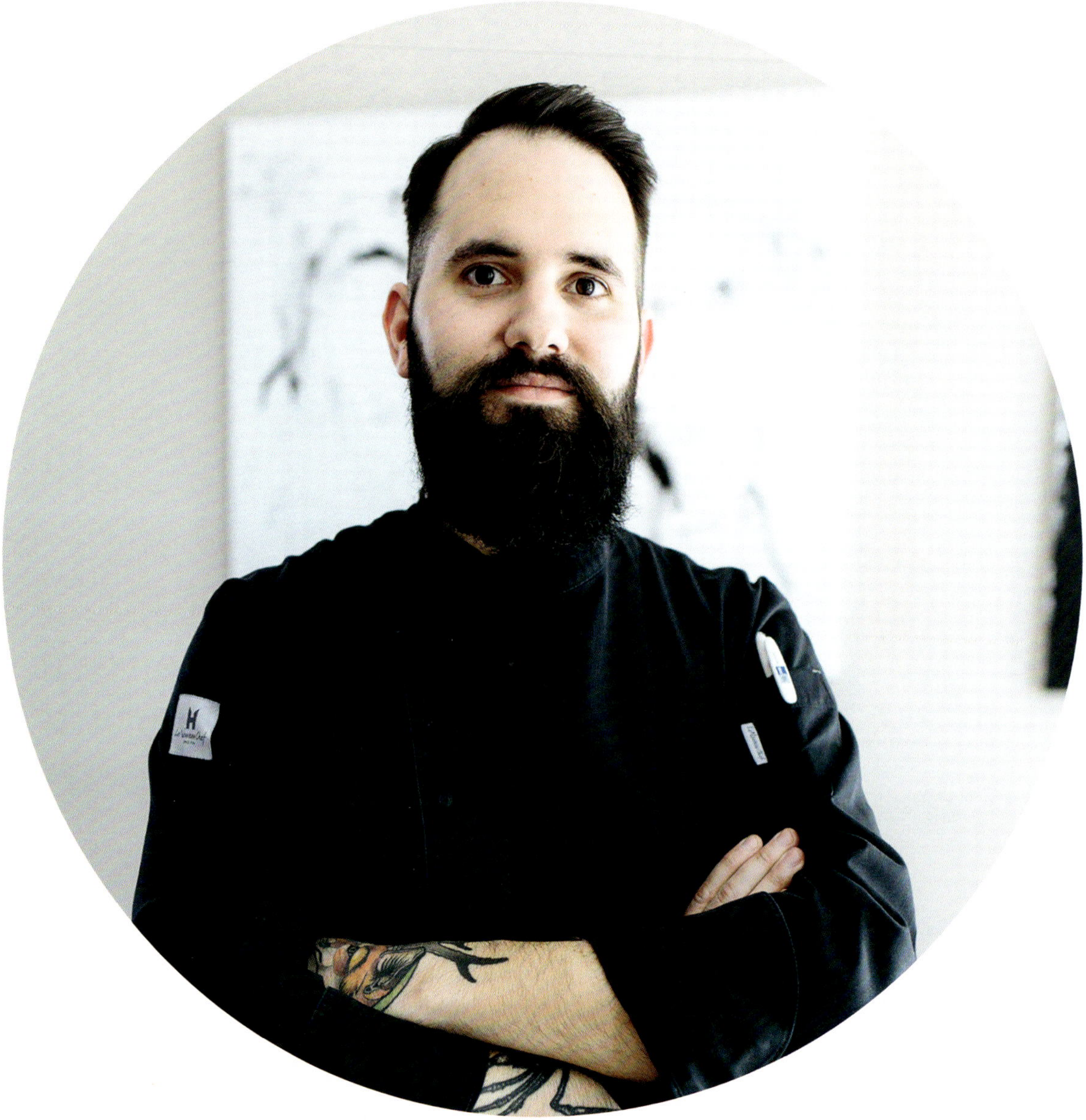

„WIE GELINGT DAS GÖTTLICHSTE SCHOKOLADENDESSERT DER WELT, MATTHIAS SPURK?"

Auf Schokolade könnte Matthias Spurk nicht verzichten: Er ist Chef-Patissier im Drei-Sterne-Restaurant „Gästehaus Klaus Erfort" in Saarbrücken und kann sich an keine Karte erinnern, auf der nicht irgendwie auch Schokolade versteckt war. Was es bei der Zubereitung von einem wirklich guten Schokoladendessert zu beachten gibt, das verrät der mehrfach ausgezeichnete Patissier im Interview.

Nachgefragt: Wie gelingt das göttlichste Schokoladendessert der Welt?

Indem man den Charakter der Schokolade nicht verfälscht! Das fängt schon bei der Wahl der Schokolade an. Jede Schokolade hat einen ganz bestimmten Charakter – die eine ist eher süßlich, die andere eher säuerlich oder auch mit starken Bitternoten. Da gibt es viele Unterschiede. Wenn man sich für eine bestimmte Sorte entschieden hat, sollte man zusehen, dass der Eigengeschmack ebendieser Schokolade auch erhalten bleibt.

WANN WÜRDEN SIE DENN WELCHE SCHOKOLADE WÄHLEN?

Für ein Schokoladentörtchen mit flüssigem Kern würde ich zum Beispiel eine richtig schön kräftige Schokolade mit hohem Kakaoanteil wählen, damit der Charakter durch all die anderen Zutaten, wie Eier, Mehl und Butter nicht zu sehr in den Hintergrund gerät. Der typische herzhafte Schokoladengeschmack soll bleiben.

ALSO VOLLGAS BEIM SCHOKOLADENKUCHEN?

Ja, genau, da muss richtig Power rein, auf jeden Fall!

UND WOZU WÜRDEN SIE EINE HELLERE, LEICHTERE SCHOKOLADE MIT WENIGER KAKAOANTEIL WÄHLEN?

So eine Vollmilchschokolade nehme ich zum Beispiel gern, wenn ich eine Crémeux mache, also eine sehr zarte, geschmeidige Schokoladencreme.

WAS WÜRDE DENN PASSIEREN, WENN SIE HIER EINE KRÄFTIGERE SCHOKOLADE WÄHLTEN?

Die kräftige Schokolade würde den Teller zu stark dominieren. Meist hat man ja auch noch ein paar andere Komponenten, zum Beispiel Früchte, Fruchtpürees oder Nüsse, mit dabei. Und wenn ich Fruchtsäure mit reinbringen möchte, dann sollte ich eher eine mildere Schokolade wählen, die auch noch Raum für die Früchte lässt – sonst würden sie neben der kräftigen Schokolade schnell mal untergehen. Dunkle Schokolade nehme ich vor allem dann, wenn es um den kräftigen, puren Kakaogeschmack geht.

WAS ZEICHNET EIN SCHOKOLADENDESSERT AUF DREI-STERNE-NIVEAU AUS?

Das ist vor allem ein Spiel von Konsistenzen und feinen Unterschieden im Geschmack und in der Aromatik. Ich möchte was Cremiges haben, etwas, das auf der Zunge zergeht und mir den Mund füllt – eine Schokoladencreme zum Beispiel. Das allein wäre aber langweilig. Deshalb brauche ich noch etwas Knuspriges, vielleicht auch ein paar Röstaromen: Kakaobohnenstreusel zum Beispiel. Durch ihre Bitternoten beeinflussen sie das Geschmacksbild enorm. Gerade Bitternoten sind interessant, um etwas Spannung mit auf den Teller zu bringen. Dann nehme ich noch eine Schokoladen-Espuma, also eine ganz luftig und leicht aufgeschlagene Schokoladencreme, das ist dann wieder sehr gefällig. Dazu gibt es vielleicht noch ein Himbeersorbet, das bringt eine schöne Fruchtsäure ins Spiel.

Wichtig ist immer: Es muss Spannung drin sein und trotzdem noch stimmig sein. Wenn Sie nur einen Pudding essen, der den ganzen Teller über die gleiche Konsistenz hat, dann ist das langweilig! Flüssig, knusprig, fest – interessant ist es, wenn sich das alles im Mund vereint.

Unsere Desserts bestehen deshalb immer aus vielen verschiedenen Komponenten.

GIBT ES EINEN TRICK, WIE SCHOKOLADENDESSERTS NICHT ZU MÄCHTIG WERDEN?

Luft und Säure sind immer gut! Gerade Fruchtsäure bietet sich zu Schokolade sehr gut an. Maracuja, Mango oder Himbeeren passen zum Beispiel wunderbar. Aber auch luftige Konsistenzen sind eine tolle Möglichkeit, ein Schokoladendessert etwas zu entschärfen. Eine fluffige Schokoladen-Espuma kommt zum Beispiel deutlich leichter daher als ein Schokoladenkuchen oder eine reichhaltige Ganache, also die cremige Schokoladenbutter, mit der auch Pralinen gefüllt werden. Man muss auf die schweren Komponenten aber gar nicht ganz verzichten. Es bietet sichimmer an, verschiedene Komponenten zu vereinen – so hat man von allem ein bisschen, und es wird nicht zu schwer.

KÖNNTEN SIE AUF SCHOKOLADE IM DESSERT VERZICHTEN?

Nein, eigentlich nicht! Ich liebe es, mit Schokolade zu arbeiten. Und wenn ich mal zurückschaue, dann gab es noch nie eine Karte, auf der ich kein Schokoladendessert oder zumindest einige Schokoladenelemente mit eingebaut habe.

Schokolade ist schon sehr essenziell für die Patisserie, sowohl als Konsistenzgeber als auch als Geschmacksgeber. Das wäre schon schwer, darauf zu verzichten. Übrigens auch, weil viele Gäste ein Dessert per se mit Schokolade assoziieren.

HABEN SIE EINE LIEBLINGSKOMBINATION MIT SCHOKOLADE? ALSO: SCHOKOLADE PLUS X …

Der Herrgott hat die Banane und die Schokolade geschaffen, das funktioniert schon seit Zeiten des Bananensplits – und das auch nicht ohne Grund … (lacht) Schokolade und Banane passen schon sehr perfekt zusammen. Aber es gibt noch so viele andere spannende Kombinationen, Schokolade und Orange zum Beispiel. Das muss gar nicht altbacken sein, man kann auch altbekannte Klassiker sehr spannend inszenieren.

SCHOKOLADE UND ORANGE – ERZÄHLEN SIE MAL: WAS MACHE ICH DAMIT ZU HAUSE?

Wenn es was Besonderes zu Weihnachten sein soll, bietet sich zum Beispiel ein Soufflé an. Da würde ich dann einen Orangen-Gelee-Kern machen, der beim Backen flüssig wird. So, dass die Füllung dann fast rausläuft …

DAS SCHOKOLADENTÖRTCHEN MIT FLÜSSIGEM KERN! DAS MÖCHTE WOHL JEDER HOBBYKOCH BEHERRSCHEN. WIE LAUTET DAS GEHEIMREZEPT?

Das gibt es eigentlich nicht. Es ist einfach wichtig, das Törtchen auf dem richtigen Punkt zu backen. Wenn ich mir einen Dessertring mit sechs Zentimeter Durchmesser nehme, den Ofen auf 190 Grad habe – dann sind sieben Minuten perfekt. Wenn man nicht so versiert ist, kann man aber auch tricksen: Einfach ein Stück Schokolade in die Mitte des Törtchens stecken, mitschmelzen lassen – dann klappt es bestimmt!

SCHOKOLADENKUCHEN

mit flüssigem Kern

Am besten ganz frisch aus dem Backofen: Diese dunklen Schokoladentörtchen sind schnell zubereitet und schmecken einfach herrlich, wenn sie nur wenige Minuten nach dem Backen abgekühlt sind. Deshalb: Lauwarm mit flüssigem Kern servieren und genießen!

Zutaten

FÜR 12 TÖRTCHEN

150 g Butter

150 g dunkle Schokolade (z. B. Noir Manjari 64 % von Valrhona)

4 Eier (Größe M)

150 g Zucker

70 g Mehl

Außerdem

12 Dessertringe (6 cm Ø)

Butter für die Ringe

Backpapier

Zubereitung

1.
Butter und Kuvertüre gemeinsam über einem heißen Wasserbad schmelzen. Die Eier mit dem Zucker schaumig aufschlagen, bis die Masse eine helle Farbe hat. Nun die geschmolzene Butter-Kuvertüre-Mischung mithilfe eines Spachtels vorsichtig unter den Eierschaum arbeiten. Zum Schluss das Mehl darübersieben und unterheben. Die fertige Masse in einen Spritzbeutel füllen und mehrere Stunden kalt stellen.

2.
Inzwischen den Backofen auf 190°C (Umluft) vorheizen. Die Dessertringe leicht buttern und mit zurechtgeschnittenem Backpapier auslegen.

3.
Die Dessertringe auf einem mit Backpapier belegtem Blech platzieren und sie zu zwei Dritteln mit der Schokoladencreme füllen.

4.
Die Küchlein bei 190°C im heißen Ofen 7–9 Minuten backen. Nach dem Backen die Küchlein ganz kurz stehen lassen, dann die Ringe vorsichtig abziehen und das Backpapier entfernen.

Tipp
So gelingt's!

Wer auf Nummer sicher gehen möchte, steckt in die Mitte jedes Törtchens ein kleines Stückchen Schokolade. So klappt's mit dem flüssigen Kern garantiert!

Wer keine Dessertringe hat, kann auch ein gebuttertes Muffinblech verwenden.

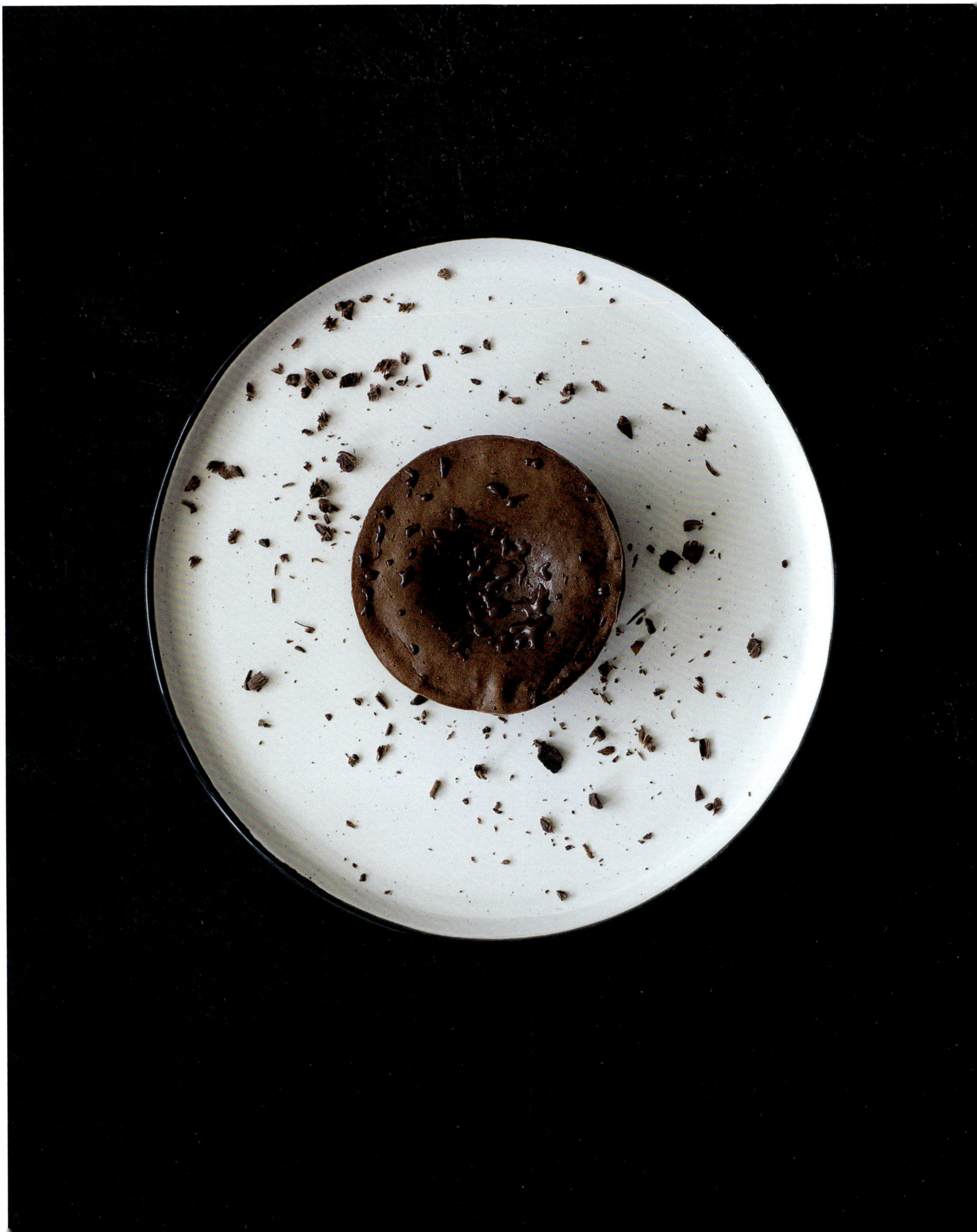

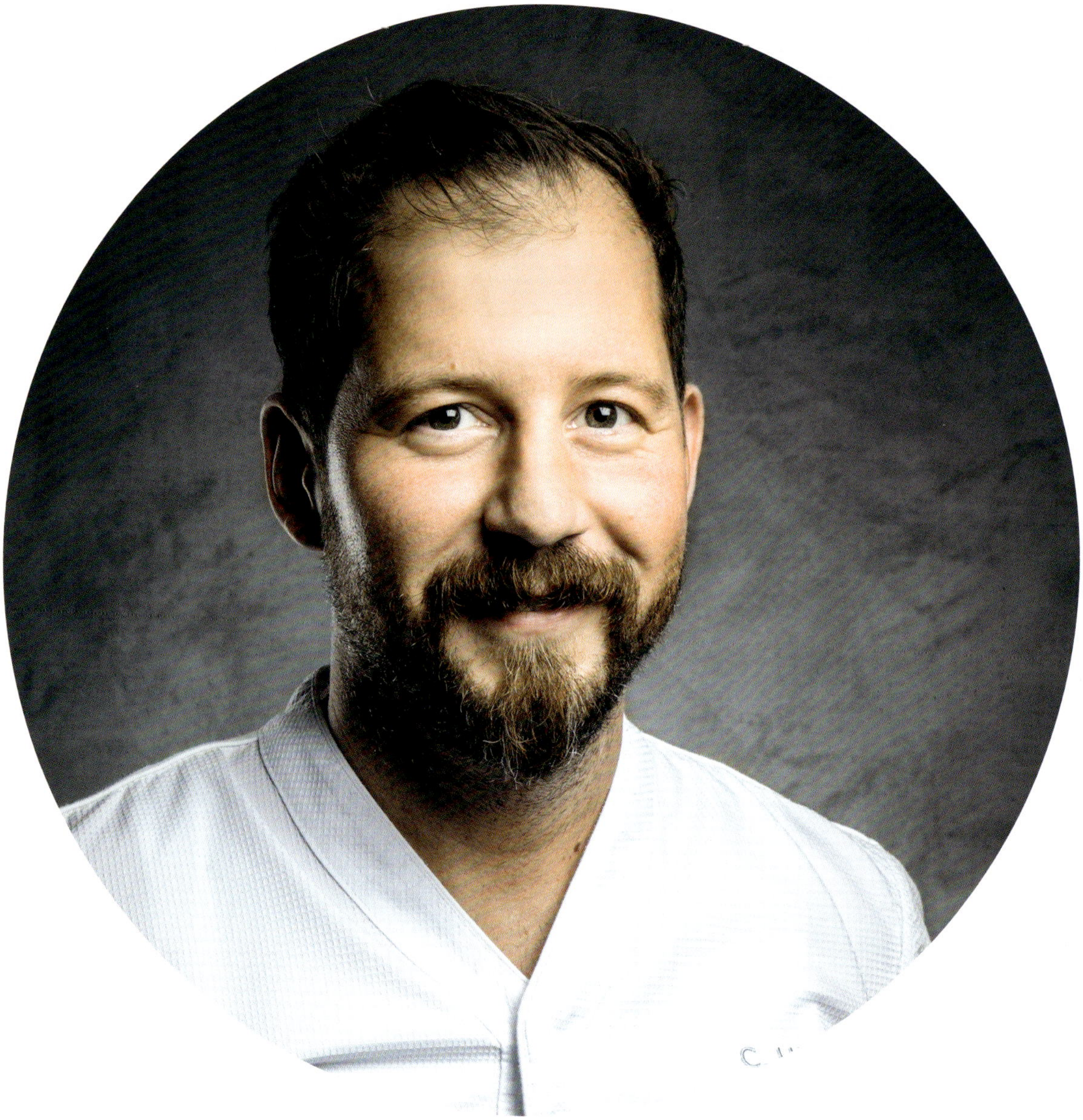

„GEMÜSE IM DESSERT – UND DAS SCHMECKT, CHRISTIAN HÜMBS?"

Spitzen-Patissier und Buchautor: Christian Hümbs gehört zu den bekanntesten und erfolgreichsten Patissiers der deutschen Gourmetszene. Er arbeitet Seite an Seite mit Drei-Sterne-Koch Jan Hartwig im Bayerischen Hof in München. Sein Credo: Mut zu mehr Gemüse im Dessert!

Nachgefragt: Gemüse im Dessert – und das schmeckt?

Ja, das hat definitiv eine Daseinsberechtigung! Ich glaube, dass die Zukunft in der Spitzengastronomie nicht von pappsüßen Desserts bestimmt ist, sondern sehr viel mehr von leichteren Geschichten, eben auch mit Gemüse. Die Leute achten schon sehr genau darauf, was sie zu sich nehmen – auch in ihrer Freizeit.

Durch Gemüse kann ich Zucker komplett weglassen, weil das Gemüse, das ich verarbeite, schon genügend eigenen Zucker mitbringt. Das heißt natürlich nicht, dass ein Dessert bei mir komplett aus Gemüse besteht. Es ist immer so, dass ich Gemüse zu verschiedenen Komponenten oder Elementen verarbeite, die dann am Ende zusammen ein stimmiges Dessert ergeben.

KANN MAN DAS MIT JEDEM GEMÜSE MACHEN?

Du kannst grundsätzlich jedes Gemüse nehmen. Ein bisschen schwer tue ich mich mit Knoblauch, aber auch das ist möglich. Man sollte jede Saison auskosten und immer das Gemüse verwenden, das es gerade in bester Qualität gibt.

Jetzt im Frühjahr ist Spargel zum Beispiel sensationell. Spargel selbst ist supersüß. Der Koch muss ja in der pikanten Küche sogar Salz hinzugeben, damit das Ganze etwas herzhafter wird! Tatsächlich muss man sagen, dass Spargel ein süßliches Gemüse ist, das aus der Erde kommt. Das eint ja ohnehin alle Wurzelarten, die unter der Erde wachsen: Sie enthalten alle relativ viel Zucker, weil das die Energie ist, die sie brauchen, um zu wachsen. Und genau das können wir uns in der Patisserie für spannende und leichte Desserts zunutze machen.

WAS MACHEN SIE AUS SPARGEL?

Ich habe schon mal Spargel, Erdbeere und Petersilie in einem Dessert gehabt, das passt sehr gut. Man hat die Erdbeere als klassisches Element. Zum Unterfüttern arbeite ich immer gern mit Schokolade, in diesem Fall mit weißer Schokolade. Das muss gar nicht viel sein, einfach nur ein bisschen zum Untermalen. Und das ist dann auch schon meine Zuckerzugabe, mehr braucht es nicht. Dann habe ich den Spargel komplett dekonstruiert: als Mus, als Creme, als Eis und als klaren Fond, also das, was man ansetzt, wenn man eine Consommé kochen möchte, in der man die Schalen ziehen lässt. Das Kräutrig-Grüne kommt dann aus der Petersilie.

DAS KLINGT SPANNEND! WIE WÜRDE DENN EINE SPARGELVARIANTE FÜR ZU HAUSE AUSSEHEN?

Ich würde den Spargel wie eine Suppe ansetzen. Man nimmt Milch und kocht den Spargel weich. Dann mixt man alles sehr fein und nimmt diese Spargelsuppe als Basis für ein Pannacotta. Die Suppe mit etwas Akazienhonig für eine feine Grundsüße abschmecken. Wer mag, gibt noch etwas geschlagene Sahne dazu, bevor man die Suppe mit Gelatine abbindet – das ist Geschmackssache. Dann die Gelatine zugeben, alles in kleine, tiefe Teller füllen und fest werden lassen. Dann stürzen und mit einem frischen Erdbeersalat servieren. Klasse wäre es, wenn man dazu noch ein Kräuterpesto aus der Petersilie macht. Dafür würde ich auch Olivenöl verwenden, das passt sehr gut. Pinienkerne dazu und wer mag auch etwas Grand Marnier, muss aber nicht. Und dann würde ich alles mit karamellisierten Pinienkernen bestreut servieren.

DAS MACHT HUNGER! GIBT ES ETWAS ALLGEMEINES ZU BEACHTEN, WENN MAN SICH ZU HAUSE AN SÜSSE GEMÜSEKREATIONEN MACHT?

Man sollte vor allem schauen, was die Gäste sagen und was man selbst sagt. Manchmal muss man sich annähern und erklären. Viele Leute erwarten im Dessertbereich immer noch süße Schokoladensachen, alles andere wirkt erst mal komisch. Man muss sich als Gast auf etwas Neues einlassen – das ist die eine Seite. Auf der anderen Seite darf ich es als Patissier auch nicht übertreiben. Gemüse nur um des Gemüses willen ist keine Lösung. Die Wahl muss schon bewusst sein. Das Gemüse muss gut ins Dessert eingebunden sein – dann wirkt es nicht komisch, sondern passt einfach perfekt.

GIBT ES FÜR SIE SO ETWAS WIE EIN LIEBLINGSGEMÜSE IM DESSERT?

Ja, definitiv! Das ist Salat. Einer meiner schönsten Dessertgänge fängt beim Kopfsalat an. Es ist eine Kombination aus Salat, weißer Schokolade und Gurke. Wie einem solche Ideen kommen, ist schwer zu sagen. Oft sind es einfach Zufälle während der Experimentierphasen. So war es hier auch.

WAS HABEN SIE DENN AUS DEM SALAT GEMACHT?

Ein Eis, ein Granité und einen fermentierten Salatfond. Das dauert allerdings mehrere Wochen, um den herzustellen. Auch dieses Produkt ist einfach aus einem Zufall heraus entstanden. Eigentlich wollte ich Salatblätter in einer Zuckerlake einlegen. Am Ende hat der Fond eine so starke Aromatik aus dem Salat angenommen, dass er zu einer eigenen Komponente geworden ist.

SCHAUEN WIR NACH DEM FRÜHJAHR UND DER SPARGELZEIT NOCH MAL IN DEN HERBST. WAS BIETET SICH JETZT IN DER DESSERTKÜCHE AN?

In dieser Zeit würde ich auf jeden Fall zu Wurzeln greifen, die gibt es in der kalten Jahreszeit ja in wirklich toller Qualität. Man könnte Topinambur nehmen und ihn mit weißer Schokolade, Zwetschgen und Getreide zusammenbringen. Das Getreide spiegelt das Erdige aus den Topinamburwurzeln wider, und die Pflaume bringt einen schönen Mix aus Süße und Säure rein. Aus dem Topinambur würde ich ein glattes Püree mixen und es leicht mit weißer Schokolade binden. Dann kommen Roggenstreusel dazu und vielleicht ein Zwetschgensorbet. Anstelle von süßem Puderzucker könnte man Roggenmehl einfach kurz im Ofen rösten und die Röstaromen mitnehmen, die sich dabei entwickeln. Dann gibt man einfach etwas von dem gerösteten Roggenmehl hinterher auf das Dessert, wie man sonst Puderzucker nehmen würde.

So könnte man sich für verschiedenste Gemüsesorten und alle Jahreszeiten an neue Desserts tasten. Wichtig ist, immer Schritt für Schritt zu denken, dann erinnert man sich auch, was man vielleicht schon mal zusammen gegessen hat und was gut zusammenpasst.

TOPINAMBURSCHAUM

mit weißer Schokolade, Zwetschgen und Roggen

Unbedingt ausprobieren: Gemüse im Dessert ist nicht nur spannend, es macht auch absolut Sinn! Wer sich an dieser Kreation versucht hat, der wird garantiert weiterexperimentieren – vielleicht im Frühjahr mit Spargel, weißer Schokolade und Erdbeeren?!

Zutaten

FÜR 4 PERSONEN ALS NACHSPEISE

Für den Topinamburschaum mit weißer Schokolade

500 g Topinambur

300 g Sahne

1 Prise Salz

125 g weiße Schokolade (z. B. Edel Weiß 37 % von Original Beans)

1 Blatt Gelatine

Für die Roggenstreusel

100 g Roggenmehl

100 g kalte Butter

60 g Muscovadozucker

3 EL Sahne • 1 Prise Salz

Für die Vanillezwetschgen

500 g Zwetschgen

2 EL Ahornsirup

¼ Vanillestange

Zubereitung

1.

Für den Topinamburschaum die Knollen waschen, putzen, schälen und grob würfeln. Mit 300 g Sahne aufgießen und unter Rühren zum Kochen bringen. Die Topinamburwürfel im halb geschlossenen Topf bei niedriger Hitze 20 Minuten weich köcheln, dabei regelmäßig umrühren, sodass die Sahne nicht ansetzt. Nach 20 Minuten sollten die Knollen weich sein und sich leicht pürieren lassen. Auf höchster Stufe (etwa im Thermomix) die Topinambur-Sahne-Mischung fein mixen, Salz und fein gehackte Schokolade zugeben. Die Schokolade schmelzen lassen und alles noch mal vermengen. Die Gelatine in kaltem Wasser einweichen, ausdrücken und in der warmen Gemüse-Schokoladen-Creme auflösen. Die weiße Creme in eine Espuma-Flasche füllen und mit zwei Stickstoffkapseln zu einem Schaum verarbeiten. Die Flasche bis zum Servieren mindestens 2 Stunden kalt stellen.

2.

Für die Roggenstreusel den Ofen auf 165 °C (Umluft) vorheizen. Aus Roggenmehl, gewürfelter Butter, Muscovadozucker, flüssiger Sahne und Salz einen krümeligen Teig kneten und ihn locker auf einem mit Backpapier belegten Blech verteilen. Im heißen Ofen 12–15 Minuten backen und auskühlen lassen.

3.

Für die Vanillezwetschgen die Zwetschgen waschen, trocken tupfen, würfeln und in einer Schüssel mit Ahornsirup und Vanillestange vermengen. Etwa 1 Stunde ziehen lassen. Die Vanillestange entfernen und alle Komponenten auf kleinen Tellern anrichten: in die Mitte jeweils etwas Topinambur-Schokoladen-Schaum geben und mit den Vanillezwetschgen außenherum und den Roggenstreuseln obendrauf garnieren.

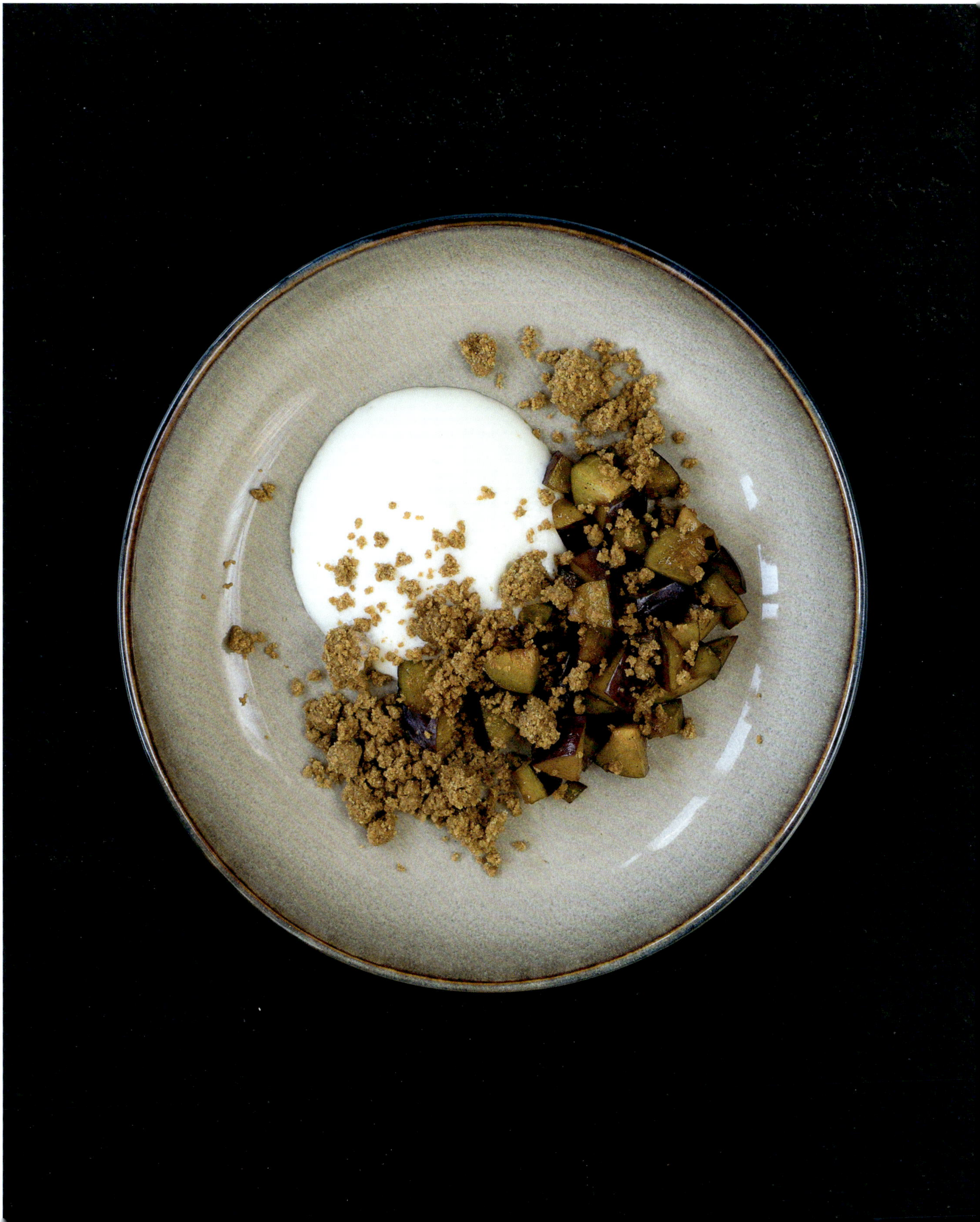

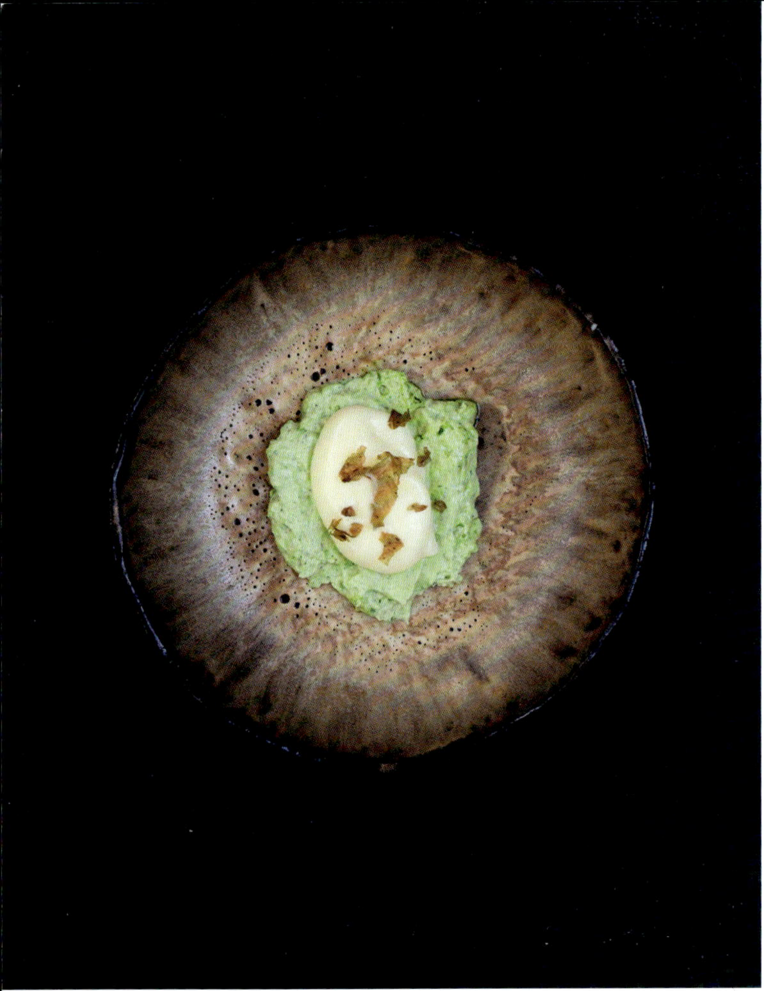
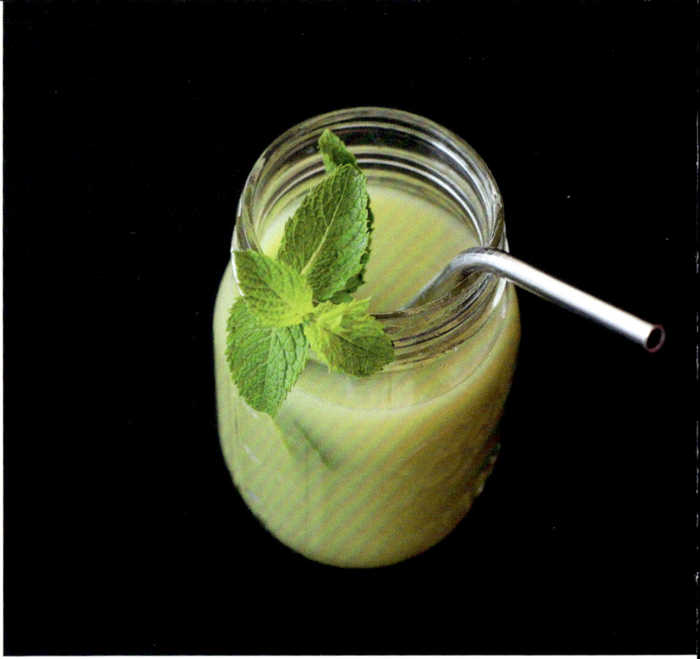
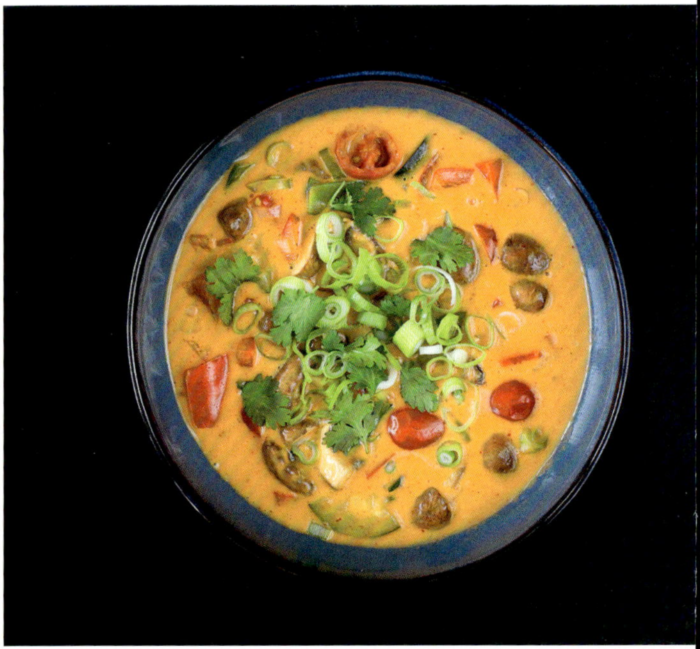
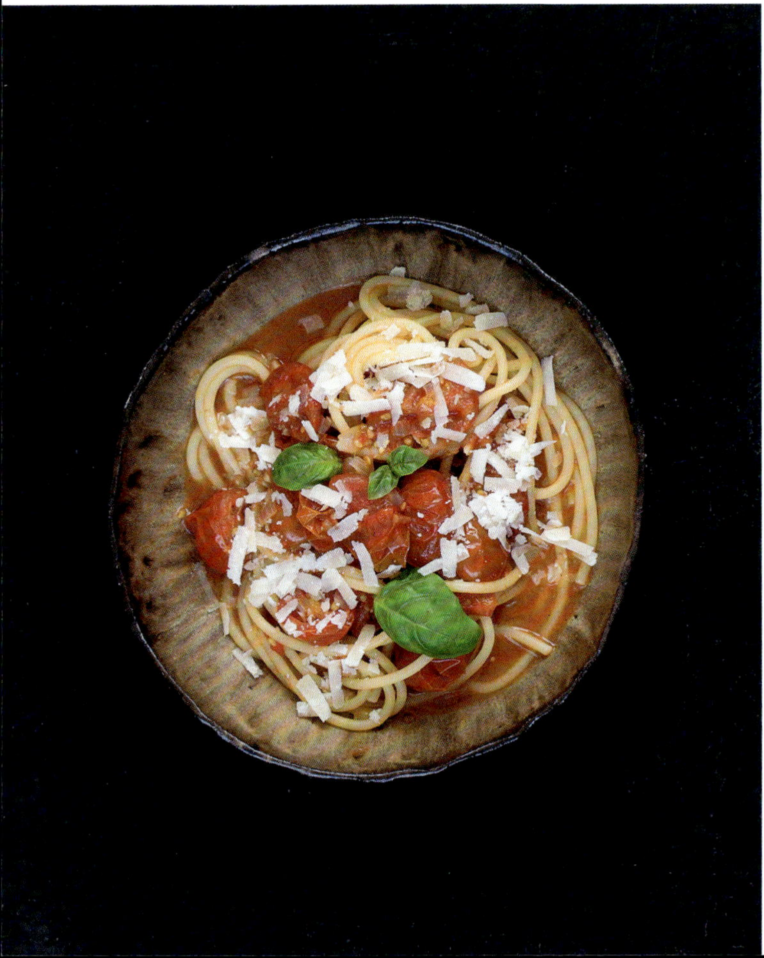
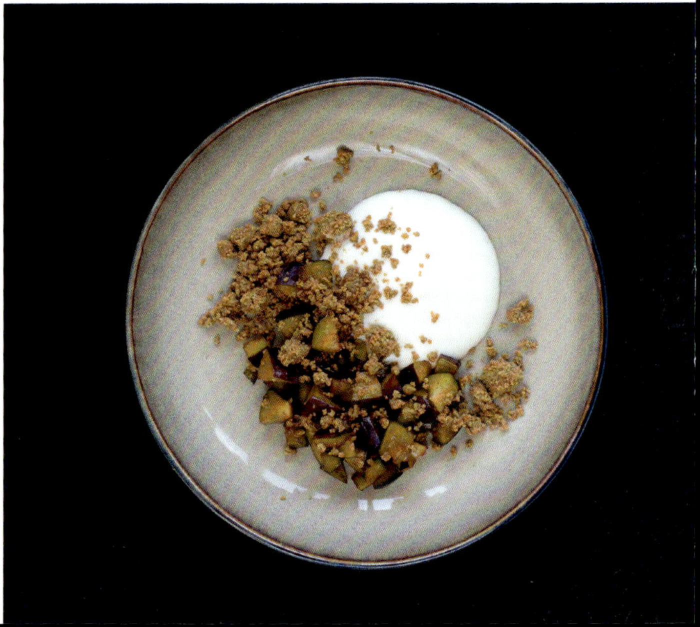

?

KOCHEN WIR JETZT ANDERS? EIN FAZIT NACH 30 INTERVIEWS.

Die Frage nach den 30 Fragen: Kochen wir jetzt anders? 30 Spitzenköche haben in diesem Buch spannende Tipps und Kniffe für die Alltagsküche verraten. Angefangen beim perfekten Steak, über wirklich saftige Fleischpflanzerl, Gemüse, von dem jeder Nachschlag möchte, Fisch, den man statt mit Mehl mit Sahne verfeinert, und Desserts, die auch aus Tomaten, Pilzen oder Sojasoße bestehen können. Nun stellt sich die Frage: Wo setzen wir zu Hause an, was machen wir zukünftig anders?

? Kochen wir jetzt anders? Ein Fazit nach 30 Interviews.

Natürlich! Nach 30 Interviews mit Spitzenköchen und deren intensiver Aufarbeitung wäre etwas schiefgelaufen, wenn ich einfach genauso weiterkochen würde wie bisher. Ich habe meine Küche sicherlich nicht komplett neu ausgerichtet. Aber ich bin noch einmal offener geworden für neue Gedanken, alternative Zubereitungsmethoden und ungewöhnliche Aromenkombinationen.

Zum Beispiel die Vanille, bei der die meisten vor allem an Vanilleeis, Vanillekipferl oder Vanillesoße denken. Auch ich habe sie vorher nur selten für herzhafte Gerichte eingesetzt – vermutlich weil ich nicht sicher war, wozu sie passen könnte. Doch mit dem Tipp des Gewürzexperten Ingo Holland ist es leicht, sich in die Vanillewelt hineinzudenken und zu -schmecken: Man muss sich fragen, welche Produkte von Natur aus eine Grundsüße mitbringen – etwa Möhren, Tomaten, Petersilienwurzeln. Wo Süße passt, passt meist auch Vanille!

Für die Rezeptentwicklung in diesem Buch habe ich daraufhin viel mit Vanille experimentiert. Vanille, Ingwer und Kürbis im Risotto (wunderbar!), Vanille und Zitrusfrüchte im Salat (ein tolles Spiel mit der Säure!) und Vanille in der Tomatensoße. Ein so einfaches und doch ganz besonderes Rezept: Spaghetti mit geschmorten Vanille-Chili-Tomaten, dazu frisch geriebener Parmesan. Man erlebt Vanille in der herzhaften Küche ganz anders. Sie muss nur gut eingebunden sein, schon lässt sich durch eine einzige Zutat sehr viel Neues erleben.

Beeinflusst hat meine Alltagsküche auch die Frage nach den perfekten Schmorgerichten, die ich Maria Groß gestellt hatte. Schon bei der Umsetzung der Rezepte habe ich gemerkt, wie ich Kleinigkeiten anders gemacht habe als bisher. Neu ist zum Beispiel der Mut zu kräftigen Röstaromen und zu einer ordentlich dunklen Farbe. Und ganz nebenbei habe ich beim mehrfachen Probekochen übrigens noch etwas gemerkt: Es zahlt sich aus, ein großes Stück Rinderbraten zu kaufen. Kein Gulasch, das an der Fleischtheke vorgeschnitten wurde, wird im Topf so zart wie ein selbst frisch gewürfeltes Stück Bratenfleisch. Einfach mal ausprobieren!

Apropos Braten. Als ich Sascha Stemberg für das Interview in seinem Restaurant in Velbert besucht habe, gab es knusprigen Braten. Dampfend, frisch aus dem Ofen! Ordentlich geröstet, mit Wurzelgemüse und Kräutern. So was Köstliches! Wie kann es sein, dass dem Braten in den vergangenen Jahren der Negativstempel aufgedrückt wurde, nur eine schwer verdauliche Fett- und Kalorienbombe zu sein? Wenn er lang und bei niedriger Temperatur gart, ist das Fleisch so wunderbar lecker, dass ich sonntags gern gleich damit starte. Ich habe mir vorgenommen: Statt Sonntagsfrühstück gibt es künftig ab und zu einen richtig tollen Sonntagsbraten.

Spannend war für mich auch, was Jan Hartwig mir zum Thema Abschmecken erzählt hat. Für ihn und seine Küche ist Säure ein essenzielles Thema. Ganz gleich, ob sie aus Früchten, Essig oder Alkohol kommt: Durch Säure lassen sich spannende Akzente setzen, gerade auf den letzten Metern, also beim Abschmecken. Mit diesem Thema hatte ich mich selbst schon eine Weile auseinandergesetzt. Nicht allein Salz und Pfeffer verleihen dem Gericht den letzten Pfiff, es gibt viel mehr Möglichkeiten, einen Teller „rund" zu machen. Jan Hartwigs Tipp: Auch saure Früchte wie Johannisbeeren oder Zitronen zum Abschmecken verwenden – oder sogar säuerliche Kräuter und Salate wie Sauerklee. Seine Idee, ein grünes Basilikum-Pesto mit frisch abgeriebener Zitronenschale zu verfeinern, ist so einfach wie genial: Mehr Frische lässt sich auf einem Teller Nudeln kaum unterbringen!

Zum Nachdenken hat mich Thomas Imbusch angeregt. Ich kenne seine Küche noch aus dem Hamburger Restaurant „Madame X", das zum Gastro-Imperium von Tim Mälzer gehört. Dort war mir Imbusch als jemand aufgefallen, der sehr puristisch kocht. Zig verschiedene Komponenten auf einem Teller? Das ist nicht sein Ding. Ein Gang, den ich damals bei ihm gegessen hatte, bestand tatsächlich „nur" aus einem Stückchen Hühnerbrust und Haut. Das war's – und das war wirklich gut. Die Frage, die ich ihm für dieses Buch gestellt habe, lag folglich auf der Hand: Wie koche ich richtig gut mit nur sehr wenigen Zutaten? Sein Fokus auf das Wesentliche – manchmal nur ein einziges Produkt! – mag manch einem zu klein, zu eng erscheinen. Ich finde den Impuls sehr spannend. Auf den Markt zu gehen und bewusst nur ein oder zwei, höchstens aber drei frische Produkte auszuwählen, aus denen man später in der Küche das Maximum herausholt. Das ist nicht nur ein spannender, das ist auch ein sehr zielführender Ansatz, weil man sich – gezwungenermaßen! – viel intensiver mit dem einzelnen Lebensmittel auseinandersetzt. Gerade für die Alltagsküche ist das sehr empfehlenswert: So liegt die Konzentration auf wenigen Dingen, die dann hoffentlich so gut werden, dass sie in den Baukasten der Gerichte wandern, die man immer wieder auf den Tisch bringt. Weil man sich an sie erinnert, weil sie richtig gut waren – so wie ein von Thomas Imbusch perfekt zubereitetes Stück Hühnerbrust und Haut.

Und was sind Ihre liebsten Tipps und Anregungen der Spitzenköche? Wer sich aufmerksam durch die Kapitel dieses Buches liest und vielleicht sogar die eine oder andere Notiz macht, wird mit Sicherheit sein Kochen verändern. Weniger raffinierter Zucker, dafür spannende Alternativen aus der Küche von René Frank: reduzierte Fruchtsäfte, Ahornsirup in der Mousse au Chocolat oder die Eigensüße stark gereifter Bananen oder Ananas im Dessert. Mehr Röstaromen im Schmortopf, Fisch, der nach der Idee von Thomas Bühner einfach mal im Öl confiert statt in Butter gebraten wird. Oder die Fleischpflanzerl (auch bekannt als Frikadellen, Fleischlaberl, Buletten ...), die, wie Alexander Herrmann empfiehlt, nicht mit rohen Zwiebeln, dafür aber mit einer ordentlichen Menge Brot zubereitet werden.

Vielleicht entdecken Sie aber auch ganz neue Rezepte oder Gerichte für sich, die Sie vorher nie auf dem Plan hatten – warum auch immer. Und vielleicht entsaften Sie einen Teil Ihres Markteinkaufs demnächst auch – genau wie Sebastian Frank – und holen sich so das Gemüse ins Glas. Egal, ob große oder kleine Veränderungen: Nehmen Sie alles mit, was Sie spannend finden, und geben Sie Ihrer (Alltags-)Küche einen neuen Dreh. Das war das Ziel dieses Buches.

Stefanie Hickmann

Glossar

In den verschiedenen Interviews in diesem Buch tauchen immer wieder Begriffe aus der Küchenwelt auf, die einem vielleicht nicht sofort geläufig sind. Ganz gleich, ob Geräte, Gartechniken oder Produkte: Auf dieser Doppelseite finden Sie die wichtigsten Begriffe kurz und knapp erläutert.

BUN

Ein richtiges Burgerbrötchen ist keine Semmel, sondern ein fluffiges und außen doch leicht knuspriges Burgerbun. Man kann Buns sehr gut selbst backen oder beim Bäcker seines Vertrauens bestellen.

ESPUMA

Mithilfe einer Espuma-Flasche können kalte und warme Flüssigkeiten auf Fett- oder Eiweißbasis sehr leicht zu einem fluffigen Schaum (Espuma) verarbeitet werden. Man füllt die Creme in die Flasche, verwendet eine Stickstoffkapsel, durch die sich die Creme in einen Schaum verwandelt. Nach dem mehrfachen Schütteln der Flasche lässt sich die Kartoffelsuppe, die Kräutercreme oder die Schokoladensahne einfach in eine Schale spritzen. Eine Espuma-Flasche kostet um 80 Euro und lohnt sich für Hobbyköche auf jeden Fall. Es lassen sich Cremes, Suppen oder auch Flüssigkeiten aufschäumen und so abwechslungsreiche Texturen realisieren.

KERNTHERMOMETER

Wer regelmäßig Fleisch zubereitet, sollte sich eines zulegen: Mithilfe einer langen Nadel wird in den Kern eines Steaks oder Bratens gestochen, wobei die entsprechende Kerntemperatur parallel vom Display abgelesen werden kann. Wer sein Steak auf den Punkt (54 °C) zubereiten möchte oder den Braten genau bei den wünschenswerten 78 °C aus dem Ofen nehmen möchte, ist mit einem Kernthermometer gut bedient. Eine Investition, die sich lohnt! Übrigens kann man ein Kernthermometer auch für die Zubereitung eines italienischen Baisers verwenden. Im Rezept für die leichte Mousse au Chocolat in diesem Buch (Rezept: René Frank) wird beschrieben, dass Ahornsirup auf 112 °C gekocht werden soll. Auch für diesen Zweck eignet sich ein Kernthermometer sehr gut: Man hält es in diesem Fall einfach in die kochende Zuckermasse.

NUSSBUTTER

Wer Butter langsam im Topf erhitzt, der erhält ganz automatisch Nussbutter: Erst schäumt die Butter auf, dann nimmt sie eine bräunliche Farbe an, weil die Molke leicht anbrennt. Dadurch bekommt die Butter ihren fein-nussigen Geschmack. Jetzt nehmen wir den Topf vom Herd, passieren die flüssige Butter durch ein Sieb (die verbrannte Molke wird entfernt) und fangen die intensiv gelbe Nussbutter auf. Sie lässt sich gut in größeren Mengen vorbereiten und im Kühlschrank aufbewahren. Nussbutter eignet sich zum Beispiel zum Verfeinern von Kartoffelpüree oder Pfannengemüse.

PANKOMEHL

Paniermehl ist das eine. Pankomehl ist eine spannende Alternative! Die japanische Antwort auf unser Paniermehl ist deutlich gröber gechipt und weniger gleichmäßig geformt, sodass sie beim Panieren und Ausbacken deutlich krossere Ergebnisse bringt. Pankomehl ist in vielen Supermärkten oder im Asialaden erhältlich.

POCHIEREN

Bei dieser Zubereitungsart wird das Gargut nicht gekocht, sondern in der siedenden Flüssigkeit schonend gar gezogen. Man kennt es von pochierten Eiern, die in einen Strudel von kochendem Essigwasser gleiten und dann bei niedriger Hitze gar ziehen. Das Eiweiß legt sich dabei um das Eigelb, das idealerweise cremig bis flüssig bleibt, während das Eiweiß eine dünne Hülle bildet. Auch Fleisch oder Fisch lässt sich im siedenden Wasser oder in siedender Brühe schonend garen.

PATTY

Als Patty bezeichnet man das Herzstück eines guten Burgers: Das Fleisch, das nur mit Salz gewürzt und abgeschmeckt wird, wird zu etwa 180 g bis 200 g schweren Pattys geformt und gebraten.

TEMPERIEREN VON FLEISCH ODER FISCH

Fleisch oder Fisch sollten bereits 30 bis 60 Minuten vor der Zubereitung aus dem Kühlschrank genommen werden. Diesen Vorgang nennt man im kulinarischen Fachjargon „temperieren". Bei großen Fleischstücken, die zu einem Braten verarbeitet werden, empfiehlt es sich sogar, das Fleisch am Abend vor der Zubereitung aus der Kühlung zu nehmen. So nimmt das Fleisch langsam Raumtemperatur an und wird besonders schonend verarbeitet. Vorteil: Die Chancen, dass es am Ende richtig schön zart und saftig auf dem Teller liegt, steigen enorm! Gleiches gilt für Fisch.

UMAMI

Nach derzeitigem Stand der Forschung können wir fünf verschiedene Geschmacksrichtungen wahrnehmen und unterscheiden: süß, sauer, salzig, bitter und umami. Umami kommt natürlich nur in sehr wenigen Produkten vor. Meist entsteht dieser Geschmack erst während des Kochens oder durch Reife- oder Fermentationsprozesse – etwa wenn Tomaten stark eingekocht werden, wenn Pilze angebraten werden oder wenn Käse reift. Sojasoße ist eines der wenigen Produkte, die schon fertig mit dem vollmundigen Umami-Geschmack in die Küche kommen.

ZUR ROSE ABZIEHEN

Wer sich sein Eis zu Hause selbst zubereitet, der muss eine Basis aus Milch, Sahne und Eiern haben. Diese wird nicht gekocht, sondern bei einer Temperatur von 80 bis 90 °C gemixt, sodass eine leichte Bindung entsteht, das Ei aber nicht gerinnt. Wenn man testen möchte, ob die Flüssigkeit lang genug bei der richtigen Temperatur gemixt worden ist, nimmt man einen Holzlöffel, lässt einen Teil der Creme daran und pustet dagegen. Wenn sich ein rosenförmiges Muster abzeichnet, kann die Creme in die Eismaschine – dann ist sie „zur Rose abgezogen".

Register

A

Ahornsirup
  Mousse au Chocolat ohne raffinierten Zucker 174
Alginat 160–161
  Erdbeermarmelade ohne Kochen 162
Antoniewicz, Heiko 159
Aperol 160–161
Apfel
  Grüner Spitzkohlsaft mit Gurke und Apfel 132
  Königsberger Klopse mit Rote-Bete-Salat und Püree 48
  Schweinebauch mit Kimchi und grünem Apfel 43

B

Basilikum
  Fusilli mit Basilikum-Zitronen-Pesto 156
Birnensaft
  Schweinebauch mit Kimchi und grünem Apfel 42
Blauschimmelkäse
  Lieblingsburger mit Blauschimmelkäse 90
Braten 34
  Schweinebraten mit Wurzelgemüse und Kartoffeln 36
Brot
  für Knödel 106–107
  im Fleischpflanzerl 22
Brotchips 58, 60
Bühner, Thomas 63
Bulette *Siehe* **Fleischpflanzerl**
Burger 88–89
  Bun 199
  Lieblingsburger mit Blauschimmelkäse 90

C

Champignons
  Rotes Thai-Curry mit buntem Sommergemüse 96
Chilischote
  Spaghetti mit geschmorten Vanille-Chili-Tomaten 150
Chinakohl
  Schweinebauch mit Kimchi und grünem Apfel 42
Couscous 82–83
  Couscous, inspiriert aus Tunesien 84
Currypaste 94
  Rotes Thai-Curry mit buntem Sommergemüse 96

D

Das perfekte Steak mit feinem Karamelleffekt 18

E

Eier
  im Knödel 107
  Menemen – türkisches Rührei 102

Eigelb
  Eis und frittierte Schale aus Kartoffeln mit Kräuterschaum 114
  Königsberger Klopse mit Rote-Bete-Salat und Püree 48
  Vanilleeis mit Sojasoße 180
Eis und frittierte Schale aus Kartoffeln mit Kräuterschaum 114
Eiweiß
  Mousse au Chocolat ohne raffinierten Zucker 174
Erdbeeren
  Erdbeermarmelade ohne Kochen 162
  Erdbeer-Minz-Quark mit dunkler Schokolade 162
Espuma 113, 184–185, 199
  Eis und frittierte Schale aus Kartoffeln mit Kräuterschaum 114

F

Fisch 64–65, 167
  Fischfilets in aromatischem Gewürzöl 66
  Fischstäbchen, hausgemacht 60
Fischstäbchen 58
  Fischstäbchen, hausgemacht 60
Fleisch 47, 88–89
  Siehe auch Rind, Schwein, Hühnchen
  Qualität 16–17
Fleischbrühe 37
Fleischpflanzerl 22–23
  Fleischpflanzerl aus Kalbfleisch und Brezen 24
Fond 52–53
Frank, René 171
Frank, Sebastian 129
Fried Rice, den Kinder lieben 138
Frikadelle *Siehe* **Fleischpflanzerl**
Fünf-Minuten-Ei mit Nussbutterbröseln und Schnittlauch 144
Fusilli mit Basilikum-Zitronen-Pesto 156

G

Gallein, Benjamin 111
Gazpacho – easy für viele Leute 168
Gemüse 70–71, 130–131, 190
  als Getränk 130–131
  Geschmorter Lauch mit Orangen-Olivenöl-Vinaigrette 72
  Grüner Spitzkohlsaft mit Gurke und Apfel 132
  im Dessert 190–191
  Topinamburschaum mit weißer Schokolade, Zwetschgen und Roggen 192
Gemüsespaghetti in Zitronenthymian-Soße 54
Geschmorter Lauch mit Orangen-Olivenöl-Vinaigrette 72
Gewürze
  asiatische 94–95
  orientalische 82–83
Gewürzöl 65
  Fischfilets in aromatischem Gewürzöl 66

Groß, Maria 123
Grüner Salat – Basisrezept 78
Grüner Spitzkohlsaft mit Gurke und Apfel 132
Gurke
    Grüner Spitzkohlsaft mit Gurke und Apfel 132
    Gurken-Sauerrahm-Dip 61
Güzelcoban, Serkan 99

H

Hartwig, Jan 153
Henke, Sarah 39
Herrmann, Alexander 21
Holland, Ingo 147
Hühnchen puristisch 143
Hümbs, Christian 189

I

Imbusch, Thomas 141
Ivić, Paul 75

J

Jasminreis
    Fried Rice, den Kinder lieben 138

K

Kapern
    Königsberger Klopse mit Rote-Bete-Salat und Püree 48
Karamelleffekt 17
    Das perfekte Steak mit feinem Karamelleffekt 18
Kartoffeln
    Couscous, inspiriert aus Tunesien 84
    Eis und frittierte Schale aus Kartoffeln mit Kräuterschaum 114
    Königsberger Klopse mit Rote-Bete-Salat und Püree 48
    neu interpretiert 112
    Pellkartoffelsuppe mit Zwiebel-Schinken-Topping 120
    Schweinebraten mit Wurzelgemüse und Kartoffeln 36
Kartoffelsuppe 118–119
    Pellkartoffelsuppe mit Zwiebel-Schinken-Topping 120
Kernthermometer 17, 18, 28, 36, 66, 198
Kichererbsen
    Couscous, inspiriert aus Tunesien 84
Kimchi 40
    Schweinebauch mit Kimchi und grünem Apfel 42
Kindergerichte 136–137
    Fischstäbchen, hausgemacht 60
    Fried Rice, den Kinder lieben 138
King, Johannes 57
Klassiker 112–113
    Eis und frittierte Schale aus Kartoffeln mit Kräuterschaum 114

Klopse 46–47
    Siehe auch Knödel
Knödel 106–107
    Siehe auch Klopse
Kokosmilch 95
    Rotes Thai-Curry mit buntem Sommergemüse 96
Komp, Julia 81
Königsberger Klopse 46–47
    Königsberger Klopse mit Rote-Bete-Salat und Püree 48
Koreanische Küche 40–41
Kotaska, Mario 87
Köthe, Andree 69
Kräuter 23, 35, 53, 77, 95, 113, 119, 143, 155, 190
    Eis und frittierte Schale aus Kartoffeln mit Kräuterschaum 114
    Schweinebraten mit Wurzelgemüse und Kartoffeln 36
Kreuzfahrtsschiff 166
    Gazpacho – easy für viele Leute 168
Kürbis 119, 148
    Couscous, inspiriert aus Tunesien 84

L

Lauch 70–71
    Geschmorter Lauch mit Orangen-Olivenöl-Vinaigrette 72
Laugenbrezen
    Fleischpflanzerl aus Kalbfleisch und Brezen 24
Lieblingsburger mit Blauschimmelkäse 90

M

Massenkeil, Alexander 165
Matjes Hausfrauenart 112–113
Maurer, Ludwig „Lucki" 15
Menemen – türkisches Rührei 102
Möhren 119
    Couscous, inspiriert aus Tunesien 84
    Fried Rice, den Kinder lieben 138
    Gemüsespaghetti in Zitronenthymian-Soße 54
    Schnelles Ofengulasch mit geröstetem Wurzelgemüse 126
    Schweinebraten mit Wurzelgemüse und Kartoffeln 36
Molekularküche 160–161
    Erdbeermarmelade ohne Kochen 162
Mousse au Chocolat ohne raffinierten Zucker 174

N

Nieder, Heiko 135
Nudeln
    Fusilli mit Basilikum-Zitronen-Pesto 156
    Gemüsespaghetti in Zitronenthymian-Soße 54
    Spaghetti mit geschmorten Vanille-Chili-Tomaten 150

Nussbutter 23, 106, 108, 198
  Fünf-Minuten-Ei mit Nussbutterbröseln und Schnittlauch 144
  Südtiroler Knödel mit Spinat 108

O

Olivenöl
  Fisch im Gewürzöl mit Orangen-Olivenöl-Vinaigrette 66
Olivenöl-Crostini 168
Orange 9, 10, 131, 173, 185
  Fischfilets in aromatischem Gewürzöl 66
  Geschmorter Lauch mit Orangen-Olivenöl-Vinaigrette 72
Orientalische Gewürze 82
  Couscous, inspiriert aus Tunesien 84
Original Wiener Schnitzel mit wunderbar lockerer Panade 30

P

Panade 28–29, 58–59
  Fischstäbchen, hausgemacht 60
  Original Wiener Schnitzel mit wunderbar lockerer Panade 30
Pankomehl 198
Paprikaschoten 100
  Gazpacho – easy für viele Leute 168
  Menemen – türkisches Rührei 102
  Rotes Thai-Curry mit buntem Sommergemüse 96
Patty 88–89, 199
Pellkartoffelsuppe mit Zwiebel-Schinken-Topping 120
Pietsch, Robin 117
Pinienkerne 77, 78, 155, 190
  Fusilli mit Basilikum-Zitronen-Pesto 156
Pochieren 199

R

Ras el-Hanout 83
  Couscous, inspiriert aus Tunesien 84
Raue, Tim 45
Reitbauer, Heinz 27
Rind
  Couscous, inspiriert aus Tunesien 84
  Das perfekte Steak mit feinem Karamelleffekt 18
  Fleischpflanzerl aus Kalbfleisch und Brezen 24
  Lieblingsburger mit Blauschimmelkäse 90
  Original Wiener Schnitzel mit wunderbar lockerer Panade 30
  Schnelles Ofengulasch mit geröstetem Möhrengemüse 126
Rittmeyer, Jens 51
Romana-Salatherzen
  Grüner Salat – Basisrezept 78
Röstaromen 17, 65, 123, 124, 126, 18, 184, 191, 196
Rote Bete 47, 107, 108, 113, 131, 161
  Königsberger Klopse mit Rote-Bete-Salat und Püree 48
  Schweinebraten mit Wurzelgemüse und Kartoffeln 36

Rotes Thai-Curry mit buntem Sommergemüse 96
Rotwein 124–125
  Schnelles Ofengulasch mit geröstetem Wurzelgemüse 126

S

Sahne 9, 53, 65, 118–119, 125
  Eis und frittierte Schale aus Kartoffeln mit Kräuterschaum 114
  Königsberger Klopse mit Rote-Bete-Salat und Püree 48
  Pellkartoffelsuppe mit Zwiebel-Schinken-Topping 120
  Topinamburschaum mit weißer Schokolade, Zwetschgen und Roggen 192
  Vanilleeis mit Sojasoße 180
Salat 76–77
  Grüner Salat – Basisrezept 78
Säure 154–155
  Fusilli mit Basilikum-Zitronen-Pesto 156
Schmand 112–113
  Eis und frittierte Schale aus Kartoffeln mit Kräuterschaum 114
Schmorgerichte 124–125
  Schnelles Ofengulasch mit geröstetem Möhrengemüse 126
  Trick für Eilige 125
Schnelles Ofengulasch mit geröstetem Wurzelgemüse 126
Schnittlauch 143
  Eis und frittierte Schale aus Kartoffeln mit Kräuterschaum 114
  Fünf-Minuten-Ei mit Nussbutterbröseln und Schnittlauch 144
Schokolade 173, 184–185, 190–191
  Erdbeer-Minz-Quark mit dunkler Schokolade 162
  Lieblingskombinationen 185
  Mousse au Chocolat ohne raffinierten Zucker 174
  Schokoladendessert, göttlichstes 184–185
  Schokoladenkuchen mit flüssigem Kern 186
  Topinamburschaum mit weißer Schokolade, Zwetschgen und Roggen 192
Schokoladencreme 178–179
Schuhbeck, Alfons 93
Schwein 34–35
  Königsberger Klopse mit Rote-Bete-Salat und Püree 48
  Pellkartoffelsuppe mit Zwiebel-Schinken-Topping 120
  Schweinebauch 8–10, 34, 40–41
  Schweinebauch mit Kimchi und grünem Apfel 42
  Schweinebraten mit Wurzelgemüse und Kartoffeln 36
Semmelbrösel
  Original Wiener Schnitzel mit wunderbar lockerer Panade 30
Sojadrink
  Mousse au Chocolat ohne raffinierten Zucker 174
Sojasoße 178–179, 199
  Schweinebauch mit Kimchi und grünem Apfel 42
  Vanilleeis mit Sojasoße 180
Soßen 52–53, 55
  Gemüsespaghetti in Zitronenthymian-Soße 54
Soufflieren 28–29
Spaghetti mit geschmorten Vanille-Chili-Tomaten 150

Spargel 131, 154, 190, 190–191, 192
Spinat 106–107
 Südtiroler Knödel mit Spinat 108
Spitzkohl
 Grüner Spitzkohlsaft mit Gurke und Apfel 132
Spurk, Matthias 183
Steak 16–17
 Das perfekte Steak mit feinem Karamelleffekt 18
Stemberg, Sascha 33
Südtiroler Knödel 106–107
 Südtiroler Knödel mit Spinat 108

T

Temperieren/Temperatur 198
 Siehe auch Kernthermometer
Thai-Curry 94–95
 Rotes Thai-Curry mit buntem Sommergemüse 96
Tomaten 148–149
 Gazpacho – easy für viele Leute 168
 Menemen – türkisches Rührei 102
 Rotes Thai-Curry mit buntem Sommergemüse 96
 Spaghetti mit geschmorten Vanille-Chili-Tomaten 150
Topinambur
 Topinamburschaum mit weißer Schokolade, Zwetschgen und Roggen 192
Trettl, Roland 105
Türkische Küche 100–101
 Menemen – türkisches Rührei 102

U

Umami 71, 130, 178, 198
 im Dessert 178–179
 Vanilleeis mit Sojasoße 180

V

Vanille 148–149
 Spaghetti mit geschmorten Vanille-Chili-Tomaten 150
 Topinamburschaum mit weißer Schokolade, Zwetschgen und Roggen 192
 Vanilleeis mit Sojasoße 180
 Vanillesirup 149
Vorbusch, Andy 177

W

Weißwein
 Gemüsespaghetti in Zitronenthymian-Soße 54
Weißweinessig
 Geschmorter Lauch mit Orangen-Olivenöl-Vinaigrette 72
Wiener Schnitzel 28
 Original Wiener Schnitzel mit wunderbar lockerer Panade 30

Wurzelgemüse 52–53, 130
 Schnelles Ofengulasch mit geröstetem Wurzelgemüse 126
 Schweinebraten mit Wurzelgemüse und Kartoffeln 36
Würzen 46–47
 Fischstäbchen 58
 Fleischpflanzerl 23
 Gemüse 71

Z

Zitrone
 Fusilli mit Basilikum-Zitronen-Pesto 156
 Grüner Salat – Basisrezept 78
Zitronengras
 Fischfilets in aromatischem Gewürzöl 66
Zitronenthymian 53
 Gemüsespaghetti in Zitronenthymian-Soße 54
Zitrusfrüchte
 mit Vanille 148–149
Zucchini
 Fried Rice, den Kinder lieben 138
 Gemüsespaghetti in Zitronenthymian-Soße 54
Zucker, raffinierter 172–173
 Alternativen 172–173
 Mousse au Chocolat ohne raffinierten Zucker 174
Zuckerschoten
 Rotes Thai-Curry mit buntem Sommergemüse 96
zur Rose abziehen 114, 199
Zutaten, wenige 142–143
 Fünf-Minuten-Ei mit Nussbutterbröseln und Schnittlauch 144
Zwetschgen
 Topinamburschaum mit weißer Schokolade, Zwetschgen und Roggen 192
Zwiebeln
 im Fleischpflanzerl 22
 Pellkartoffelsuppe mit Zwiebel-Schinken-Topping 120
 Schnelles Ofengulasch mit geröstetem Wurzelgemüse 126

Über die Autorin

Stefanie Hiekmann ist Food- und Gastrojournalistin und schreibt für verschiedene Zeitungen, Magazine und Verlage (unter anderem *Der Feinschmecker, Foodie, Welt am Sonntag, Frankfurter Allgemeine Sonntagszeitung*) rund um die schönen Themen Essen, Trinken, Gastronomie und Genuss. Für Kochbücher entwickelt sie nicht nur raffinierte und alltagstaugliche Rezepte, sie ist auch immer wieder in Restaurants und Küchen unterwegs, um Spitzenköchen bei ihrer Arbeit über die Schulter zu schauen.

„Was können wir von Spitzenköchen für zu Hause lernen?" Diese Frage zieht sich wie ein roter Faden durch die Projekte der Osnabrückerin. 2017 ist ihr Buch *Aufgedeckt: Die Geheimnisse der Spitzenküche* im EMF-Verlag erschienen, das zum Bestseller geworden ist und mit der Silbermedaille der Gastronomischen Akademie Deutschland (GAD) ausgezeichnet wurde.

Seit 2018 sitzt Stefanie Hiekmann in der Jury der ZDF-Kochsendung „Stadt, Land, Lecker".

Auf ihrem Blog „schmecktwohl" (schmecktwohl.de) teilt sie ihre neuesten Rezeptentwicklungen und Informationen zu aktuellen Büchern und Projekten.

🌐 Autorenseite im Netz: stefaniehiekmann.de

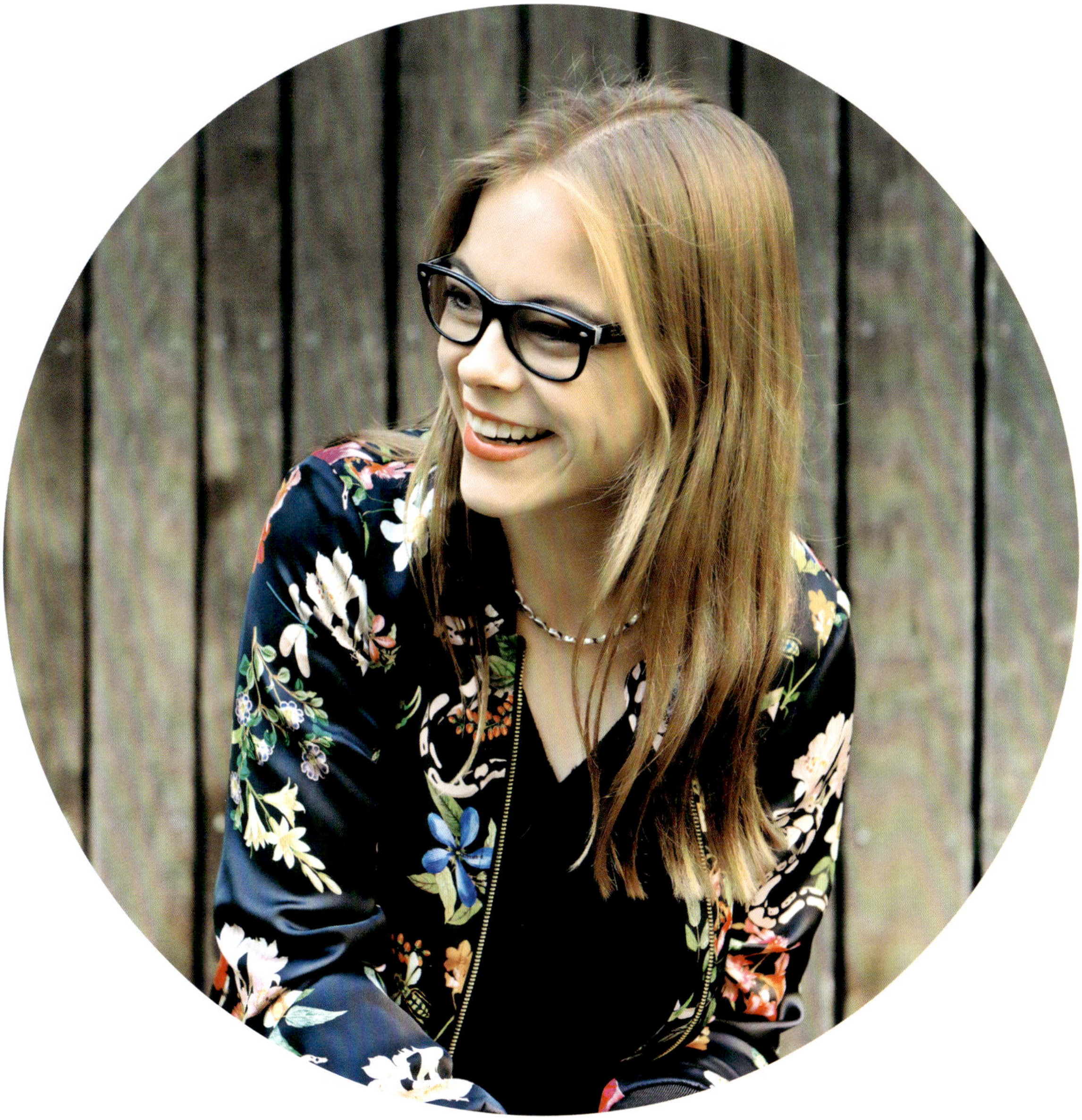

Danke

Es gibt viele Menschen, bei denen ich mich bedanken möchte – für so viel großartige Unterstützung, die dieses Buch erst möglich gemacht hat.

An erster Stelle stehen natürlich die 30 Spitzenköchinnen und Spitzenköche, die ich interviewen durfte und die dieses Buch durch ihre spannenden Antworten, Inspirationen und Gedanken so interessant machen. Danke, dass ihr alle an dieses Projekt geglaubt und uns Hobbyköchen so viel von eurem Profiwissen an die Hand gegeben habt. Sicher: So ein Buch ersetzt weder eine Kochausbildung noch die anstrengenden Lehr- und Wanderjahre, die jeder Meister seines Fachs hinter sich hat. Aber die kleinen, feinen und spannenden Tipps aus den Profiküchen können auch zu Hause für kleine und größere Geschmackswunder sorgen. Wer davon gar nicht genug bekommen kann, dem sei ein Besuch in den wunderbaren Restaurants der hier versammelten Köche sehr ans Herz gelegt!

Für mich war es während der Interviews übrigens immer wieder spannend zu sehen, wie verschieden die Haltungen von Köchen doch sein können. Das hat mir erneut gezeigt: Es gibt nicht den „einzig wahren" Königsweg beim Kochen. Es sind die vielen verschiedenen Tipps, Meinungen und Ideen, die es so spannend und abwechslungsreich werden lassen. Es gibt aber auch etwas, das alle eint, die in diesem Buch zu Wort kommen: die Liebe zu ihrem Beruf und die große Hingabe, mit der sie ihn gemeinsam mit ihren Teams tagtäglich ausüben, so anstrengend und aufreibend er oft auch ist.

Ganz herzlich möchte ich mich beim EMF-Verlag bedanken, mit dem ich mittlerweile neun gemeinsame Buchprojekte realisieren durfte. Ein besonderer Dank geht dabei an die Produktmanagerinnen Juliane Rottach, Christiane Manz und Marline Ernzer, mit denen ich für dieses Buch sehr eng zusammengearbeitet habe. Rebecca Leiner und Celina Reiser sage ich danke für das wunderbare Layout und die guten Gedanken beim Satz. Auch das ist unerlässlich für ein gutes Buch!

Tom Elstermeyer vom Restaurant „Iko" in meiner Heimatstadt Osnabrück danke ich für das individuellste Geschirr, auf dem ich bislang meine Gerichte anrichten und fotografieren durfte. Tom töpfert die Teller für sein Restaurant selbst und hat mir einige seiner schicken Unikate für meine Fotos zur Verfügung gestellt.

Ein weiterer Teil der Teller und Schalen stammt aus dem Hause „SERAX". Auch an diese Adresse ein großes Dankeschön für die gute Zusammenarbeit durch das Bereitstellen von Requisiten!

Und last but not least möchte ich meinen Freunden, meiner Familie und meinem Liebsten danken, dass sie immer ein offenes Ohr hatten, zwischendurch über Texte gelesen haben, eigene Ideen eingebracht haben und mir immer das Gefühl gegeben haben, dass ich dieses Buch nicht allein schreibe. Danke, ihr Lieben!

Impressum

Bibliografische Information der Deutschen Bibliothek.

Die Deutsche Bibliothek verzeichnet diese Publikation in der Deutschen Nationalbibliografie.

Detaillierte bibliografische Daten sind im Internet über http://www.dnb.de/ abrufbar.

Alle in diesem Buch veröffentlichten Abbildungen sind urheberrechtlich geschützt und dürfen nur mit ausdrücklicher schriftlicher Genehmigung des Verlags gewerblich genutzt werden. Eine Vervielfältigung oder Verbreitung der Inhalte des Buchs ist untersagt und wird zivil- und strafrechtlich verfolgt. Das gilt insbesondere für Vervielfältigungen, Übersetzungen, Mikroverfilmungen und die Einspeicherung und Verarbeitung in elektronischen Systemen.

Die im Buch veröffentlichten Aussagen und Ratschläge wurden von Verfasserin und Verlag sorgfältig erarbeitet und geprüft. Eine Garantie für das Gelingen kann jedoch nicht übernommen werden, ebenso ist die Haftung der Verfasserin bzw. des Verlags und seiner Beauftragten für Personen-, Sach- und Vermögensschäden ausgeschlossen.

Bei der Verwendung im Unterricht ist auf dieses Buch hinzuweisen.

EIN BUCH DER EDITION MICHAEL FISCHER

1. Auflage 2018

© 2018 Edition Michael Fischer GmbH, Donnersbergstr. 7, 86859 Igling

Covergestaltung und Layout: Rebecca Leiner, Celina Reiser

Satz: Celina Reiser

Redaktion und Lektorat: Christiane Manz

Produktmanagement: Juliane Rottach

Projektidee und Konzept: Stefanie Hiekmann

Interviews und Texte: Stefanie Hiekmann

Foodfotografie: Stefanie Hiekmann

Autorenfoto: Wolfgang D. Schott

Fotos der Köche:
S. 14 Lucki Maurer © Volker Debus, S. 20 Alexander Herrmann © Michael Gregonowits für Mein Buffetburdafood.net, S. 26 Heinz Reitbauer © Marija Kanizaj, S. 32 Sascha Stemberg © Marcus Scheuermann, S. 38 Sarah Henke © Michael Koenigshofer, S. 44 Tim Raue © Nils Hasenau, S. 50 Jens Rittmeyer © Götz Wrage, S. 56 Johannes King © Stefanie Hiekmann, S. 62 Thomas Bühner © Stefanie Hiekmann, S. 68 Andree Köthe © Claus Felix, S. 74 Paul Ivić © Stefanie Hiekmann, S. 80 Julia Komp © Melanie Bauer, S. 86 Mario Kotaska © Ricarda Spiegel, S. 98 Serkan Güzelcoban © Dirk König, S. 104 Roland Trettl © Helge Kirchberger, S. 110 Benjamin Gallein © Stefanie Hiekmann, S. 116 Robin Pietsch © Ben Kruse, S. 122 Maria Groß © Guido Werner, S. 128 Sebastian Frank © whitekitchen, S. 134 Heiko Nieder © Dolder Hotel AG, S. 140 Thomas Imbusch © René Flindt, S. 152 Jan Hartwig © Lukas Kirchgasser, S. 158 Heiko Antoniewicz © Antoniewicz GmbH, S. 164 Alexander Massenkeil © AIDA Cruises, S. 170 René Frank © Jakob Nawka, S. 176 Andy Vorbusch © Dolder Hotel AG, S. 182 Matthias Spurk © Christian Hell, S. 188 Christian Hümbs © Lukas Kirchgasser

ISBN 978-3-96093-046-4

Gedruckt bei Polygraf Print, Čapajevova 44, 08001 Prešov, Slowakei

www.emf-verlag.de